도서출판 대장간은
쇠를 달구어 연장을 만들듯이
생각을 다듬어 기독교 가치관을
바르게 세우는 곳입니다.

대장간이란 이름에는
사라져가는 복음의 능력을 되살리고,
낡은 것을 새롭게 풀무질하며, 잘못된 것을
바로 세우겠다는 의지가 담겨져 있습니다.

www.daejanggan.org

Copyright ⓒ 2007 by Herald Press

Original published in English under the title ; Politics Under GOD
　　　　by John H. Redekop
published by Evangel Herald Press, 616, Walnut Avenue, Scottadale PA 15683, USA

Used and translated by the permission of Herald Press
Korean Copyright ⓒ 2011 Daejanggan Publisher. in Daejeon, South Korea.

기독교 정치학—교회와 국가의 관계에 답하다

지은이　존 레데콥　John H. Redekop
옮긴이　배덕만
초판발행　2011년 3월 2일

펴낸이　배용하
책임편집　박민서
등록　제364-2008-000013호
펴낸곳　도서출판 대장간
　　　　www.daejanggan.org
　　　　대전광역시 동구 삼성동 285-16
　　　　전화 (042) 673-7424 전송 (042) 623-1424
박은곳　경원인쇄

ISBN　978-89-7071-201-7

이 책은 저작권법에 의해 보호를 받는 출판물입니다.
기록된 형태의 허락 없이는 무단 전재와 복제를 금합니다.

 값 12,000원

기독교 정치학
교회와 국가의 관계에 답하다

존 레데콥 지음
배 덕 만 옮김

추천의 글

"레데콥의 분석은 교회와 국가의 관계에 대해 시의적절하며 풍성한 정보를 담은 담론이다. 교회와 국가 모두 하나님께서 설립하고 인도하신다는 사실을 깨닫는 사람들은 이 책이 각 제도가 원칙에 근거한 방식으로 서로 관계를 조화롭게 형성할 때 큰 도움을 주는 중요한 자산임을 발견하게 될 것이다."
―빅 토우스(Vic Toews), 캐나다 법무부장관

"이 책은 캐나다와 미국에서 일생 메노나이트 교회에 헌신한 열매이며, 메노나이트 신앙과 정치 간의 관계에 대한 평생에 걸친 심오한 사색의 결과물이다. 여기에는 깊은 지혜가 담겨 있다. 나는 나의 교육자료로 이 책을 사용할 것이다."
―테드 쿤츠(Ted Koontz), 연합메노나이트신학교

"존 레데콥은 교회와 국가의 상호 의존성을 통찰력 있게 조명했다. 『기독교 정치학』은 자극적인 책이다. 이 주제에 대한 강의가 콩고민주공화국에서 종교 및 정치 지도자들의 따뜻한 환영을 받았다. 나는 이 책을 시의적절하며 매우 도움이 되는 책으로 강력히 추천한다."
―은자쉬 루메야(Nzash Lumeya), 콩코민주공화국의 메노나이트형제교회

"교회와 국가의 흔히 대립하는 주장들, 그리고 각각에서 기독교인의 역할에 대한 이처럼 대담한 재평가는 확실히 논쟁을 불러 일으킬 것이다. 레데콥의 아나뱁티스트 유산과 교수 및 인기 있는 정치평론가로서의 풍부한 경험은 급속히 변하는 세상에서 신앙인들이 감당해야 하는 역할에 대한 우리의 전제에 도전할 수 있는 탁월한 자격을 부여했다. 또한, 이 분석은 기독교인이 "이 세상에 있으나 이 세상에 속하지 않는다"는 성서적 지침에 참신한 관점을 부여한다.
이 책은 신앙과 정부의 요구 사이에 존재하는 긴장을 해결하기 위해 분투하지만, 정말로 중요한 주제들에 대해 적합하며 공동체적 참여를 추구하는 사람들에게 필독서다."
―에드 패스트(Ed Fast), 오타와 국회의원

"존 레데콥의 평생에 걸친 이 주제에 대한 저술과 강연, 그리고 복잡한 사상과 기초적 진리를 쉽게 이해하도록 전달하는 그의 탁월한 재능이 이 책에 함께 담겨 있다. 그 결과, 선출된 대표자, 지명된 공직자, 유권자, 납세자, 혹은 정부의 관리들을 위해 기도하는 사람 등, 정치적으로 활발하게 활동하는 기독교인을 위해 매우 유용한 지침서가 탄생했다."
―윌리엄 젠즌(William Janzen), 캐나다메노나이트중앙위원회

"존 레데콥은 학자요 실천가로서 자신의 주제를 알고 있다. 그는 교회와 국가 문제를 이해할 필요가 있는 예수의 추종자들을 위해 글을 쓰고, 정부에 대해 긍정적인 개혁적 아나뱁티스트 시각을 제공한다. 그는 참여를 위한 지침을 제공할 때, 명쾌하고 균형을 유지한다. 오래 묵은 견해에 도전할 때는 매우 자극적이며, 어떤 영역에선 논쟁적이다. 나는 이 책을 그룹토의를 위해 추천한다. 정책결정과 정치의 복잡한 과정에서 혼란을 극복하려는 방법의 하나로 말이다."
―앨머 A. 마튼스(Elmer A. Martens), 메노나이트형제단신학교

"존 레데콥은 수년간 고위지도자로 섬기면서 캐나다종교공동체를 이해하는 탁월한 정치학자다. 『기독교 정치학』은 '기독교 신앙이 정치와 무슨 관계인가?' 라는 지속적으로 제기되는 질문의 훌륭한 개요다. 이 책은 그 주제에 대한 토대를 제공하며, 그 질문에 대한 탐구를 시작하는데 이보다 더 좋은 출발점은 없다. 레데콥은 우리를 위해 엄청난 일을 해냈다. 브라보!"
―브라이언 C. 스틸러(Brian C. Stiller), 틴데일 대학 및 신학교

"존 레데콥은 복음주의자들이 정치과정에 참여하고, 이로써 자신들이 살아가는 사회에 영향을 끼치도록 열정적이며 합리적으로 설득하는 과정에서, 성서, 신학, 역사, 그리고 사회과학을 탁월하게 활용한다. 신학과 이론을 넘어, 레데콥은 기독교인이 그 과정의 일부가 될 수 있는 구체적 방법을 제시한다. 이것은 개인 및 공동체의 삶에 영향을 끼치고 싶어하는 복음주의자들이 정치를 무시할 수 없는 이유를 명쾌하게 제시하는 매우 중요한 책이다."　―레지날드 비비(Reginald Bibby), 레스브릿지 대학교

"학자, 교수, 교회지도자, 그리고 정치활동가로서 자신의 폭넓은 경험을 활용하여, 존 레데콥은 기독교적 관점에서 정치, 시민권, 그리고 교회와 국가의 관계에 대해 시의적절하고 열정적인 입문서를 제공한다. 당신이 그의 '아나뱁티스트적 현실주의'에 동의하든 그렇지 않든, 당신은 이 책이 정부에 대해 건설적인 증인으로서, 우리의 기독교적 책임에 대한 실천적이고 유용한 통찰로 가득하다는 사실을 발견하게 될 것이다."
―브루스 클레멘저(Bruce Clemenger), 캐나다 복음주의협회

Politics Under
GOD

John H. Redekop

정의, 품위, 긍휼, 자유,
그리고 인간존엄성을 증진시킴으로써
하나님과 인류를 섬겨온
모든 기독교 정치가들에게 이 책을 바친다.

차 례

서평 | 김형원 ❖ 14
추천의 글 | 김동춘 ❖ 20
옮긴이의 글 ❖ 24

추천의 글 | 존 랩 ❖ 31
감사의 글 ❖ 35
서론 ❖ 23
1장 교회와 국가의 관계에 대한 성서적 지침 ❖ 31
2장 교회와 국가의 관계에 대한 신학적 관점 ❖ 62
3장 교회와 국가의 관계에 대한 아나뱁티스트/메노나이트의 이해 ❖ 79
4장 하나님은 정부에 무엇을 원하는가? ❖ 92
5장 시민 정부가 기독교윤리에 따라 역할을 할 수 있는가? ❖ 106
6장 하나님은 기독 시민에게 무엇을 요구하는가? ❖ 120
7장 기독교인과 정치참여: 왜? 언제? 어떻게? ❖ 133
8장 교회와 정부의 중첩되는 의제들 ❖ 152
9장 도덕이 법이 될 수 있는가?
        기독교인들이 정치적 압력을 행사할 수 있는가? ❖ 165
10장 기독교 정당이 존재할 수 있는가?
        기독교는 좌파인가, 우파인가, 아니면 중도파인가? ❖ 181
11장 시민불복종의 성서적 토대가 존재하는가? ❖ 197
12장 기독교인들은 정치가들과 정부를 위해 어떻게 기도해야 하는가? ❖ 210
결론 ❖ 221

정부와 정치에 관한 160개의 선택된 성서구절 ❖ 233
후주 ❖ 242
찾아보기 ❖ 244

서 · 평

김 형 원
목사, 하.나.의 교회

그리스도인이 참고하고 발전시켜야 할 수많은 건설적인 논의들로 가득한 책…

정치는 멀기도 하고 가깝기도 한 것이다. 우리의 일상생활과 분리될 수 없을 뿐만 아니라 심각한 영향을 주는 것이 정치인 반면에, 개인이 어떤 영향을 미치기 어렵다고 느끼는 것이 또한 정치이기도 하다. 그래서 사람들은 정치는 자신과 상관없다고 생각하거나, 특별한 사람들만 관여하는 것으로 생각하게 된다. 이런 생각은 그리스도인이라고 예외가 아니다. 그래서 교회 안에서 정치를 논하는 것은 거의 금기시되어 있을 뿐 아니라, 정치와 가까워지는 것은 세속화되는 지름길인 양 생각하게 된다. 이런 경향은 교파나 신학적 전통과 상관없이 모든 그리스도인이 받아왔던 교육이었고 살아왔던 방식이다.

그러나 정치는 우리가 생각하는 것 이상으로 우리와 다른 사람들의 삶에 심대한 영향을 미치는 것이며, 그렇기에 우리가 간과하거나 무관심할 수 없는 영역이다. 하나님의 창조 영역에 정치도 포함된다면 당연히 하나님의 관심에서 벗어나 있을 수도 없다. 그래서 성경에서도 정치나 정치 지도자에 관한 이야기와 언급이 많이 나오는 것이다.

그럼에도, 한국 교회와 그리스도인들은 이 주제에 대해서 성경적으로, 그리고 신학적으로 깊이 있는 논의를 피해온 것 같다. 그렇다고 정치적 행동까지도 안 했다는 것은 아니다. 오히려 요즘의 상황을 보면 한국 교회가 정치의 중심부에 서 있는 듯한 모습이다. 그러나 우리는 그 모습에서 신학적 경박함, 성경적 토대의 빈약함을 발견하게 된다.

이런 즈음에 메노나이트 학자이자 정치활동가이기도 한 존 레데콥의 저서가 발간되었다. 메노나이트의 최근의 변화를 잘 모르는 사람들에게는 역사적으로 정치와 가장 멀리 서 있었던 메노나이트 사람에게서 풍부한 경험이 담긴 기독교 정치 서적이 나왔다는 것이 의아해할 수도 있겠다. 그러나 그가 책 전체를 통해 밝히듯이, 그는 지금까지 '보수적인' 메노나이트보다는 '개혁적인' 메노나이트의 입장에서 정치적인 목소리를 내왔고, 이제 그 결실을 이 책으로 정리하고 있다. 이런 점에서 메노나이트보다는 훨씬 더 정치적 문제에 관심이 많았던 신학적 전통이 주류를 이루는 한국 교회에서 지금까지 정치에 대해 깊이 있는 논의를 하지 않았다는 것이 부끄럽기도 한다.

책을 펼치기 전에 저자가 메노나이트 학자라는 것에 대해 선입견을 품을 필요는 없을 것이다. '메노나이트가 정치에 대해 무슨 말을 하겠는가?' 하는 의문은 제쳐놓는 것이 좋을 것이다. 저자는 우리가 익히 알고 있었던 고전적인 메노나이트와는 다른 개혁적 메노나이트 관점에서 최대한 성경에 충실한 견해를 피력하려고 애쓰고 있기 때문이다. 그러므로 성경을 존중하고 성경에서부터 정치에 관한 원리들을 찾기를 원하는 사람들은 저자의 노력을 통해서 충분한 도움을 받을 수 있을 것이다.

저자는 더 구체적인 논의로 들어가기 전에 먼저 정치에 관한 다양한 신학적 전통들의 입장을 평가한다. 그러면서 그리스도인은 어떤 신학적 유파를 맹목적으로 추종하기보다는 성경을 세심하게 살펴서 성경에 충실한 견해를 취해야 한다고 말한다. 이것이 저자가 이 책의 핵심적 이슈라고 제시한 두 가지 중 첫 번째 주제다. 그는 정치 신학에 관한 로마 가톨릭, 루터, 캘빈의 견해를 비판적으로 다루고 나서 자신이 서 있는 아나뱁티스트 전통을 가장 성경에 충실한 것이라고 주장한다. 이런 점에서 그는 분명히 아나뱁티스트다. 그래서 그는 교회와 정치에 관한 논의를 더 깊이 하기 전에 자신이 서 있는 아나뱁티스트의 신조를 몇 가지로 정리하면서 제시한다.

그러나 그가 비록 아나뱁티스트의 입장에서 기술하고 있지만, 전통적인 아나뱁티스트의 주장을 그대로 답습하거나 무조건 긍정하고 있지는 않다. 오히려 전통적인 아나뱁티스의 정치에 대한 견해를 비판적으로 재성찰하면서 교정하고 있다. 특히 그는 아나뱁티스트 정치 신학의 근거가 되는 슐라이트하임 고백Schleitheim Confession에 대해 비판적인 태도를 보이고 있다. 저자에 의하면 아나뱁티스트는 전통적인 신앙고백에 여전히 너무 의존하고 있다. 그러나 그 문서는 16세기 상황 속에서 봐야 한다. 그때는 정치가 어떤 긍정적인 역할을 거의 하지 못했을 때였다. 그러므로 정치와 정부를 부정적이고 악마적으로 본 것이 옳을 수 있었다. 그러나 지금 대부분의 서방 국가들은 상당한 민주화가 진행되었으며, 그 결과 국가가 어느 정도 긍정적인 역할을 할 수 있게 되었다. 그렇다면, 이런 상황의 변화 속에서 국가와 정부의 역할을 다시 긍정적으로 볼 필요가 있다고 말한다.

이러한 그의 주장은 이 책의 두 번째 핵심적인 이슈로 연결된다. 그는 정치가 중요할 뿐만 아니라 모든 그리스도인의 적극적으로 참여를 주장한다. 그는 정부가 악마나 적이 아님을 증명하려고 애쓴다. 오히려 정치와 정부는 사회에서 매우 긍정적인 역할(사회적 약자를 돕는 일, 교육 제공, 복지 정책, 빈곤의 퇴치)을 할 수 있다고 주장한다.

그는 그리스도인들이 정치 문제를 외면하고 개인적인 관심사나 교회의 중요한 사역으로 넘어가려는 유혹에 빠지는 것을 경고한다.121~122쪽 이렇게 하는 것은 "태만의 죄"를 범하는 것이라고 엄중하게 비판한다. 성경이 정치에 대해 많은 것을 말하고 있을 뿐만 아니라 우리가 적극적으로 참여해야 할 것을 권고하고 있다는 것을 증명하기 위해 수많은 성경구절을 부록으로 첨부하고 있을 정도다. 이런 점에서 그는 자신을 개혁적 아나뱁티스트, 혹은 현실주의적 아나뱁티스트라고 부른다. 이러한 그의 주장에 대해 전통적인 아나뱁티스트들은 매우 불편하게 여길 것이다. 특히 정부는 하나님의 선을 이루는 도구가 될 수 있으므로 우리가 적극적으로 참여하고 활용해야 한다는 그의 주장은 전통적인 아나뱁티스트보다는 캘빈의 사상을 따르는 현대 개혁주의적 주장에 훨씬 더 가깝다.

그렇다고 해서 그가 완전히 아나뱁티스트에서 떠나는 것은 아니다. 그는 정치 참여를 적극적으로 옹호하는 한편, "교회가 사회와 정치 지도자들에게 표현할 수 있는 가장 효과적인 증거는 정말 신실한 교회가 되는 것"이라고 주장하면서 아나뱁티스트적 확신을 견지하고 있다.164쪽 그러므로 그의 주장을 어떤 신학적 전통과 너무 결부시켜서 제한하거나 비판하는 것은 별로 정당하지 못한 것 같다. 그가 주장하는 대부분은 신학적 종파와 상관없이 성경을 존중하고 성경의 지침을 따르려는 모든 그리스도인이 공감하고 따를 수 있는 내용이기 때문이다.

필자가 보기에 이 책의 세 번째 핵심은 다양한 정치 참여 방식에 대한 현실적인 논의다. 정치학자인 저자는 정치와 정부의 역할에 대해 순진한 견해를 취하고 있지 않다. 그는 성경에 바탕을 둔 정치 참여를 주장하지만, 다른 한편으로는 매우 현실적인 입장을 견지하고 있기도 하다. 그리스도인은 정부가 더 선한 역할을 잘 감당할 수 있도록 적극적으로 참여해야 하지만, 그리스도인으로서의 도덕적 확신이 도전받을 때에는 기꺼이 정치에서 손을 떼야 한다고 권고하기도 한다. "우리는 기독교인이 기독교적 제자도가 허용하는 안의 범위에서 활동해야 한다고 말하는 바이다."36쪽

그는 더 구체적인 논의로 들어가서, 기독교적 정치 참여와 관련된 세세한 문제들을 거의 모두 다루고 있다. 특히 "기독교 정당", "기독교는 좌파인가, 우파인가, 아니면 중도파인가?", "기독교인들이 정치적 압력을 행사할 수 있는가?" 하는 문제들뿐만 아니라 "기독교인들은 정치가들과 정부를 위해 어떻게 기도해야 하는가?" 하는 매우 실제적인 문제는 정치 현장뿐만 아니라 교회 내에서도 이념적 갈등이 첨예한 한국의 현실에서도 매우 적실한 주제들이다.

그러나 그는 그리스도인의 정치 참여에 대해 긍정적인 면만을 부각시키고 있지는 않다. 그는 "기독교 십자군주의"나 "기독교 국가주의"에 대한 비판도 빼놓지 않는다.109~110쪽 그는 "특정한 나라가 자신을 하나님의 특별한 사랑의 대상으로, 심지어 새 이스라엘로 생각하려 할 때, 특별히 어려운 문제가 발생한다"고 말하고, 또한 "어느 국가의 정부가 하나님을 현대적 마스코트, 후견인, 혹은 동맹자로 주장할 때 비슷한 문제가 발생한다"고 비판한다. 물론 그는 기독교적 전통이 역사 대부분을 차지하는 캐나다나 미국을 염두에 둔 것이지만, 점차 기독교가 세력을 얻어가는 한국과 같은 신흥 선교국가들에도 해당하는 조언이기도 하다.

그의 정치신학은 일반론을 다루려고 애쓰지만, 여전히 논의의 주된 상대는 서구 기독교적 배경을 가진 나라들이다. 그러므로 그의 주

장과 권고를 우리나라 상황에 그대로 적용하는 데는 분명히 한계가 있을 것이다. 그러나 이점은 저자의 약점이 아니라 우리의 책임이다. 다종교국가이거나 기독교가 소수종교인 나라들에서는 구체적인 이슈에서 이 책의 내용을 답습하는 것이 아니라 창조적인 적용이 필요하다. 그럼에도, 이 책은 최근의 아나뱁티스트의 정치에 관한 논쟁과 발전을 엿볼 수 있을 뿐만 아니라, 신학적 전통에 얽매이지 않고 정치에 관한 성경적인 지침을 찾고자 하는 모든 그리스도인이 참고하고 발전시켜야 할 수많은 건설적인 논의들로 가득하다. 최근에 나오는 여러 가지 정치 참여와 정치 신학에 관한 책들과 더불어 이 책도 한국 교회의 정치에 관한 논의에 실질적인 도움을 주기에 충분하다.

추·천·의·글

김 동 춘
교수, 국제신학대학원, 조직신학

아나뱁티스트적 정체성과 정치적 현실주의의 적절한 균형을 발견할 수 있는 기독교 정치학 개론서

이 책은 아나뱁티스트 관점에서 쓰인 기독교 정치학 개론서이다. 그러나 본서는 아나뱁티스트의 관점만이 아니라 국가와 교회의 관계를 비롯한 기독교 정치윤리에 관한 다양한 안목을 우리에게 제공하고 있다. 본서의 저자는 교회적 기능과 국가적 기능의 혼동과 혼합을 가져올 위험이 있는 가톨릭의 종합주의 관점과 교회의 구원적 기능과 국가의 보존적 기능을 이원적으로 분리하여 교회의 정치영역에의 적극적인 참여를 소홀하게 한 루터교의 두 왕국적 관점, 그리고 교회와 국가의 기능을 구분하면서도 국가 영역에도 하나님의 적극적인 통치를 긍정하는 캘빈주의의 변혁적 관점을 아주 명료하게 비교하여 각각의 차이점을 설명해 주고 있다. 이 책은 이러한 관점들의 차이점을 잘 소개하면서 아나뱁티스트적 정치윤리를 상세하게 다루고 있다.

이 책에서 보여주는 저자의 관점은 '아나뱁티스트적 현실주의' Anabaptistic Realism이다. 이것은 존 하워드 요더John H. Yoder의 성경적 현실주의Biblical Realism와 라인홀드 니버R. Niebuhr의 기독교 현실주의 Christian Realism의 중간지점을 말한다. 아나뱁티즘의 기독교 정치윤리의 특징은 교회와 국가의 우호적 동맹관계를 추구해 왔던 루터, 캘빈의 주류 개신교의 입장을 콘스탄틴적 혼합주의로 비판하고, 국가는 하나님의 창조 질서라기보다 어둠의 나라이므로 그리스도의 왕국인 교회는 국가 권력에 저항하고 거절해야 하며, 따라서 교회는 정치영역에 개입하기보다는 교회의 교회 됨을 선명하게 드러내 주어야 한다는 것이었다. 그러한 아나뱁티스트 정치윤리를 새롭게 제시한 기독교윤리학자는 메노나이트 전통의 요더인데, 그는 기독교윤리학계에 선풍적인 시선을 끌었던 『예수의 정치학』Politics of Jesus에서 교회 공동체가 권력에 기초한 국가의 폭력사용에 협력하거나 순응하지 말고 그리스도의 십자가 방식의 윤리를 현실 정치영역에서 보여주어야 한다는 급진 제자도 윤리Radical Discipleship Ethics를 제시하였다. 교회는 악마적 질서에 속하는 국가에 정치적으로 합류할 것이 아니라 그리스도의 공동체 안에서 평화와 평등적 존재방식을 보여주고, 희년적 삶을 공동체적으로 가시화하고, 십자가적 방식의 순교적 제자도로 살아감으로써 세속적인 삶의 방식과 현실 사회질서와 분리되고 구별된 새로운 존재방식의 사회, 즉 대조사회contrast society, 혹은 대안사회alternative society를 보여주어야 한다는 것이다. 이러한 요더의 비정치적 정치윤리apolitical political ethics는 새로운 존재방식의 공동체만이 교회의 정치 참여의 최선의 전략이라는 것인데, 이것은 일종의 반문화적encounter cultural 사회윤리의 성격을 지니고 있다.

그러나 이러한 요더주의적 기독교정치는 니버적 기독교현실주의보다는 훨씬 산상수훈적 예수 윤리나 초대교회적 공동체 윤리에 들어맞는 정치윤리처럼 보이지만 그리스도인의 정치적 역할을 현실 정치영역에서 구현하기보다는 단순히 신자들의 공동체 안에서 대안적인 삶의 방식으로 대체함으로써 공공의 영역에서 교회의 책임에서 현저하게 퇴각시킬 위험성이 있을 뿐 아니라 성경의 윤리적 규범과 현실 정치 사이의 적절성과 너무나 많은 간격이 있어 기독교 정치윤리를 불가능한 윤리나 부적응의 윤리로 만들어 버릴 소지가 다분히 있다고 비난받는다.

그런 점에서 저자는 아나뱁티스트적 정치윤리를 새롭게 규정하여 국가를 악마적 질서로 간주하여 교회의 국가로부터의 분리와 저항을 말하던 고전적 아나뱁티즘이 아니라 적극적 참여를 추구하는 개혁적 아나뱁티즘이라 부르고 있다. 바로 이 점이 본서에서 발견되는 아나뱁티스트적 정치윤리의 새로운 진전이라 할 수 있다.

예를 들어 레데콥은 "정치에서 기독교인들은 목적에 대해선 이상주의자가, 수단에 대해서는 현실주의자가 되어야 한다"는 글귀를 인용하면서 지금까지 역사적 아나뱁티스트들은 양심적 거부를 강조했다면 이제는 양심적 참여를 강조해야 한다고 말한다. 그는 고전적 아나뱁티스트와 달리 국가와 정부의 역할에 대해 매우 긍정적으로 설명하면서 교회가 세상에 속한 질서는 아니지만, 세상을 섬기려면 세상 속에서 적극적으로 활동해야 한다고 말한다. 독자들은 이 책에서 아나뱁티스트적 정체성과 정치적 현실주의의 적절한 균형을 발견할 수 있을 것이다. 무엇보다 이 책은 기독교 정치에 대한 원론적인 내용에 머물지 않는다. 국가와 정부의 역할에 대해 기독교인은 어떤 시각을 지녀야 하며, 교회는 정부와 어떻게 협력 관계를 유지해야 하는가, 기독교 정당은 가능하며 필요한가, 국가를 위해 우리는 기도해야 하는가, 시민 불복종은 성경적 근거가 있는가 등 그리스도인들이 지녀야 할 정치적 문제들에 대해 아주 실제적인 설명을 제공하고 있다.

이 책은 아나뱁티스트적 배경에서 기술된 것이기는 하지만 저자는 자신이 속한 교파의 관점을 맹목적으로 설파하지 않고, 성경적 원칙과 현실 정치의 간격을 대단히 설득력이 있고 균형잡힌 시각에서 잘 설명하고 있다. 이 책을 통해 정치 혐오증이나 정치적 냉소주의에 빠진 그리스도인들은 정치를 바라보는 기독교적 관점을 정리할 수 있을 것이며, 기독교 교양 분야에서는 기독교 정치학 개론서로서 아주 유용한 필독서가 되어도 손색이 없는 책이라 생각하여 추천한다.

옮·긴·이·의·글

배 덕 만
교수, 복음신학대학원대학교, 교회사

**교회마저 복음 대신 이념을, 성경 대신 권력을,
섬김 대신 군림을, 그리고 성령 대신 황금을 선택하는
한국적 상황에서, 레데콥의 메시지는 절박하다.**

저에게 번역은 일종의 돈키호테적 모험입니다. 어리석은 짓이기 때문입니다. 풍차를 향해 창을 들고 달려드는 돈키호테의 무모함이, 신학적 깊이나 언어적 능력이 충분치 않음에도 매번 번역에 뛰어드는 저의 무모함과 닮았습니다. 동시에 번역은 즐거운 놀이입니다. 세상의 비웃음과 상관없이, 자신의 방식과 속도로 삶을 누리는 돈키호테처럼, 제게 번역은 저만의 방식으로 누릴 수 있는 지적 게임입니다. 또한, 번역에는 귀한 열매가 있습니다. 돈키호테의 모험을 다 읽은 독자들의 삶이 더는 이전과 같을 수 없기 때문입니다. 저자의 이야기가 독자들의 영혼 속에 뚜렷한 자국을 남기기 때문입니다. 한 권의 번역을 마쳤을 때, 가장 큰 수혜자는 번역자 자신입니다. 저자를 제외하고, 번역자보다 그 책을 세심하게 읽은 사람은 없을 것이기 때문입니다. 그런 의미에서 번역보다 좋은 공부는 없다고 확신합니다.

또 한 번의 돈키호테적 모험을 마쳤습니다. 존 레데콥의 『기독교 정치학』. 여러 차례 고비가 있었지만, 작업을 마칠 수 있어서 기쁩니다. 이번 작업도 쉽지 않았으나, 유익하고 행복한 경험이었습니다. 특히, 한국교회에 귀중한 선물이 될 것이라 확신하기에, 보람과 함께 기대도 큽니다. 레데콥은 캐나다의 메노나이트 출신 기독교 정치학자입니다. 그는 지난 40여 년간 '국가와 교회의 관계'란 전통적이지만 여전히 난해한 주제와 아나뱁티스트적 관점에서 씨름해 왔습니다. 이 책은 이 주제에 대한 그의 평생의 연구가 명쾌하고 집약적으로 정리된 작품입니다. 따라서 독자들은 이 책을 통해 이 주제에 대한 학계의 축적된 연구성과를 확인하고, 이에 대한 저자의 성숙한 동시에 독창적인 입장을 발견할 수 있을 것입니다.

레데콥은 이 책에서 자신의 핵심적 주장을 다양한 주제 아래에 반복적으로 다루면서, 독자들에게 강하게 호소합니다. 그의 주장의 핵심은 교회와 함께 국가도 하나님께서 세우신 소중한 제도라는 것입니다. 물론, 하나님의 일차적 관심과 중요성은 교회에 있지만, 국가(그리고 정치제도)도 같이 중요하다는 사실을 기독교인들이 인식해야 합니다. 따라서 모든 기독교인은 하나님의 나라와 세속의 정치적 나라 모두에 속한 이중적 시민이며, 이런 독특한 정체성을 정확히 이해하고, 현명하고 책임 있게 행동해야 한다는 것이 그의 반복된 메시지입니다. 이런 맥락에서, 기독교인의 정치참여는 선택이 아닌 당위이며, 다만 어떤 문제에 어떤 방식으로 참여할 것인가에 대해 지속적으로 고민해야 합니다. 이것은 극단적인 정교분리를 주장하는 보수적 기독교에 대한 비판적 반성이며, 메노나이트 그룹 내의 새로운 변화를 감지하게 하는 대목입니다.

레데콥이 반복해서 강조하는 또 다른 주장은 "기회+능력=책임"이란 공식으로 제시됩니다. 기본적으로 그는 모든 기독교인이 다양한 환경과 상황에서 다양한 방식으로 정치적 기능을 수행할 수 있다고 믿습니다. 이와 관련해서, 그는 기독교인의 정치참여 방법에 대해 매

옮긴이의 글 25

우 구체적이고 상세한 지침을 제공합니다. 투표, 정당, 로비 같은 집단적 참여방식과 함께 국회의원들에게 이메일 보내기 같은 개인적 방법, 그리고 국가와 정치지도자들을 위한 기도 등의 종교적 방식을 자세히 소개하며 설명합니다. 정치에 긍정적으로 영향을 끼칠 기회와 능력을 얻었다면, 마땅히 그것들을 활용하여 보다 나은 국가와 정치를 이룩하는 데 이바지하는 것이 기독교인에게 주어진 또 하나의 거룩한 책임입니다. 이런 의미에서, 책임 있는 기독교인은 그런 기회와 능력을 얻으려고 노력해야 하며, 역으로 그런 기회와 능력을 받았을 때, 지혜롭고 담대하게 책임을 수행해야 합니다. 따라서 그는 게으름이나 방관이 "태만의 죄"라고 강하게 비판합니다.

　레데콥은 학문적 정교함과 동시에 성경적 근거를 치열하게 추구합니다. 국가와 교회, 정치와 종교 간의 상관관계에 대한 그의 신학적, 역사적 분석은 대단히 정교하며 명쾌합니다. 이 주제에 대한 루터, 캘빈, 아나뱁티스트 사이의 공통점과 차이점에 대한 설명도 탁월하며, 보수주의, 사회주의, 자유주의에 대한 비교분석도 명석한 통찰로 가득합니다. 또 교회의 다양한 정치참여 유형에 대한 그의 분석, 평가, 그리고 대안은 정치학자로서 그의 명성을 확인시켜주는 대목입니다. 하지만, 그의 사상의 핵심은 역시 성경입니다. 그동안 학계와 교회에 깊이 영향을 끼친 훌륭한 사상과 주장도 기본적으로 성경적 근거가 부족하면, 그에게 설득력을 상실합니다. 그가 계속 정치이론들을 제시하고 정치학적 분석을 시도하지만, 그가 자기주장의 궁극적 토대로 제시하는 것은 성경입니다. 그가 책의 부록으로 "정부와 정치에 대한 160개의 성서 말씀"을 제시한 이유도 바로 여기에 있습니다. 이런 면에서 그의 복음주의적 정체성이 분명하고 확고하게 드러납니다.

　교회의 정치참여에 대한 신학적·현실적 당위성을 강조하는 레데콥은 동시에 이런 참여 속에 있는 위험도 날카롭게 지적하며 경계를 촉구합니다. 그가 제시하는 여러 위험 중, 특히 경계하는 것은 교회와 민족주의의 부정적 결합 및 교회와 특정 이념 혹은 정당과의 배타적 동일시입니다. 그는 아랍민족주의와 이슬람의 배타적 동일시가 가져온 현실적 위험을 지적함은 물론 미국 기독교 우파의 민족주의적 특성도 날카롭게 비판합니다. 하나님 나라와 복음이 민족의 경계를 초월한다는 사실을 지적하면서 말입니다. 또한, 레데콥은 교회가 특정 이념이나 정당을 배타적으로 옹호하며, 이들의 입장을 신학적·성서적으로 정당화하는 것의 위험도 반복해서 지적합니다. 이런 이유 때문에, 그는 기독교인이 다양한 정치이념의 본질을 성경적 관점에서 냉철하게 판단해야 하며, 사안에 따라 선택적으로 참여하거나 비판적 거리를 유지해야 한다고 반복해서 주장합니다. 결국, 이 세상의 정치에 대해 교회와 기독교인은 제사장적 기능과 예언자적 기능을 슬기롭게 분별하며 수행해야 한다는 것입니다.?

그렇다면, 이런 주장이 현재 한국교회를 향해 지닌 적합성은 무엇일까요? 비록 캐나다와 한국의 지정학적 차이, 그의 메노나이트적 배경과 한국교회의 신학적 상황 간에는 뚜렷한 차이점이 존재합니다. 그럼에도, 이 책에서 발견되는 그의 뛰어난 신학적 통찰은 한국교회가 주목해야 할 귀중한 교훈을 담고 있습니다. 먼저, 레데콥의 주장처럼, 한국교회도 정치참여는 선택의 문제가 아닌, 당위의 문제이며, 어떻게 참여할 것인가에 대해 보다 진지하게 고민해야 할 때입니다. 사실, 120여 년 전 복음이 처음 전해진 순간부터, 한국교회는 정치적 역학관계에 밀접히 연결되어 왔습니다. 한국교회가 정치로부터 자유로웠던 순간은 없으며, 한국교회가 정치에 영향을 끼치지 않았던 때도 거의 없습니다. 지금도 한국교회는 장로 대통령을 배출할 정도로 강력한 정치집단입니다. 하지만, 과연 한국교회의 정치참여 방식이나 결과가 바람직했느냐의 문제는 또 다른 차원의 문제입니다. 정치에 대한 관심도 많고, 관계도 밀접하나, 정작 형식과 내용 면에선 비판적 성찰이 많이 필요하다는 뜻입니다. 이 책의 주장과 논리를 따라가면서, 한국교회와 정치의 상관관계에 대한 과거와 현재의 모습을 성찰하는 것은 분명히 의미 있는 반성의 기회가 될 것입니다.

레데콥의 공식, 즉 "기회+능력=책임"이란 공식도 우리가 깊이 숙고해야 할 메시지입니다. 복잡한 과정을 거쳐, 현재 한국기독교는 한국사회의 주류종교가 되었고, 사회 전반에서 막대한 영향력을 행사하고 있습니다. 더는 한국사회의 주변종교나 외래문화가 아닌, 중앙에 진출하여 사회 전반에 영향을 미치는 권력의 중심입니다. 종교인구는 전체인구 중 1/4이지만, 여론형성과 정책결정에 작동하는 힘의 크기는 이런 수량적 의미를 훨씬 넘어섭니다. 그런 의미에서 한국교회가 정치영역에서 행사할 기회와 능력을 확보한 것이 틀림없습니다. 이것은 지난 100년간 내적·외적 성장의 소중한 결과물입니다. 그렇다면, 이제는 주어진 기회와 능력에 대한 책임을 진지하고 단호하게 감당해야 합니다. 20세기 내내 한국은 정말 격동의 세월을 보냈습니다. 그 과정을 통해 사회와 문화가 급변하면서, 씨름하는 문제들은 더욱 복잡하고 난해해졌습니다. 북한문제를 둘러싼 동북아문제, IMF 이후 더욱 심화하는 경제적 불안과 양극화 현상, 정권 간의 이념적 갈등에 의한 정치적 혼란, 대형화의 부정적 산물로 초래된 교회의 내적 부패 현상 등등. 이런 혼란 속에 교회의 생존마저 위협받는 현실이나, 동시에 한국교회가 감당해야 할 시대적 사명은 더욱 중차대해졌습니다. 더는 자신의 생존을 위해 버둥대는 주변인이 아닌, 위기에 처한 민족을 십자가의 복음으로 구원해야 할 역사적 사명자로 역할을 해야 합니다. 이제 자신에게 주어진 기회와 능력을 극대화하여, 시대적 책임을 온전히 감당해야 할 것입니다.

정치현실에 대해 냉철하고 과학적인 인식과 함께, 성경에 근거한 예언자적 통찰이 절실히 필요한 때에, 레데콥의 충고는 매우 적절하고 유용합니다. 물론, 전통적으로 한국교회는 성경을 중시했고, 자신의 결정에 대한 성경적 근거를 강조했습니다. 그러나 현실적으로 정치와 관련된 문제에서, 한국교회는 성경적 가르침 대신, 정치이념이나 정권의 성향에 더 큰 영향을 받았던 것도 사실입니다. 성경에 근거한 정치적 판단보다 이념적 성경해석, 혹은 정권에 대한 성경적 정당화 작업에 치중했던 것입니다. 그 결과, 암울한 독재 시절, 그리고 복잡한 분단 현실 속에서, 교회가 성경에 근거한 예언자적 공동체 대신, 체제의 동조자 혹은 추종자 역할을 하고 말았습니다. 물론, 이에 저항했던 소수의 기록이 분명히 존재하지만 말입니다. 이런 역사적 배경 하에, 한국교회는 레데콥의 충고를 경청해야 합니다. 같은 정치적 문제에 대해, 성경을 읽지 않는 속인(俗人)의 관점이 성경을 중시하는 그리스도인의 그것과 같을 수 없기 때문입니다. 그리스도인은 반공과 친미의 종교적 홍위병 대신, 사랑과 정의의 전령이 되어야 합니다. 정치적 이해관계가 성경적 진리를 무색하게 만드는 현실의 논리 대신, 성경적 진리가 정치적 역학관계를 극복하는 하늘의 경륜을 추구해야 합니다. 교회마저 복음 대신 이념을, 성경 대신 권력을, 섬김 대신 군림을, 그리고 성령 대신 황금을 선택하는 한국적 상황에서, 레데콥의 메시지가 절박하게 가슴을 울립니다.

출판계의 흐름에 역행하며, 인기 없는 책만 고집하는 대장간 배용하 대표도 돈키호테를 많이 닮았습니다. 하지만, 거친 쇳덩이를 수없이 내려치고, 용광로 앞에서 굵은 땀방울을 흘리는 대장간의 장인처럼, 한국교회를 성령의 불과 진리의 망치로 다듬고자 애쓰는 그의 수고가 한국교회의 작지만 묵직한 희망이 되리라 확신합니다. 부디, 이들의 고집과 수고로 세상에 나온 이 한 권의 책이 자꾸만 총기를 잃어가는 한국교회에 소중한 죽비竹扉가 되길 소망합니다.

2011년 1월

추·천·의·글

존 랩 _ John A. Lapp
****

나는 1968년에 출판된 존 레데콥의 첫 번째 저서, 『기독교 극우세력』The Christian Far Right을 읽고서, 그의 생각이 나와 비슷함을 알게 되었다. 우리 두 사람은 정치에 대한 뜨거운 관심을 공유했고, 우리처럼 평화, 정의, 봉사에 대한 이야기에 헌신한 사람들이 국가의 위대함에 대한 이야기에 심취한 세상에 어떻게 관여할 수 있는지를 이해하고 싶었다. 우리 두 사람은 레데콥이 1972년에 썼듯이, "성숙한 기독교는 정치적 민감성과 행동으로 이어진다"는 사실을 입증하고 싶었다. 1968년 이후, 강단이나 위원회 테이블을 공유하긴 했지만, 우리의 여정은 종종 엇갈렸다. 비슷한 정신을 가졌다고 항상 생각이 일치했던 것은 아니지만, 방향은 늘 같았다.

레데콥은 캐나다를 배경으로 다른 나라의 상황에 대해 자주 언급한다. 기독교정치학Politics Under God에 대한 그의 경험은 대단히 유쾌했다. 하지만, 이미 1960년대에 기독교 극우세력에 대한 그의 비판은 기독교 민족주의에 뿌리내린 정치이념의 위협을 강조했다. 즉, 오늘날 중동에서 진행되는 갈등의 모든 국면은 흔히 명백히 세속적인 사회에서조차, 종교적 권위에 자극과 지지를 받는 것처럼 보인다.

레데콥은 메노나이트 전통을 배경으로 발언한다. 이 전통은 다른 어떤 그룹보다 국가적 차원에서 정치활동에 참여할 준비가 되어 있다. 메노나이트 형제단에 속한 그의 형제자매들은 현재 파라과이 대통령 가족 일부와 교제하는 문제로 씨름하고 있다. 정말로, 파라과이의 공적 삶에서 적극적으로 활동하는 메노나이트들은 국가와 교회 간의 대화에서 상당한 창조성을 보여주고 있다.

『기독교 정치학』은 잘 훈련된 정치학자이자 깊이 헌신한 교회 지도자의 성숙한 통찰력을 보여준다. (레데콥은 정치학으로 박사학위를 받은 최초의 메노나이트 학자다.) 각 장은 공적 삶에서 기독교적 실천과 관련된 한가지 주제나 질문을 다룬다. 레데콥은 다양한 기독교 전통 간의 차이를 인정하지만, 현대 메노나이트들이 해석한 아나뱁티스트적 관점으로 돌아간다. 성서에 나타난 정치를 다룬 그의 첫 번째 장은 부록에서 다시 언급된다.

나는 "하나님은 정부에 무엇을 원하는가?"라는 주제의 4장이 특별한 통찰로 가득하다고 생각한다. "하나님이 기뻐하시는 20가지 과제"는 모든 수준(지방, 국가, 세계)의 활기찬 정치과정에서 자주 언급할 가치가 있다. 이것 중 일부는 6장 "하나님은 기독 시민에게 무엇을 요구하는가?"에서도 언급된다.

나는 이 책을 읽어가면서, 그것들이 오늘에도 얼마나 적합한지를 깨닫고 놀랐다. 객원 칼럼니스트인 로저 스크루턴Roger Scruton은 2006년 8월 7일 자 「월 스트리트 저널」Wall Street Journal에서, 서양 기독교인들과 유대인들은 "인간사회는 인간 법에 따라 통치되어야 하며, 이런 법은 종교적 규범보다 상위에 있어야 한다. 시민의 일차적 의무는 국가에 복종하는 것이다…모든 종교가 주권의 통치 아래에 존재하고 싶다면, 주권에 머리를 숙여야 한다"라고 믿는, "세속 정부라는 오랜 제도의 상속자들"이라고 썼다. 정교분리에 대한 레데콥의 관심은 교회가 지난 2천년 동안 그런 정치철학을 어떻게 다루어왔는지에 대해 우리의 생각을 시의 적절하게 일깨워준다.

스크루턴의 칼럼이 실린 다음 날, 「뉴욕타임스」New York Times 기자 하워드 프렌치Howard French는 중국 동부에서 거의 완공된 교회건물을 정부가 파괴하는 이야기를 매우 상세히 보도했다. 미등록된 이 교회를 돕는 변호사는 정부 당국이 "기독교인들을 두려워하고, 기독교가 발전하는 것을 보고 싶어 하지 않는다"라고 평했다. 『기독교 정치학』은 시종일관 종교적 자유의 가치를 강조하고, 적절히 반응하기 위한 참조틀을 제공한다.

『기독교 정치학』은 적용을 목적으로 저술되었다. 따라서 독자들은 레데콥의 주장을 각자의 상황에 적용하고, 새로운 질문을 제기할 수도 있다. 나는 개인들이 자신들의 상황에서 그 문제들을 더욱 심화시킬 수 있도록 돕는 그룹을 발견하게 되길 바란다.

레데콥은 정치의 비공식적 차원보다 공식적 차원을 더 강조한다. 정당, 미디어, 그리고 대중교육의 역할이 정치활동을 위한 환경조성을 위해 중요하다. 저자는 정치활동을 위한 태도와 행동 양식을 분별하기 위해, 기독교 제자들이 서로 필요하다는 사실을 보여주었으면 더 좋았을 것이다. 때때로 국가적 상황 외부에 있는 사람들이 그 안에 있는 사람들보다 사태를 명확히 파악할 수도 있다. 전 세계의 교회들 안에서 그런 사람들의 목소리를 들으려고 노력하는 것이 필요하다. 그는 10장에서 자유주의적, 보수주의적, 그리고 사회주의적 관점에 대한 탁월한 분석을 시도했다. 하지만, 정치의식을 생산하는 세력들에게 더 많이 주목했으면 좋았을 것이다.

  이 책은 하나님의 통치를 의식하며 자신들의 정치를 실천하고 싶어하는 기독교 제자들에게 기본 교과서가 될 것이다.

감·사·의·글

하나의 원고를 준비하려면, 저자의 훈련된 사고와 적절한 글쓰기 능력뿐 아니라, 다른 많은 사람의 수고가 필요하다. 이 책을 준비하면서, 격려, 동기부여, 그리고 어떤 경우엔 도움을 주신 것에 대해, 은자쉬 루메야Nzash Lumeya, 애비 듀엑Abe Dueck, 알머 마튼스Elmer Martens, 그리고 고故 존 하워드 요더John Howard Yoder에게 감사를 드린다. 헤럴드 출판사의 레비 밀러Levi Miller와 마이클 디건Degan이 이 책을 완성하는 데 주된 역할을 담당했다. 내 아내 도리스Doris는 그녀의 격려와 지속적인 후원뿐만 아니라, 비서로서의 다양한 역할과 조사작업을 위한 도움 때문에, 특별한 감사를 받아 마땅하다.

수많은 기독교 정치가들과 의원들이 지난 세월 동안 나에게 엄청난 영향을 끼쳤다. 이들 중에는 전직 미국 상원의원이었던 마크 해트필드Mark Hatfield와 전직 캐나다 국회의원이었던 로버트 톰슨Robert Tompson, 잭 엡Jack Epp, 그리고 토미 더글러스Tommy Douglas가 포함된다. 나는 이 모든 탁월한 지도자들과 중요한 관계를 유지해 왔다. 전직 미국 대통령인 지미 카터Jimmy Carter는 정부의 최고수준의 정책결정과정에서 한 개인이 기독교윤리를 어떻게 적용할 수 있는지에 대한 중요한 역할모델이었다. 어떤 점에서, 전직 미국 대통령 레이건Reagan도 정책형성과정에서 기독교윤리를 적용했다.

지난 세월 동안 내가 가르쳤던 수많은 학생에게 특별히 감사의 말을 전해야 한다. 그들 중 많은 이들은 나를 압박하여 보수적인 기독교 신앙과 정부의 현실(하나님이 세웠고, 그의 종으로 기능을 하는 기관)을 조화시키게 하였다. 이 책은 그렇게 도전적인 의제에 대해 대화와 토론을 증진시키려는 작은 노력이다.

존 H. 레데콥

서 론

교회와 국가의 관계에 대한 모든 기독교적 설명은 교회와 국가에 대한 특정한 가정에 기반을 둔다. 그것은 교회와 국가에 대해 성서가 무엇이라고 말하는가에 대한 특정한 이해를 포함한다. 놀랄 것 없이, 도서관들은 경쟁하는 설명들로 가득하다. 그 토론의 역사는 오래되었다.

기독교인들에 대한 박해가 끝난 300년대 초반, 콘스탄틴 황제는 기독교를 포용했고, 그것을 국가의 중요한 동맹자 중 하나로 인정했다. 4세기 후반에, 테오도시우스 황제는 기독교를 제국의 유일한 참된 종교로 선언했다. 그는 기독교를 국가종교로 만들었으며, 타종교의 추종자들을 이단으로 정죄했다. 5세기 초반, 성 어거스틴은 그의 저서 『신국론』 The City of God에서, 신정주의를 거부했으나, 정의를 추구하는 모든 국가가 자신의 법에 하나님의 규범을 포함해야 하며, 그렇지 않으면 국가는 대규모 강도집단에 불과하다고 주장했다. 13세기에, 토마스 아퀴나스는 그의 저서 『신학대전』 Summa Theologica에서, 기독교적 덕을 포함하는 것이 더 나은 법과 정의를 위해 필요하지만, 타락한 인류는 기독교적 덕을 의식적으로 포함하지 않더라도, 하나님께서 주신 자연적 능력을 통해 만족스러운 정치조직을 만들 수 있다고 주장했다. 그는 이런 목적이 기독교가 도래하기 훨씬 이전, 일부 공동체 내에서 성취되었다고 주장했다.

16세기 종교개혁 때, 마틴 루터는 "세속 권력"temporary authority은 반드시 기독교적 윤리보다 낮은 수준의 윤리에 따라 기능을 해야 하지만, 시민정부는 시민법을 수호하고, 악을 저지하는 사명을 하나님께 받았다고 주장했다. 두 개의 "정권들," 즉 교회와 국가는 하나님께서 세우시고 이끄셨으며, 기독교인들은 교회뿐만 아니라 정치적 직무에서도 섬길 의무가 있다. 『기독교 강요』the Institutes를 집필할 때, 루터의 동시대인이었던 존 캘빈은 한발 더 나아갔다. 루터처럼, 그도 두 질서(정치적 질서와 영적 질서)를 인정했지만, 진실로 선한 정부는 교회의 지침을 따를 것이며, 가능한 한 교회를 섬길 것이란 주장을 첨가했다. 그러므로 교회와 국가의 관계에서 교회에 우월한 역할이 주어졌다.

루터와 캘빈이 여전히 교회 회원권과 시민권은 분리되지 말아야 한다고 주장했지만, 콘라드 그레벨Conrad Grebel과 메노 시몬스Menno Simons가 이끌었던 아나뱁티스트들은 과거의 전제 및 관행으로부터의 탈출을 주장했다. 그들은 교회와 국가는 분리되어야 하며, 온전한 종교의 자유가 성서적으로 합당하다고 주장했기 때문에, 급진주의자radicals들로 간주되었다. 이 시점에서 나는 아나뱁티스트의 해석이 이 책에서 대단히 폭넓게 제시된다는 사실을 첨가하고 싶다. 왜냐하면, 나는 아나뱁티스트적 관점이 신약성서의 가르침에 가장 근접했다고 생각하며, 그래서 내가 지지하기 때문이다.

뛰어난 메노나이트 학자인 존 하워드 요더John Howard Yoder에 의해 한가지 중요하고 독특한 관점이 발전했다. 『국가에 대한 기독교적 증언』The Christian Witness to the State과 『예수의 정치학』The Politics of Jesus 에서, 이 아나뱁티스트 학자는 급진적radical 접근을 제시했다. 그는 기독교 평화주의의 정치적 부적절성에 대해 기술하고, 모든 "현대 전쟁"을 반대하며, 어떤 형태의 정치적 참여도 최소화할 것을 주장한다. 흥미롭게도, 그는 기독교인들이 국가에 대해 강력한 증인이 되어야 한다고 주장한다. 더 나아가서 그는 어떤 신실한 기독교인들에겐 정치적 자문 역할을 담당하도록 권면한다. 어떤 행동은 기독교인들에게뿐만 아니라, 국가에게도 불행이기 때문이다. 그는 정권들이 비기독교적 윤리에 따라 역할을 하지만, 그것들도 "질서를 유지하는 기능"을 수행하며, 하나님에 의해 어떤 선한 목적을 위해 사용될 수 있다고 덧붙인다. 우리는 이 시점에서 요더의 초점은 정치의 잠재적인 긍정적 측면이나 기독교인들의 정치참여보다는 정권political authorities에 대한 증언에 놓여 있다는 점을 인정해야 한다. 그래서 요더는 기독교적 섬김을 위한 장으로서 정치에 대해 보다 부정적인 견해를 지닌다고 말하는 것이 정당해 보인다.

보다 최근에, 우리는 교회와 국가의 관계에 대해 여러 다른 해석들과, 기독교인들이 정치 영역과 어떤 관계를 맺어야 하는지에 대한 다양한 처방들을 만난다. 여러 나라에서, 어떤 지도자들은 교회의 주장과 국가의 명분을 혼합한, 소위 기독교적 민족주의를 주장하고 있다. 기독교적 미국주의Christian Americanism가 적절한 예다. 스펙트럼의 다른 끝에서, '교회와 국가의 분리를 위해 연합한 미국인들' American United for Separation of Church and State 같은 단체들이 정부의 영역에서 최소한의 종교적, 특히 기독교적 존재를 제거하고 싶어한다. 물론, 후터파the Hutterites와 다른 매우 보수적인 메노나이트 그룹들도 일체의 정치적인 것과의 완전한 단절을 시도한다.

물론, 이런저런 원천에서 통찰을 얻었지만, 이 책에 제시된 관점은 아마도 교회와 정치의 관계에 대한 특이한 성서적 이해, 그리고 정치 구조에 대한 대단히 낙관적인 견해에 의존한다. 특히 이런 견해에 대한 대안인 무정부주의와 비교할 때 말이다. 이 책의 입장은 "아나뱁티스트적 현실주의"Anabaptist realism라고 불릴 수 있다. 독자들이 장차 알게 되겠지만, 그것은 신실한 교회가 일차적으로 하나님과 국가에 충성하는 헌신한 기독교인들로 구성된다고 가정하며, 교회가 정치질서와 관련된 어떤 것보다 상위의 윤리와 목적을 지닌다고 생각한다. 그렇다고 국가를 악한 것으로, 혹은 교회의 적으로 간주할 필요는 없다. 오히려, 국가는 훨씬 더 긍정적인 것으로 간주해야 한다. 예수와 신약성서 저자들이 긍정한 기관으로서 말이다.

성서에 근거한 것으로 제시되는 이런 분석의 기본적인 전제는 교회와 국가가 하나님에 의해 세워졌다는 것이다. 교회와 국가 모두 하나님의 거룩한 사랑의 표현이다. 교회를 위해, 이런 사랑은 자신의 신부(거룩한 구원의 계획과 그리스도의 주권을 받아들인 사람들)를 향한 주님의 사랑을 심오하고 친밀한 방식으로 표현한다. 정치 영역에선, 이런 관계가 신정 정치를 포괄한다. 우리는 이런 사랑의 표현과 그 결과로 생긴 인류와 하나님의 관계를 하나님의 완벽한 계획, 즉 하나님의 계획 A라고 명명할 수 있을 것이다.

불행히도, 하나님의 피조물 대부분은 구원과 제자도에 대한 하나님의 계획에 긍정적으로 반응하지 않았다. 그들은 그런 것을 들어본 적도 없거나, 들어봤다고 해도 거절해버렸다. 수백만 명이 고집스럽게 반항의 길을 갔다. 하지만, 사랑의 궁극적 표현인 하나님은 그들을 버리지 않았다. 하나님은 그들에게 허락한 선택의 자유(에덴동산 이후, 잘못 선택하고 하나님의 주권을 거절한 권리도 포함해서)를 존중하지만, 그들에게 정치구조를 제공함으로써 자신의 사랑을 확대한다. 하나님께서 사람들에게 정치 구조를 제공하신 것을 하나님의 '계획 B' plan B라고 명명할 수 있을 것이다. 대체로, 이런 정치 구조는 독재적인 경우에도 인류를 훌륭히 섬겨왔다. 오래전에 요더가 우리에게 일깨워 주었듯이, "심지어 독재정치도 혼돈보다는 낫다."1)

정치 구조의 확립을 통해 표현된 하나님의 사랑은 "가인의 표"와 관련된 하나님의 명령에서 유래했으며창4:15 참조, 지난 수천 년 동안 인류 대부분에게 유익을 끼쳐왔다. 그렇게 이해할 때, 우리는 정치질서가 실제로 교회보다 오랜 역사를 지닌다고 말할 수 있다. 물론 "하나님의 백성"이란 개념은 창세기까지, 심지어 창조 자체까지 거슬러 올라갈 수도 있지만 말이다.

일부 학자들은 정부 설립을 창조 일부로 간주하며, 하나님께서 아담에게 "다른 모든 생물을 지배하라"창1:28고 명령했고, 아담에게 모든 짐승의 이름을 붙이라고 말씀하셨다창2:19는 사실을 지적한다. 이런 견해는 정부에 대한 대단히 광범위한 정의에 의존한다. 만약 우리가 이런 사실을 인정한다면, 일반적으로 정부라고 언급되는 것을 묘사하기 위해, 다른 용어를 개발할 필요가 있다. 내 생각에, 식물과 동물에 대한 지배권을 갖는 것이 정치적인 책임은 아니다. 동물은 통치되지 않기 때문이다. 동물에게 이름을 붙이는 책임도 정치활동이 아니다. 통치는 사람과 관계된다. 정치는 정치형태polity와 관계가 있다. 정치형태는 평화롭고 안정된 사회를 설립하고 유지하는 것처럼, 세속적(종교적이 아닌) 목적을 지닌 인간 조직을 의미한다. 나는 인간정부의 설립을 창세기의 첫 두 장에 기록된 하나님의 창조 일부로 간주하지 않는다.

비록 하나님이 교회와 정치질서를 세우셨지만, 그들 각자는 필연적으로 다른 규범에 따라 역할을 한다. 우리는 이런 차이의 일부를 설명하고 분석할 것이다. 기독교인은 두 영역 도두에서 살고 있기 때문에, 즉 정치 영역에선 시민으로, 교회에선 그리스도의 제자로 살고 있기 때문에, 긴장과 도전이 발생한다. 두 개의 윤리체제가 관련된 것 같다. 루터와 어느 정도는 캘빈도 한 사람에게 두 개의 윤리를 부여했다. 이런 접근은 불일치를 거대하게 조장한다. 초기의 아나뱁티스트들은 내 생각에 보다 성서적으로 보이는 견해를 채택했다. 즉, 한 사람은 궁극적으로 오직 한가지 윤리만을 수용할 수 있다는 개념 말이다. 그 견해가 무엇이든 긴장이 있을 것이다. 이 책은 그런 긴장과 도전이 어떤 방식으로 진행되는지를 보여줄 것이다. 한 가지 근본적인 지침은 사업, 조직화한 노동, 다양한 직업과 소명을 포함한 사회적 추구처럼, 기독교인은 기독교적 제자도가 허용하는 범위 내에서 정치에 참여해야 한다. 그 기준은 일관성이 있고, 모든 소명에 적용할 수 있어야 한다.

독자들은 내가 '보수적 기독교'와 '보수적 기독교인'이란 개념을 강조한다는 것을 눈치 챌 것이다. 분명히 다른 중요한 범주들도 있지만, 나는 세 가지 이유 때문에 이런 개념을 강조한다. 첫째, 이런 범주는 성서를 삶의 모든 영역에 적용할 수 있는 하나님의 영감 된 말씀으로 받아들이는 모든 신자를 포괄한다. 그래서 그들은 성서적 윤리를 규범적인 것으로 받아들인다. 수년 전, 나는 한 친구에게 성서의 영감을 받아들이는지 물었다. 그는 그렇다고 대답했다. "마치 세익스피어가 영감을 받은 것처럼." 보수적 기독교인은 더 협소한 정의를 고수한다. 즉, 행동을 규정하고 분석을 촉진하는, 더욱 분명한 범주와 확신을 지닌 정의 말이다. 둘째, 나는 이런 범주의 기독교인들에게 초점을 맞춘다. 내가 그런 기독교에 속하기 때문이다. 그러므로 나는 나 자신의 삶에서 기초적인 이슈들을 분석한다. 셋째, 이 집단을 다루는 것이 논리적으로 가장 자연스럽다고 생각하기 때문에, 나도 이 집단을 다룬다. 성서를 존중하지 않는 사람은 정치적 관점과 종교적 관점

사이의 일치와 불일치 문제를 심도 있게 다루기 어렵다. 나는 다른 기독교 집단들의 견해도 중요하고, 정치 영역에 대한 그들의 견해로부터 틀림없이 많은 것을 배울 수 있지만, 공간의 제약 때문에, 이 작은 책에서 모든 것을 다룰 수는 없다.

어떤 독자들은 일반적 범주로서 정치 영역에 대한 나의 분석이 지나치게 긍정적이라고 생각할 것이다. 어떤 이들은 정부에 대한 나의 긍정과 시민적 책임에 대한 묘사가 아나뱁티스트 신자들에게는 낯선 것으로 생각할 것이다. 그들과 모든 독자에게 나는 이렇게 말하고 싶다. "내 분석을 신중하게 검토하라!" 내 진술이 성서에 충실한가? 내 관찰과 제안이 시기적으로 너무 한계가 있는가? 그것들이 너무 특수한 상황에 한정된 것은 아닌가? 그것들이 자유 및 열린 민주주의의 작용과 너무 밀접히 연결되지 않은가? 성서 본문에 대한 나의 분석이 성서에 대한 역사적인 아나뱁티스트 견해와 일치하는가? 결국, 정치적 현실에 대한 성서에 근거한 분석은 모든 상황에 적용할 수 있어야 하며, 주요 성서본문에 대한 설득력 있는 해석을 포괄해야 한다. 이후의 장들이 그런 기준에 미치지 못할 때는 교정이 필요하다.

다음 장에서 제기되는 이슈와 도전은 이후의 시대에 점점 더 중요해질 것이다. 전 세계에서, 정부들이 범주와 정책 면에서 지속적으로 확대되고 있다. 그 결과는 긍정과 부정을 모두 포함한다. 여러 사법권에서, 이런 활동들은 비록 비기독교적 윤리에 근거해도, 기독 시민이, 심지어 일부 중요한 이슈와 관련해선, 조직 교회가 전체적으로 참여할 훌륭한 기회를 제공한다. 일부 국가에선, 심지어 민주사회에선, 이런 주장과 행동이 교회에 부정적인 영향을 끼친다. 서글프게도, 여러 나라에서 교회에 대한 정치적 압력은 정말 비극적이며, 제약과 학대를 낳고, 고발과 대규모 박해를 가져온다. 그런 정부는 자신을 향한

서 론 43

하나님의 뜻을 저버린 것이다. 그런 정부는 왕 중의 왕께 자신이 직접 책임져야 한다는 사실을 기억해야 한다.

이 책의 목적은 세 가지다. 첫째, 이 책은 독자들에게 내가 교회와 국가의 관계에서 핵심 이슈라고 생각하는 것을 소개하는 것이다. 둘째, 이 책은 자신의 신앙과 시민권을 진지하게 생각하는 기독 시민에게 몇 가지 실제적인 제안과 지침을 제공한다. 셋째, 이 분석은 내가 아나뱁티스트적 현실주의라고 명명하는, 교회와 국가의 관계에 대한 하나의 관점을 최소한 개론적 수준에서 설명하는 것이다.

교회와 국가의 관계는 신학과 정치학 모두에서 복잡하다. 또한, 그것은 실제로 실천할 때도 복잡하다. 정치 영역은 기회를 제공하지만, 중요한 도전과 함께 심각한 위험도 제공한다. 교회와 국가 모두 하나님의 대리자이지만, 역사의 의미를 담은 것은 국가가 아니라 교회다. 일차적 충성의 대상도 국가가 아니라 교회다. 그러므로 궁극적으로 승리하는 것도 국가가 아니라 교회다.

1

교회와 국가의 관계에 대한 성서적 지침

예수를 따르는 자가 되려면 두 가지 결정이 필요하다. 첫째는 예수가 주는 구원을 받아들이는 것이고, 둘째는 순종적인 제자도의 삶을 사는 것이다. 교회사를 검토해 볼 때, 예수를 따르는 자들은 정치 영역에서 순종적인 제자도를 표현하는 문제와 관련해서 어려움이 있었다. 그런 도전은 지금 우리에게도 여전히 존재한다. 우리가 독재 치하에 살든, 억압받는 식민지에 살든, 독립된 국가를 건립하기 위해 분투하는 나라에 살든, 혹은 자유민주주의 국가에 살든 상관없이 말이다. 기독교인은 많은 도전과 선택에 직면해 있다. 우리가 전쟁 중인 나라에 살든, 평화로운 나라에 살든, 혹은 군부 통치 아래에 살든, 권위적인 정권 아래에 살든, 아니면 민주적으로 선출된 정부의 통치 아래에 살든 상관없이 말이다.

글의 서두에서, 우리는 몇 가지 용어를 명확히 정리할 필요가 있다. 이 책에서 사용되듯이, **정치**는 공직자 혹은 공직자가 되고 싶은 사람들의 활동 및 정당과 정부에 후보를 배출하고 싶은 다른 조직의 활동을 포함하여, 정부와 관련된 활동을 지칭한다. 이것은 투표 및 공직선거와 관련된 다른 형태의 시민참여를 포함한다. 우리 자신을 위한 면제와 특혜를 추구하든, 아니면 타자를 위한 정의를 추구하든, 정부정책 및 활동에 영향을 끼치려는 우리의 모든 활동도 똑같이 정치적이다. 우리가 정부나 공직자에 대해 말할 때, 그것은 어떤 정치적 행정기관을 장악한 권세들에 대해 말하는 것이다. 그것은 일개 시市일 수도 있고, 주州나 도道, 혹은 국가 전체일 수도 있다.

모든 조직에는 조직원들, 즉 리더십의 책임을 진 사람들이 있지만, 국가 공무원은 자신이 맡은 영역에서 최종적 권위를 지닌다는 면에서 다른 사람들과 다르다. 정부는 오직 자신이 책임지는 영역에서 다른 모든 조직을 통제하고 규제하는 힘과 권위를 지니기 때문에, 다른 것들과 구별된다. 오직 정부만이 그런 권세를 소유한다. 어떤 저자들이 기록했듯이, 오직 정부만이 자원들을 분배할 수 있는 권한을 지니며, 오직 정부만이 공공정책을 수립한다.

안정된 사회에선, 오직 정부만이 설득과 교육, 그리고 벌금과 투옥을 통해, 궁극적으로는 목숨 자체에 대한 통제를 통해, 자신의 정책을 강제할 권한을 지닌다. 비록 많은 정부가 이런 궁극적 권한을 사용하지 않지만, 오직 정부만이 사형을 집행하고, 외교적인 문제와 관련해서 군사력을 사용할 수 있다. 이런 사실을 지적한다고 해서, 사형제도나 전쟁선포를 정당화하는 것이 아님을 기억해 주길 바란다. 이런 정책과 군사력은 그것들이 전혀 사용되지 않든, 오직 제한된 방식으로만 사용되든, 혹은 오직 위기 시에만 사용되든, 아니면 잔인한 독재 치하에서 널리 사용되든, 분명히 존재한다. 다른 말로 하면, 정치권력은 오직 정부만이 가족과 학교로부터 기업과 노동조합에 이르기까지 자신의 영역 내에 있는 다른 권력들을 잠재력으로나 실제로 통제하고, 지침을 제공하는 유일한 권력이기 때문에 독특하다. 연방제도에서 이런 권력은 두 가지 수준(전국적/지역적)의 정부에 의해 공유된다. 국가의 헌법은 어떤 수준의 정부가 어떤 권력을 가졌는지 규정하고 있다. 매우 제한된 권력이 또한 시와 군에 전형적으로 위임된다.

물론, 자유사회에서 정부는 시민과 조직에 대한 자신의 잠재적 통제를 대단히 제한하고 있다. 하지만, 정부는 시민과 조직을 통제할 자신의 잠재적 힘을 절대 포기하지 않는다. 이것이 바로 정부와 다른 조직을 구별하는 것이다.

우리는 때때로 사업 속의 정치, 노동조직 속의 정치, 심지어 교회 속의 정치에 대해 말한다. 이런 식으로 말하는 것이 유용할 수 있지만, 기술적으로 정확한 것은 아니다. 이렇게 다른 조직들은 오직 대단히 제한적인 권력만, 즉 국가가 그들에게 허용한 권력만 지닌다. 물리적 강제력과 관련해서, 이런 조직들은 자신들의 영역에서 오직 정부에 의해 허용된 권위만 소유한다. 그들에겐 궁극적인 법적 강제력이 없다.

기독교인의 정치 참여

우리는 이제 정치참여의 문제를 다루고자 한다. 비록 일부 기독교인이 "우리의 시민권은 하늘에 있다"라는 빌립보서 3장 2절의 진리를 강조하면서, 위에서 언급된 정치참여를 거부하지만, 다른 신자들은 우리가 정치문제를 대단히 진지하게 취급해야 하는 이유를 제시한다. 그 주된 이유를 다음과 같이 요약할 수 있다.

- 성서는 이 문제를 다루면서, 몇 가지 근본적인 지침을 제공한다. 로마서 13:1~7; 디모데전서 2:1~14; 베드로전서 2:13~17; 사도행전 16:37~39; 사도행전 5:25~29; 로마서 12:2; 마태복음 22:17~21; 히브리서 12:14. 이 성서구절들은 후에 상세히 논의할 것이다.

- 우리 삶의 어떤 영역도 그리스도의 주권 바깥에 존재하지 않는다. 기독교인은 그리스도의 가르침을 삶의 모든 영역에 적용해야 한다. 마가복음 16장 15절에서 지적하듯이, "온 천하"는 지리적으로나 사회적으로 어떤 예외도 허용하지 않는다. 어떤 사람이나 구조도 하나님의 돌봄, 관심, 혹은 심판에서 벗어날 수 없다.

- 우리 대부분은 정치 문제에 큰 영향을 받으며, 우리가 생각하는 것보다 훨씬 더 많이 관여하고 있다. 심지어 정치 참여를 피하려는 시도마저 사람들의 정치적 의미를 제거하지 못한다. 궁극적으로, 이슈는 정치적으로 참여하느냐 마느냐가 아니라, 어떻게 정치적으로 참여하느냐 하는 것이다.

- 정치 문제가 교회에 미치는 영향이 대단히 증가하고 있다. 부분적으로, 이런 현실은 대부분 국가에서 정부 역할이 확대되는 것에 기인한다. 이런 경향은 비민주주의 국가뿐만 아니라, 거의 모든 민주주의 국가에서 사실이다.

- 정부의 적절한 기능이 거룩한 사명이라면, 우리에겐 이런 문제를 이해하고, 이에 대한 우리의 지식을 증가시키며, 우리 참여의 질을 향상시킬 책임이 있다. 결국, 정부는 "하나님이 세우신 것"이며, "하나님의 종"롬13:14이다.

- 최근의 상황을 포함하여 역사를 간략히 살펴보더라도, 비록 많은 기독교인이 위대한 통찰력을 보여주었지만, 다른 많은 기독교인이 정치적 현실에 직면하여 반응할 때, 엄청난 실수를 저지르기도 했

다. 지난 수천 년간, 많은 "기독교" 정부들이 완전히 비기독교적인 방식으로 행동했다. 우리는 현명하게 행동한 사람들뿐만 아니라, 어리석게 행동한 사람들로부터도 배워야 한다. 우리는 과거의 실수를 반복해선 안 된다. 오히려, 과거에 신실한 기독교인들이 한 공헌들 위에 많은 좋은 것을 건축해야 한다.

한 개인의 관점은 정치 환경에 개인적으로 반응할 때, 큰 차이를 가져온다. 40년 이상의 경험, 관찰, 가르침, 그리고 연구에 기초한 나의 견해를 간략히 요약해 보겠다. 물론, 새로운 이해와 빛을 추구하며, 또 언제든지 환영한다.

1. 기독교인은 정치를 진지하게 취급하는 법을 배워야 한다. 정치에 궁극적 지위를 부여하지 않으면서 말이다.

2. 기독교인 대부분은 사회악을 치유하거나 진보를 촉진하는 데 있어, 정부의 역량을 과소평가하거나 과대평가하는 경향이 있다.

3. 국가와 교회는 절대주의적 주장을 하는 경향이 있다. 그러나 기독교인에겐 오직 그리스도의 가르침만이 가치있는 궁극적 주장이다.

4. 많은 기독교인이 세상에 대한 하나님의 구상에서 정부의 역할에 대해 혼란스러워한다. 우리가 기초적인 문제에 대해 분명한 이해를 하지 못한다면, 우리의 태도와 행동은 일관성을 상실하며, 심지어 우리의 신앙과 대립할 수도 있다.

5. 하나님께서 정치 영역에서 일하시며, 또 우리를 사용하시는 방법을 우리가 제한하지 말자. 특별한 정치적 역할을 위해 요셉, 다니엘, 그리고 다른 이들을 선택했던 것은 바로 하나님이셨다. 하나님께서 자신의 추종자들이 정치 영역에서 어떻게 자신을 섬기길 원하시는지 알려고 우리는 항상 노력해야 한다.

6. 우리는 비기독교적인 정부나 기관에서 채플린으로 섬기려는 유혹을 떨쳐 버려야 한다. 이따금, 우리는 양심을 침묵시키기보다는 자극할 필요가 있다. 그래서 채플린 사역을 택할 때는 매우 신중해야 한다. 물론, 우리는 어떤 사람의 필요에 반응할 준비를 항상 하고 있어야 한다.

7. 역사적으로 국가는 기독교인들 사이에서 맹목적인 지지를 얻어왔다. 이런 현실은 교회의 초국가적 특성에 반하는 것이다. 기독교인을 포함하여 많은 사람이 자신들의 신앙보다 국가를 위해 목숨을 바칠 준비가 된 것 같다. 기독교인은 왜 이런 일이 벌어지고 있는지 물을 필요가 있다.

8. 적절한 기독교적 정치참여는 개인의 기독교적 증언을 강화시킬 수 있다. 이것은 우리의 소금 됨, 즉 타자들에 대한 사랑의 표현을 더욱 강화시킬 수 있다. 마5:13을 참조하시오

9. 기독교인은 두 가지 훌륭한 강조점의 균형을 맞추어야 한다. 그것은 **사회적 행동주의** 구약 예언자들과 성전에서 장사꾼들을 쫓아내는 예수 등와 **후퇴** "그러므로 저희 중에서 나와서 따로 있고" 고후6:17 다. 최고의 결론은 선택

적 참여다.

10. 기독교인에게 교회와 그리스도의 가르침은 언제나 우선적이다. 반면, 국가와 정부의 주장은 언제나 이차적이다.

11. 국가는 그 자체로 악한 것이 아니다. 비록 국가가 비기독교적 윤리수준에서 작동하지만, 그것은 선과 악의 혼합체다. 정부가 하는 일의 많은 부분은 칭찬받아 마땅하다. 이 사실은 여러 나라에서 국가활동의 많은 부분이 교회가 개척한 것이란 사실을 고려할 때, 결코 놀랄 일이 아니다.

12. 신실한 기독교인은 사회에서 계속 성가신 존재가 되어야 한다. 정부는 항상 더 잘하라고 도전 받아야 한다. 정부가 비기독교적인 수준에서 작동하기 때문에, 국가가 자신이 무엇을 해야 하며, 무엇이 가이사에게 속해있는가를 혼자민서엑14 결정하도록 방치해선 안 된다.

13. 사도행전 4장 18~21절의 경우처럼 시민 불복종이 필요한 상황에선, 기독교인이 상위의 도덕적 기준에 따러 삶으로써 시민의 모범이 되어야 한다.

14. 지난 천 년 동안, 기독교인은 정치참여와 관련해서 어디에 선을 그어야 할지 서로 의견이 달랐다. 어떤 이들은 교회와 국가 간의 대단히 광범위한(심지어 위험한) 협력을 추구했다. 다른 이들은 정치 영역에서 전적으로 불참을 추구했다. 우리의 기본 입장은 모든

선택을 존중하는 것이며, 그리스도와 성서적 윤리의 기준에 따라 각자를 평가하는 것이다.

광범위한 참여를 추구하는 사람들을 향해, 우리는 기독교인이 기독교적 제자도가 허용하는 범위 내에서 활동을 해야 한다고 말하는 바이다. 어떤 형태의 정치참여도 철저하게 거부하는 사람들을 향해, 심지어 투표조차 거부하는 사람들에겐, 정치적 중요성 및 적합성을 피할 수 없다고 말해주고 싶다. 예를 들어, 히틀러와 그의 동료가 홀로코스트를 시작했을 때, 기독교인 대부분이 침묵하며 행동하지 않았던 것은 많은 것을 시사해준다. 우리가 정치를 피할 수 있다고 생각하는 것은 신화다. 물론, 우리는 참여의 의도된 결과와 불참의 의도되지 않은 결과 사이에 중요한 윤리적 차이가 있음을 인정한다. 전자에 대한 우리의 책임이 후자에 대한 책무accountability *보다 훨씬 더 크다.

정부 제도

이제 우리는 정부라는 제도가 어떻게 존재하게 되었는지를 다루고자 한다. 하나님이 처음부터 시민질서, 즉 국가와 정부라는 질서를 창조한 것은 아니다. 하나님은 오직 하나의 질서나 왕국, 즉 당신이 유일한 주권이며 통치자였던 에덴동산의 질서만 창조했다. 창세기 2장 2절에 기록되었듯이, 하나님께서 창조가 완성되었다고 선언했을 때, 우리가 이해하는 것과 같은 의미의 정치 질서는 없었다. 오직 신정 정치, 하나님의 통치만이 존재했다.

하지만, 하나님께서 자유로운 도덕적 선택을 허용하심으로써 정치

---

* 편집자주: responsibility는 책임으로 accountability는 책무로 옮김. 책임은 주체가 지는 것이고 책무는 상호간에 책임을 가지는 것으로 구분함.

질서가 탄생하게 되었다. 인간 피조물이 자신에게 순종하거나 배반할 수 있는, 심지어 자신의 주권lordship을 부정할 수 있는 선택권마저 허락함으로써, 하나님은 잘못된 선택을 하고, 또 그 길을 고수했던 사회가 출현할 수 있게 했다. 그런 선택은 가인의 잘못된 행동과 함께 인류역사 초기에 시작되었다. 아담과 하와의 불순종과 더불어 창조 직후에 시작했다고도 볼 수 있겠다. 어느 사건이든, 인류가 하나님의 계획과 인도를 거절했을 때, 하나님은 그들을 포기하는 대신, 자비를 베풀어 새로운 질서를 세웠다.

이 새로운 질서(정치 질서)는 하나님께서 "가인에게 표를 주사 만나는 누구에게든지 죽임을 면케 하"셨을 때 시작되었다. 창4:15 그래서 하나님은 자신의 완전한 주권을 거절했던 자들을 위해 규칙을 세우기 시작했다. 사람들은 자기들 마음대로 법을 조작할 수 없을 것이다. 무정부상태는 없어야 하며, 법의 통치가 승리해야 했다. 가인은 개인적 보복이나 폭도의 지배에서 보호되어야 했다. 하나님은 개인적 폭력을 허락하지 않았다! 그러므로 이것이 시민/정치 질서의 시작이었다. 하나님은 후에 많은 규칙과 절차를 세웠으나, 사람들이 잘못된 선택을 할 수 있는 권리마저 항상 존중했다. 물론, 그분은 국가의 잘못된 도덕적 선택에 대해 처벌하기도 하셨다.

가인의 징표와 함께 시작하면서, 하나님은 불신앙적 혹은 비기독교적 사회가 기능할 수 있도록 돕는 구조들도 제공했다. 그러므로 정치 질서는 하나님의 계획 B로, 즉 종말까지 하나님께서 인간 피조물을 결코 악한 길에 방치하지 않으신다는 사실의 표현으로 간주할 수 있다.

이렇게 시민 질서를 설립한 것은 자신의 백성 이스라엘을 위한 하나님의 특별한 조치였다. 시민 질서의 설립이 유효한 가치를 지닌다는 사실은 복음서에 기록된 예수의 말씀으로 확증된다. 예를 들어, 철저하게 반기독교적이었던 로마의 가이사시저에 대해 언급하면서, 예수는 그럼에도 자신의 추종자들이 시저와 점령지의 로마 통치자들에게 세금을 내야 한다고 주장했다. 그뿐만 아니라, 자신에게 올가미를 씌우려는 바리새인들의 물음에 다음과 같이 대답함으로써, 정부에 합법성을 부여했다. "가이사의 것은 가이사에게, 하나님의 것은 하나님께 바치라."마22:21

바울과 베드로가 세속 정부를 중요하게 강조한 것롬13:1~7; 딤전2:1~3; 벧전2:13~17; 딛3:1~2뿐만 아니라, 위와 같은 경우를 고려할 때, 기독교인이 정부에 복종하고, 정부를 위해 기도하고, 정부에 세금을 내며, 정부에 대해 감사해야 하는 것은 분명하다. 로마서 13장에서, 우리는 하나님께서 "악을 행하는 자에게 진노하고," "네게 선을 이루기" 위해 정부를 세웠을 뿐만 아니라, 기독교인이 정부에 복종하고, 세금을 내며, 통치자들을 존경해야 한다는 사실을 읽는다. 디모데전서 2장 1~2절에서, 바울은 이렇게 말한다. "내게 첫째로 권하노니 모든 사람을 위하여 간구와 기도와 도고와 감사를 하되, 임금들과 높은 지위에 있는 모든 사람을 위하여 하라." 그렇게 명백하고 직설적인 명령이 민주주의가 아닌, 억압적이고 전체주의적인 제국에서 살던 신자들에게 주어졌다. 어떤 기독교인이 "첫째로"라는 명령을 무시할 수 있다는 말인가?

기독교인은 세속 정부가 그리스도의 완전 밖에 존재하지만, 하나님 사랑의 완전 밖에 존재하는 것이 아니란 점을 인정해야 한다. 정부가 구속redemption의 영역 밖에서 기능하긴 하지만, 하나님의 관심과 긍휼compassion의 영역 밖에서 기능하는 것은 아니다. 이것은 잘못된 도덕적/영적 선택을 하는 모든 사람에게, 즉 하나님을 거절하는 모든 사람에게까지 하나님의 사랑이 확장된다는 사실에서 기인한다. 더욱이, 하나님은 항상 불순종하고 고집불통인 사람들, 심지어 자신이 직접 선택한 사람들을, 그들이 자신들의 자유로운 도덕적 선택을 잘못 사용하여 초래된 비극적 상황에서 다룬다. 이스라엘이 자신의 첫 번째 왕인 키 큰 사울을 선택할 때 하나님께서 그들을 도우셨던 것이 대표적인 예다. 비록 그들이 자신들의 왕을 요구했던 것이 근본적으로 잘못이며, 하나님을 실망시킨 일이었지만 말이다. 삼상8~10 참조

정부가 하나님의 구속된 왕국의 일부는 아니지만, 그럼에도 하나님은 로마서 13장과 다른 곳에 진술된 것처럼 정부를 위해 특별한 명령을 내렸다. 이 명령은 긍정적인 요소와 부정적인 요소 모두를 담고 있다. 간략하게 진술한다면, 정부는 대체로 악을 억제하고, 선에 상을 베풀며, 자유를 증진하고, 또한 백성이 평화롭게 살고, 교회가 더 중요한 자신의 일, 즉 위대한 사명 수행에 집중하도록 돕는 방식으로 기능 해야 한다. 그 결과, 정부는 자신이 그런 사명을 수행하는지 모를지라도, 위대한 사명 수행에 이바지하게 된다.

요약하면, 우리는 하나님이 시민 질서를 창조하지 않았으나, 가인의 표와 함께 그런 질서의 발전에 영향을 끼쳤다고 말할 수 있다. 하나님은 두 영역을 창조하지 않았으나, 인간이 하나님께서 주신 자유 의지를 활용하여 그런 질서를 발전시킨 것이다.

기독교 시민권

현재 모든 기독교인이 두 영역, 즉 그리스도의 질서인 교회와 정치적 질서인 국가에서 살고 있기 때문에, 기독교 시민권의 몇 가지 기본적 사실들에 대해 언급하는 것은 중요하다. 물론, 다양한 전통에 속한 기독교인들이 다른 견해들을 취하고 있지만, 다음의 관찰은 진지하게

고려해 볼 가치가 있다.

기독교 시민권은 기독교 제자도의 일부다. 그것은 부분적으로 죄 많은 세상에서 일관성과 책임감 있게, 그리고 순종적으로 사는 것이다. 물론, 제자도가 훌륭한 시민권과 뒤섞이거나 혼동되어선 안 된다. 대신, 제자도가 삶의 모든 측면과 차원을 변혁시키듯이, 시민권도 변혁시켜야 한다. 우리의 시민적 활동을 위한 윤리적 지침은 우리가 참여하는 다른 모든 영역, 즉 사업, 교육, 경영, 노동조합, 다양한 전문직, 농업, 그리고 기독교인들이 추구할 만한 모든 영예로운 일들에도 같이 적용되어야 한다. 삶의 다른 모든 영역처럼, 정치에서 기독교인은 자애로운 섬김을 실천하며, 기독교 제자도가 허용하는 정도까지만 관여 한다.

기독교인에게, 시민으로서의 활동은 언제나 이차적이며, 조건적이다. 그리스도와 그의 가르침에 순종하는 것이 일차적이다. 기독 시민은 예수가 그랬던 것처럼, 정부의 영역을 매우 진지하게 다룬다. 하지만, 그들은 결코 그것에 궁극적 관심을 보이진 않는다. 기독 시민은 순종적이고, 법을 준수하는 사람으로 알려졌다. 하지만, 그들은 하나님의 요구를 위반하는 정부명령에는 절대로 복종하지 않는다.

기독교 시민권이 조건적이라는 또 다른 이유는 예수 그리스도의 교회가 어떤 정부, 국가, 혹은 정치 이념에 종속된 것이 아니라는 것이다. 교회가 신실하고 신념에 투철할 때, 어떤 국가적 범주나 민족적 배타성도 알지 못한다. 유대인이나 헬라인이나, 콩고인이나 앙골라인이나, 캐나다인이나 미국인이나, 흑인이나 백인이나 상관없다. 하나의 유기체로서 교회를 구성하는 사람들은 여러 나라의 시민이다. 그들은 무정부상태보다는 자신들의 국가와 정부의 존재에 감사한다. 하지만, 그들은 어떤 국가에도 궁극적으로 또는 무조건 충성하진 않는다.

정치 체제와 법규상의 주된 차이뿐만 아니라, 언어 및 문화적 다양성을 고려할 때, 기독교인은 지방, 지역, 국가적 연합체를 조직하는 경향이 있다. 거리, 산, 사막, 바다도 일정한 역할을 한다. 하지만, 그런 차이는 기능적 배열일 뿐이다. 즉, 편리와 효용성의 문제다. 교회의 초국가적 통일성은 모든 기능적 구분을 초월한다. 민족주의적 집착이 강할 때, 이런 현실을 수용하는 것이 어떤 기독교인에겐 힘든 일일 수 있다. 하지만, 그것은 하나님께서 요구하신 것이다. 모든 기독교인은 어떤 국가의 시민이기 전에 주님 안에서 형제요 자매다. 세계 곳곳에 있는 많은 수의 기독교인이 이런 기본적 사실을 깨닫고, 그것에 일치하는 삶을 산다면, 전쟁은 훨씬 더 줄어들 것이다. 기독교인들은 자신들이 속한 국가의 명예와 복지를 위해 서로 싸우거나 죽이지 않을 것이기 때문이다. 하나님의 나라에서는 가족 유대가 애국주의를 능가한다!

교회 회원들은 자신들이 이 땅에 잠시 머물다 가는 존재임을 잘 알고 있다. 기독교인들은 자신들이 일시적으로 소속된 왕국 혹은 공화국의 애국가를 부를 수도 있다. 그들에게 가장 소중한 애국가는 왕 중의 왕이요, 주 중의 주이신 분에 대한 노래다. 그들은 시민권에 대한 책임과 기회를 진지하게 취급한다. 하지만, 자신들의 거룩한 신분을 침해하는 이 땅의 어떤 것에도 충성을 바칠 순 없다.

기독교 시민권은 만민에게 선을 행하고, 삶의 모든 영역에서 사랑과 애정을 표현해야 한다는 성서적 명령을 포함한다. 그러므로 기독 시민은 정치 영역에서도 사역의 장을 찾는다. 최소한 우리 중 어떤 이들은 어떤 이에게 냉수 한 잔을 대접하는 것마10:42에 해당하는, 공적 혹은 정치적 행위가 존재한다고 믿는다. 그들은 1974년 스위스 로잔에서 열린 세계복음화국제대회the International Congress on World Evangelism에서 채택된 주요 선언문에 동의한다. "복음전도와 사회적·정치적 참여 모두는 우리의 기독교적 의무다."

예를 들어, 그처럼 타인에게 선을 행하는 것에 대한 포괄적인 시각은 돈에 대한 우리의 청지기적 관심이 단지 세금을 내는 것에 한정되지 않는다는 것을 의미한다. 우리는 정부가 선을 행하는 모습을 보고 싶다. 정부는 우리를 위해, 우리의 수입 중 상당 부분을 거둬들여서 재분배한다. 로마서 13장 4절에 따르면, 그것이야말로 정확히 하나님께서 정부에게 기대하시는 일이다. 그러므로 우리에게 기회가 왔을 때, 우리는 정부가 징수한 세금을 현명하게 사용하도록 영향력을 행사해야 한다. 사실, 우리가 정부를 선출하는 민주주의에서, 우리는 결정된 것에 대해 일정부분 책임을 공유해야 한다. 유사하게, 우리는 우리가 중요한 청지기적 책임을 지는 이 지구에 대해 정부 차원뿐만 아니라 개인적 차원에서도 책임을 져야 한다.

일부 국가에서, 기독 시민은 신실한 교회가 고민해야 할 의제와 정부의 의제가 상당 부분 중첩된다는 사실을 발견한다. 그런 상황은 결코 놀랄 일이 아니다. 많은 경우, 정부가 감당해야 할 의제는 더욱 민감한 기독교 공동체가 개척했던 것을 실천하는 것이다. 이 영역에는 교육, 다양한 차원의 건강보험, 장애인 복지, 노인 후원, 고아 돌봄, 굶주린 자들에게 식량 제공, 그리고 국제적 차원의 원조 등이 포함된다.

교회사에서 일부 기독교 그룹이 기독교 시민권에 대해 상반된 입장을 견지했다. 후터파와 일부 보수적 메노나이트 같은 그룹은 어떤 형태의 정치 질서에도 참여하길 거부해 왔다. 그들은 오늘날에도 그런 견해를 고집하고 있다. 그들도 중요한 기독교적·정치적 선언문을 발표하기 때문에, 주목할 필요가 있다. 그들은 종교개혁 직후 스위스에서 일부 메노나이트 그룹의 특징이었던, 정부를 기피하거나 의심하는 태도를 유지하고 있다. 예전의 일부 메노나이트들은 정치 영역이 본질적으로 악하다고 생각했다. 1527년에 작성된 슐라이트하임 신앙고백the Schleitheim Confession에서, 고백서 작성자들은 정치질서를 "암흑의 왕국"으로 언급했다. 잔혹한 박해 속에서, 그리고 어떤 긍정적 기능도 행하지 않는 정부 아래서 살던 그들의 처지에서, 그런 평가는 이해할만 하다. 하지만, 내가 보기에, 슐라이트하임 신앙고백은 너무 부정적이다. 만약 정부가 본질적으로 악한 것이라면, 예수는 결코 우리에게 정부를 위해 기도하거나 정부에 세금을 내거나, 정부에 복종하고 감사해야 한다고 명하지 않았을 것이다.

심지어 기독교 시민권에 대해 대단히 낙관적인 견해를 갖고 있으며, 선행에 대한 '포괄적 정의' inclusive definition을 견지하는 사람도 그 두 질서 사이에 기초적인 긴장이 존재한다는 사실을 쉽게 인정할 것이다. 계몽된 정치 행위는 '정의의 원칙' the principle of justice을 따른다. 기독교적 행위는 사랑의 법칙을 따른다. 안정적인 정치 생활은 타협에 의존하며, 이것은 윤리적으로 정당한 중간에서 만나는 것이다. 타협에 대한 압력은 어느 정도 긴장을 가져올 것이다. 성숙한 기독교적 삶은 여러 영역에서 무엇이 참되고 옳은 지에 대한 절대적 개념들의 지도를 받기 때문이다.

다음의 대립들을 고려해 보라. 국가의 안내자인 중앙정부를 위한 일차적 지침은 자기보존이다. 기독교인을 위해 가장 중요한 지침은 하나님에 대한 복종이다. 세속적 정치 생활에서는 지위, 인기, 권력, 그리고 통제가 높은 평가를 받는다. 반면, 기독교적 삶에서는 하나님에 대한 섬김, 복종, 희생, 사랑, 그리고 예배가 가장 중요하다. 우리가 살펴본 것처럼, 계몽된 정치적 의제와 특정한 기독교적 사역 사이에는 상당히 중첩되는 부분이 있다. 하지만, 우리는 기본적인 차이들을 무시해선 안 된다. 긴장이 실재로 존재한다.

결론

이 서론적 연구를 맺으면서, 다음과 같이 일반적인 관찰들을 정리해보고자 한다.

1. 정치 영역이 매우 중요하지만, 그것이 교회의 주된 관심사가 되어선 안 된다.

2. 다른 곳처럼 정치 영역에서, 우리가 모두 똑같은 재능이나 소명을 갖는 것은 아니다. 우리는 참여에서 상당한 정도의 다양성 및 대단히 다양한 수준을 인정할 필요가 있다. 우리에게는 요셉과 다니엘도 필요하지만, 성서에서 요구하는 기도와 중보에 자신들의 정치적 활동을 한정하는 사람들도 필요하다. 우리가 기억할 것은, 정부를 위한 기도는 결코 선택사항이 아니다.

3. 기독교인은 기독교적 행위나 신앙을 성취하기 위한 지름길로 정부 권력을 이용하고 싶은 유혹에 늘 저항해야 한다. 기독교인이 되고 기독교적 삶을 산다는 것은 외부 압력에 의한 헌신이 아니라, 자발적 헌신이다. 물론, 어떤 기독교윤리적 원칙은 분명한 가치와 유용성을 지니기 때문에, 정부에 의해 법으로 제정되기도 했다.

4. 비기독교 사회는 현재의 모습보다 훨씬 더 정의롭고 인간적이며

교양이 넘칠 수 있다. 그것이 명시적으로 기독교윤리를 수용하지 않더라도 말이다. 비기독교윤리의 수준은 다양하다. 부패한 나치즘과 스탈린 공산주의에서부터 우리 시대의 많은 민주주의 국가가 보여주는 계몽된 정책들에 이르기까지 말이다.

5. 신약성서가 우리에게 명령하듯이, 기도할 만큼 정치 질서에 깊은 관심을 두는 기독 시민은 또한 그것에 대해 정보를 얻으려고 노력해야 한다. 가능하다면, 터무니없을 정도로 악한 것에는 저항하고, 명백히 선한 것은 후원해야 한다. 그런 반응은 개인적으로, 집단적으로, 혹은 (정기적으로 평화를 위해 분투하는) 다양한 기독교 단체들을 통해 이루어져야 한다. 기도는 적극적 행동의 대체물이 아니라 연관된 행동일 뿐이다.

6. 대부분 국가에서, 교회는 무시할 수 없는 규모를 갖고 있다. 비록 침묵하고 있을지라도, 강력한 메시지를 전하고 있다.

7. 역사 속의 여러 슬픈 장면에도 불구하고, 국가는 하나님의 섭리와 사랑의 중요한 표현으로 남아 있다. 심지어 당대의 정치인들이 부패하고 악할지라도, 그리고 우리가 그들을 제거하고 대체하기 위해 애쓸 때에도, 기독교인은 무정부상태 대신 정치 구조의 존재에 대해 하나님께 감사해야 한다.

8. 정치 질서가 선한 일을 많이 했을 때에도, 역사의 의미를 전달하는 것은 국가가 아니라 교회다. 하나님은 자신의 복음을 선포하는 사명을 국가나 어떤 정권이 아닌 교회에 맡겼다.

2
교회와 국가의 관계에 대한 신학적 관점

　교회가 정치 권세와 어떤 관계를 맺어야 하는지에 대한 물음은 오랜 역사를 갖고 있다. 사실, 우리는 정치 문제를 예수 시대까지, 심지어 그의 탄생 때까지 추적할 수 있다. 결국, 아기 예수를 죽이고 싶었던 사람은 통치자 헤롯 왕이었다.마2:16~18 참조 후에 또 다른 통치자 본디오 빌라도가 우리 주님을 십자가에 처형하도록 허락했다. 교회가 설립되고 나서, 또 다른 정치 권세에 의해 대 박해가 시작되었다. 국가와 교회의 관계에 대한 도전은 그날 이후 늘 우리와 함께 있었다.

　실제로 모든 근대 국가에서 국가와 교회의 관계는 더 넓은 이슈들 속에 포함되었다. 나라마다, 다음의 물음들이 매우 중요하다. 즉, 정부가 기독교인에게 종교의 자유를 허용하는가? 정부가 기독교나 다른 종교의 활동을 금지하거나 억압하는가? 정부가 국가 내에서 종교 다원주의를 용납하는가? 정부가 소수 종교에 종교적 자유를 허락하는가? 정부가 한 종교를 국교로 삼으려 하는가? 기독교인에 대한 차별이 존재하는가? 정부가 종교적 약자를 차별하는가? 특정 종교가 다른 종교를 박해하도록 국가가 허용하는가? 정부가 신앙단체와 중복되거나 공통된 의제를 갖게 될 경우, 그 단체와 기꺼이 협조하는가? 정부가 기독교 및 다른 양심적 거부자들을 존중하는가? 그렇다면, 기독교인은 어느 정도까지 정부와 협조해야 하는가?

무엇이 국가와 교회 간의 올바른 관계를 구성하는지에 대한 기독교적 이해는 매우 다양하다. 사실, 사람마다 성서본문을 다르게 읽고 이해한다. 이 분석에서, 우리는 몇 가지 주요한 해석들을 살펴볼 것이다. 이렇게 간략한 연구를 통해, 우리는 왜 특정한 형태의 국가와 교회의 관계가 형성되었는지를 이해할 수 있고, 각 형태를 평가하며, 우리 자신의 견해를 더욱 발전시킬 수 있다.

이런 형태들을 기술할 때, 우리는 고전적 형식들에 주된 강조점이 놓였음을 주목해야 한다. 후에, 핵심적 강조점은 같았으나, 더욱 세련되게 변형되었다.

가톨릭 교회와 교회-국가의 관계

4세기 후반 이후 지배적인 교회와 국가의 관계는 로마 가톨릭의 것이었다. 처음 3세기 동안, 교회는 로마제국에 의해 주기적으로 가혹한 박해를 당했다. 서기 303년 무렵, 대단히 악질적인 정책이 실행되었다. 디오클레티안 황제가 모든 교회의 파괴를 명령했던 것이다. 모든 성서가 압수되고, 모든 주교와 성직자들이 황제의 신상에 희생제물을 바치지 않으면 고문을 당하고 살해되었다. 처음에는 대단히 강력하게, 후에는 간헐적으로, 이 정책이 로마제국의 여러 지역에서 실행되었다.

313년, 콘스탄틴 황제가 자신이 통치하던 로마제국의 지역에서 기독교인들에게 완전한 종교의 자유를 허락하자, 상황은 극적으로 변했다. 323년, 그는 제국의 유일한 통치자가 되었고, 자신의 계몽된 정책을 다른 지역으로 확대했다. 그는 교회가 상실한 모든 재산을 회복시켰으며, 일요일을 제국 전역에서 법적 휴일로 제정했고, 많은 교회를 건축했다. 383년, 테오도시우스 1세 황제는 기독교를 제국의 국교로 선포했다. 이런 정책은 대단히 과감한 것이었지만, 신실한 교회에 꼭 유익한 것만은 아니었다. 교회가 자신에게 주어진 위대한 사명을 수행하기 위해 법의 힘에 의존하거나 사용하는 것은 아니다. 그 후 수 세기 동안, 로마교회는 최고의 지위를 누렸다. 하지만, 불행히도, 성서적 의미의 자유는 점점 부식되었다. 로마제국의 동반자가 되어 일하면서, 교회는 점점 다른 반대파들을 억압했고, 모든 시민의 일상생활을 규제했다.

로마제국이 4세기 후반 및 5세기 초반에 약해지다가 결국 망했지만, 교회는 자신의 특권적 지위를 계속 유지했다. 심지어 유럽 여러 지역의 군주들이 교회의 권세에 도전했지만, 16세기에 개신교 종교개혁의 거대한 도전에 직면하기 전까지, 대체로 유럽과 그 너머까지 자신의 지위를 유지했다. 우리가 명심해야 할 요점은 이것이다. 천 년 이상, 로마 가톨릭 교회는 대부분의 정치 지도자들이 굴복할 정도로 유럽의 삶을 지배했던 것이다.

전통적인 로마 가톨릭 견해의 핵심에는 교권이 정치제도에 대해 도덕적 권위를 지닌다는 가정이 자리하고 있다. 로마 가톨릭 교회는 아직도 그런 가정을 고수하는가? 아직도 그것이 로마 가톨릭 관점에서 유추되는 이상적 입장인가? 그런 생각은 로마 가톨릭 교회의 지도자들과 학자들 사이에서 논쟁의 대상이 되고 있다. 오늘날, 어떤 사건에서, 부분적으로는 내부의 수정주의적 사고 때문에, 부분적으로는 세계 곳곳에서 독립국들의 출현 때문에, 로마 가톨릭교회가 오직 하나의 작은 국가, 즉 로마에 있는 바티칸(이 교회의 공식적 중심) 안에서만 절대적인 통제력을 행사하고 있다. 다른 나라에서는 자신의 절대 권력을 서서히 상실해 왔고, 정치권력에 주도권을 넘겨주었다. 비록 일부 국가에서, 예를 들어, 라틴아메리카 일부에서, 로마 가톨릭교회는 여전히 영향력을 행사하고 있으며, 정부활동의 상당 부분에 관여하고 있다.

역사를 고찰해 볼 때, 일부 학자들은 로마 가톨릭 관점에서, 국가와 교회 간의 이상적 관계는 "교회가 국가 위에 존재하는 것"이라고 말한다. 교회가 더 높은 도덕적 권위를 지니고 있기 때문에, 교회가 국가보다 우위에 있어야 한다. 이런 도덕적 전제가 유효하다면, 교회가 정치적 결정을 내리거나 최소한 정치권력을 통제할 권한을 획득하는 것인가? 그렇다고 교회가 자연법이나 혹은 신적 계시에 근거해서, 모든 사회를 위한 도덕적 표준을 결정할 권한을 소유하는가? 종교적 자유와 제약의 한계를 규정할 권한을 교회가 갖는가? 사람들은 반드시 그래야만 한다고 주장하는 변증가들을 쉽게 찾을 수 있을 것이다.

가톨릭 교회에서 점점 규모가 성장하는 개혁파 가톨릭들은 그 문제를 다른 방식으로 진술할 것이다. 그들은 로마 가톨릭 교회가 도덕법에 대한 거룩한 이해를 소유하고 있음에도, 더는 자신의 의지를 정치권력에게 강요하지 말아야 한다고 주장한다. 개혁파 가톨릭들은 로마 가톨릭 교회가 종교적 자유를 억압해선 안 되며, 다른 신앙들을 억압하려 해서도 안 된다고 말한다. 여러 나라에서, 로마 가톨릭 교회는 현재 그런 정책을 고수하고 있다.

교회와 국가: 루터교적 관점

지난 몇 세기 동안, 이 분야에서 루터의 가르침은 중요한 변화와 개혁을 경험했지만, 루터교인들은 마틴 루터에 의해 발전한 기본적인 강조점들 대부분을 여전히 수용하고 있다. 그러므로 우리는 고전적인 루터교의 이해를 그 위대한 개혁가 자신이 진술한 것으로 생각해도 좋을 것이다. 오늘까지 이 관점이 개신교 내에서 지배적이기 때문에, 우리는 이런 관점을 상세히 연구할 것이다.

 교회와 국가의 관계에 관한 마틴 루터의 핵심적 주제는 하나님께서 정치질서를 포함하여 인간 존재의 모든 영역에 거룩한 주권을 행사하신다는 것이다. 이 땅에서 자신의 뜻을 실현하기 위해, 하나님은 비기독교인뿐만 아니라 기독교인도 사용한다. 또한, 그는 교회와 국가라는 두 군대regiments, 혹은 두 왕국을 통해 그렇게 한다. 두 왕국은 하나님의 통치에 복종하며, 하나님의 사랑과 진노의 대상이 된다.

 루터는 기독교 군대, 혹은 하나님의 왕국이 참된 신자들로 구성된다고 정의했다. 그들이 진정한 그리스도인으로서 거룩한 삶을 산다면, 세속의 법, 칼, 혹은 통치자가 필요 없을 것이라고 그는 주장했다. 반면, 세속적 군대는 죄의 결과다. 그것은 다른 모든 사람으로 구성된다. 그들은 도덕적으로 자족하지 못하므로 정부가 필요하다. "기독교인이 아닌 사람들 모두는 세상의 왕국에 속하며, 법의 통제하에 있다." 세속의 왕국에 속한 사람들은 중생하지 못한 죄인들이 악한 짓을 하지 못하도록, 칼의 통치에 복종해야 한다."[1] 비록 그의 신학에서, 루터가 하나님의 왕국 내에 죄의 존재를 인정했지만, 그가 정부의 필요성에 대해 설명할 때, 그런 사실을 간과하는 것 같다. 더욱이, 루터가 두 왕국을 분리된 실재로 정의하려고 노력했지만, 현실적으로 "세상의 왕국"이 활동하는 영역에 모든 사람이 포함된다는 사실을 인정할 수밖에 없었다. 이런 상황은 오직 소수의 사람만이 철저하게 기독교적으로 행동할 수 있기 때문이며, 정부활동의 많은 영역이 필연적으로 비기독교인뿐만 아니라 기독교에도 영향을 끼치기 때문이다. 그렇게 인정함으로써 사람들에 대한 그의 이원론적인 구분이 확실히 약화되었다.

루터는 하나님께서 무한한 지혜로 두 영역, 즉 국가와 교회를 설립하셨고, 그것들을 통해 자신의 두 왕국을 통치한다고 주장했다. 국가는 평화를 유지하고 죄를 통제하며 시민적 정의를 증진하기 위해 법과 칼에 의존한다. 교회는 하나님 말씀, 사랑과 겸손, 설득, 그리고 궁극적으로 파문과 금지에 의존한다. 교회의 사명은 사람들에게 죄를 깨닫게 하고, 이신칭의라는 복된 소식을 전하며, 사람들이 영생을 얻도록 돕고, 기독교적 제자도 속에서의 성장을 촉진하는 것이다.

하위 질서인 자연의 영역과 상위 질서인 은총의 영역을 명확히 구분하는 로마 가톨릭 교회와 달리, 루터의 두 영역인 법의 영역과 복음의 영역은 거의 중요도가 같은 하나님의 활동 영역이다. 두 군대는 거룩한 원천과 사명을 공유하지만, 기능은 다르다. 교회는 영혼의 영원한 상태와 관계가 있기 때문에, 교회에 더 큰 강조점이 주어지고, 더 중요한 의미를 지닌다.

각 군대는 서로 도울 수 있다. 국가는 안정된 질서를 제공함으로써 교회가 자신의 사역을 수행할 수 있게 한다. 교회는 경건하고, 복종적이며, 세금을 내고, 정부를 존경하는 시민을 공급함으로써 국가를 돕는다. (비기독교인 시민도 정부에 복종해야 한다. 비록 그들은 두려움 때문에 그렇게 하지만.) 어떤 군대도 다른 군대의 방법을 사용하거나, 다른 군대의 활동을 방해해선 안 된다. 하나님은 사탄에 대한 최후 승리를 쟁취할 때까지, 악과 마귀에 대항한 자신의 전투에서 두 군대를 사용한다. 따라서, 기독교인이 정부가 악에 대항할 때 정부를 돕는다면, 그들은 마귀에 대항하는 하나님의 손 자체를 돕는 것이다.

두 군대가 하나님의 뜻을 수행한다는 점을 고려할 때, 기독교인은 두 군대에서 하나님을 섬기도록 부름 받는다. 따라서 두 종류의 섬김이 "기독교적 소명"을 구성한다. 두 종류의 섬김이 기독교적 사랑의 표현과 관련이 있다. 비록 그런 사랑이 교회에서 표현될 때와 정치영역의 장에서 표현될 때 정반대의 모습을 취하지만 말이다.

　이 점에서, 루터는 근본적인 문제와 대면했다. 그는 예수의 윤리가 모든 기독교인에게 적용된다고 주장했다. 하지만, 세속 정부가 교회엔 허용되지 않는 칼에 의존할 수밖에 없음도 인정했다. 그는 기독교인이 세속 정부에서 봉사할 때, 충성스러운 시민으로서 누군가를 죽여야 할 경우, "사랑의 정신"으로 그렇게 해야 한다고 주장함으로써 이런 딜레마를 해결하고자 했다.[2] 심지어 그는 한발 더 나아가, 국가를 보존하기 위해서라면, 기독 시민이 살인도 불사해야 한다고 주장했다.[3]

　행동으로 표현된 기독교적 사랑에 대한 이런 독특한 이해에 기초하여, 루터는 정치가들이 자신들의 직무와 관련해서 어떤 일을 하든, 선한 기독교인이 될 수 있다고 주장했다. 그는 두 종류의 주장을 발전시켰다. 먼저, 하나님께서 선한 자를 보호하시고, 악한 자를 처벌하기 위해 국가를 사용하시므로, 기독교인이 정부나 군대에 복무하는 것은 하나님을 향한 거룩한 봉사다. 결국, 사회는 범죄자를 체포하여 처벌하고, 국가를 방어하려는 사람이 없다면, 결코 생존할 수 없을 것이다. 기독 시민이 국가를 보존하는 일에 협력하지 않는다면, 하나님의 목적은 뒤틀리고 말 것이다. 둘째, 기독교인이 정치권력을 휘두르고, 악한 자들을 처벌하며, 범죄자를 처형하고, 전쟁에 참여할 때, 그들은 오직 자신들의 유익을 위해 그렇게 한 것이 아니라, 이웃에 대한 관심에서 비롯된 것이다. 그런 행동이 우리 자신이 아닌 공동선을 위해 수행될 때, '사랑의 사역'이 된다. 그것은 이웃을 향한 사랑의 표현이다.

　물론, 루터는 자신이 찬미한 정치 및 군사적 행동이 예수의 산상수훈과 대립한다는 점을 깨달았다. 그렇지만, 사람이 정치나 군사적 직무 수행을 위해 행한 일은 사랑의 사역이 된다고 주장했다. 직무수행자와 별도로 직무 자체는 자신만의 고유한 윤리적 기준을 지닌다. 그렇지 않으면 악해질 수 있는 것이, 개인이 담당하는 직무나 지위가 행동을 수반할 때, 선해질 수도 있다. 그러므로 기독교인은 정치 및 군사적 영역에서 하나님을 섬기고자 "기회가 있을 때 도전해야!" 한다. 루터는 이렇게 기록했다.

> 그러므로 교수형 집행인, 교구관리, 재판관, 영주 혹은 군주의 자리가 비었음을 당신이 알고, 당신이 그 자리에 적합한 사람임을 확신한다면, 당신은 마땅히 그 자리에서 봉사할 기회를 추구하여, 필요한 정부 관직이 무시당하거나, 기능을 제대로 발휘하지 못하거나 혹은 소멸하지 않도록 해야 한다. 세상은 그것 없이 살 수 없으며, 감히 그렇게 해서도 안 된다.4)

이런 관점에서, 예수께서 산상수훈에서 가르치셨던 강력한 윤리규범은 오직 개인적 문제에만 적용된다. 그 규범이 공적 영역에선 적용되지 않는다.

루터는 전쟁을 열성적으로 지지하진 않았지만, 하나님의 도구로서 정치기구를 보존할 목적으로 수행될 경우, 전쟁도 통치자와 신민 모두를 위한 합법적 행동이라고 믿었다. 비록 기독교인 스스로 자기 자신이 아닌, 주어진 정치 영역을 방어할 때, 통치자를 돕는 것이라고 그는 주장했다.

루터의 관점에서, 국가보호 및 정당방위 차원의 전쟁은 정당한 전쟁이다. 언제 전쟁이 불가피한지를 결정하는 것은 통치자의 책임이다. 또 전쟁에 참여하도록 부름 받았을 때, 기독교인이나 비기독교인이나, 부름에 응해 싸우는 것이 모든 시민의 책임이다. "전쟁을 통해, 통치자가 자신의 적을 죽이고 빼앗고 약탈하는 것, 그리고 적에게 해를 입힐 수 있는 모든 일을 하는 것은 기독교적 행위이며 사랑의 행동"이라고 루터는 썼다.5) 흥미롭게도, 루터는 군주가 잘못된 전쟁을 치를 때, 기독 시민은 결코 그를 따르지 말아야 한다고 주장했다. 그들은 인간보다 하나님께 복종해야 하기 때문이다.6) 분명히, 이런 식의 자격조건은 기독 시민에게 심각한 문제를 일으켰다. 내가 보기에 이것이 루터의 기본 입장인 것 같다. 정당한 전쟁에서 군주를 도우려고 수행된다면 본래는 비기독교적이었던 것도 기독교적이 되는 것이다. 역으로, 정당하지 못한 전쟁에서 군주를 도우려고 수행된다면, 본래 비기독교적인 것은 계속 비기독교적인 것으로 남는다.

교회와 국가의 관계에 대한 루터의 훌륭한 통찰에도, 루터의 관점에는 몇 가지 심각한 약점들이 존재한다. 먼저, 그가 "영적" 왕국과 "세속적" 왕국을 구분한 것은 너무 단순하다. 교회에도 세속적인 측면이 있다. 교회도 권력을 소유하며, 남용할 수 있다. 심지어, 기독 시민은 단지 한 군대regiment에서만 기능 하지 않고, 두 군대 모두에서 살고 기능 한다. 루터는 이처럼 명백한 사실을 인정했지만, 비교적 간략하게 다루었다. 특히, 그의 일부 저작에서 그가 시민권을 날카롭게 구분한 것은 비현실적이며 오해의 소지가 많다.

둘째, 루터는 동기가 올바르면, 동기가 정치적 필요에 기초하고 그 일을 수행하는 사람이 정당한 지위에 있다면, 즉 정치적 지위를 지닌다면, 명백히 비기독교적인 행동도 기독교적이 될 수 있다고 주장한다. 놀랄 일도 아니지만, 그는 그런 견해에 대한 성서적 근거를 제시하지 않는다. 그런 사고방식을 지닌 사람은 정치권력에 의해 자행된 어떤 악행도 정당화할 수 있다! 기독교적 제자도의 한 표현으로,

"사랑으로 죽여라"라는 정당성을 획득할 수 있다. 그뿐만 아니라, 우리는 누가 정치적 필요를 결정하며, 어떻게 정치적 필요로 정당화되는 이기적이고 공격적인 행동을 방지할 수 있는지도 다루어야 한다.

셋째, 윤리에 대한 루터의 설명도 심각한 문제를 일으킨다. 어떤 사람이 "내가 이것을 기독교인으로서 행하는가, 아니면 시민으로서 행하는가?"라고 항상 질문하면, 그리스도의 주권 아래 통전적인 삶을 살 수 있는가? 그리스도인은 자신의 기독교적 정체성을 시민으로서의 정체성과 분리할 수 있는가? 더욱이, 그는 그런 역할 중 자신이 어떤 역할을 하고 있는지 항상 알 수 있는가? 더욱 난해한 문제는, 그가 통전성을 희생하지 않고, 자신 안에서 완전히 어긋나는 두 가지 행동 윤리, 모순되는 윤리적 이원론을 유지할 수 있는가? 그 결과는 일종의 윤리적 정신분열이 아닌가? 그가 윤리적 기어 변동에 집착한다면, 과연 제대로 기능할 수 있을까?

넷째, 평범한 기독 시민에게 어떤 전쟁이 정당한 전쟁이고 어떤 것이 그렇지 않은지 구분할 수 있는 능력이 있는가? 국제 및 국내 정책이 매우 복잡하고 혼란스러우며 모호한 우리 시대나, 대부분의 보통 사람들이 교육받지 못하고, 글을 읽을 줄 모르며, 제대로 된 정보도 갖지 못하던 루터 시대에, 그런 능력을 소유하는 것은 매우 어렵다. 만약 그의 시대에 일부 군인들이 당시의 전쟁이 부당하다고 결론을 내렸다면, 통치자가 어떻게 했을 것인가? 그들이 바로 적이 되지는 않았을까?

다섯째, 심지어 오늘날까지도 영향력 있는 "정당한 전쟁"에 대한 루터의 개념은 추가로 많은 문제를 일으킨다. 역사적 증거들에 따르면, 전쟁의 책임이 일방적으로 어느 한 쪽에 지워지는 경우는 거의 없으며, 거의 모든 전쟁은 전쟁하는 양측에 의해 정당화되고, 또 그렇게 될 수 있다. 또한, 루터의 설명은 전쟁에서 너무 일반적인 상황, 즉 기독교인들이 전쟁에서 서로 죽이던 상황도 정당화한다. 예를 들면, 수백만 명의 천주교인과 개신교인이 제1, 2차 세계 대전에서 이런 짓을 했다. 나는 예수 그리스도의 교회, 구속받은 신자들의 세계적 기구가 이런 식으로 행동해야 한다는 생각을 도무지 받아들일 수 없다. 기독교인이 기독 시민의 의무라는 명분으로, 서로 총을 쏘고 폭탄을 날리며 동료 기독교인을 죽이려고 몸부림친다면 하나님께서 기뻐하실까?

요약한다면, 국가와 교회의 관계에 대한 루터의 고전적 관점은, 오늘날 주류 교단과 복음주의 교단 모두에서 지배적 위치를 점하고 있는데, 기독 시민을 위한 일관되고, 성서적 근거를 지닌 처방으로 사용되기에 많은 문제가 있다.

"개혁주의"의 이해――캘빈주의적 관점

이 관점은 자기 창조물의 모든 측면을 변혁하는 하나님을 강조하기 때문에 종종 신정주의theocracy라고 불린다. 몇 가지 핵심적 측면에서, 그것은 루터교와 비슷하지만, 중요한 차이점도 존재한다.

루터가 두 군대의 분리를 강조하고, 정부에게 진정한 정의를 위한 제한된 능력만 부여했지만, 존 캘빈은 사회 전체를 보다 통합된 실체로, 말하자면 하나의 포용적인 몸으로 보았다. "교회의 머리로서 그리스도는 또한 정확히 이 세상의 주님이시다."[7] 기독교적 질서와 비기독교적 질서 사이의 날카로운 구분은 사라졌다. 캘빈은 국가의 기독교적 역할을 강조했고, 국가의 기능은 기독교인이 기독교적 삶을 살도록 돕는 것이라고 역설했다. 루터는 교회에 오직 인간 구속과 관련된 역할만 부여했다. 캘빈의 경우엔, 물론 여전히 교회와 국가의 기능을 구분했지만, 동시에 국가에도 기독론적 목적, 즉 구원의 목적을 부여한다. 이런 관점에서, 그는 어느 정도 중세 가톨릭주의로 회귀한다. 중세 가톨릭주의 안에서는 삶과 사회의 모든 영역이 십자가 아래 통합되었던 것이다.

비록 캘빈의 체계 내에서 교회가 국가를 통제하진 않지만, 삶의 어떤 측면이 교회에 의해 통치되고, 어떤 영역이 국가에 의해 통치되는지를 결정할 수 있는 권한을 주장함으로써, 교회도 비슷한 수준의 통제를 할 수 있었다. 국가의 역할과 관련해서, 캘빈은 "시민 정부는…하나님 말씀 안에서 정치 질서가 시민의 구원에 기여할 수 있는 최선의 방법을 탐색하고, 시민들의 일상생활을 위해 질서정연하고 이로운 환경을 제공하며, 하나님의 뜻 안에서 행동해야 한다"고 주장했다.8) 하나님의 섭리 속에서, "시민 정부는 우리가 이 세상에서 사는 한, 하나님에 대한 가시적 예배를 존중하고 후원하며, 순결한 신앙 교리를 보존하고, 교회 헌법을 보호할 목적으로 설립되었다."9) 1536년부터, 캘빈은 스위스의 제네바에서 그런 체제를 설립하고자 했다.

캘빈의 제네바에서, 교회는 교리와 엄격한 교회 치리 문제에만 커다란 자유를 누린 것이 아니다. 교회는 또한 가혹한 처벌을 수행할 수 있는 권한도 정부로부터 확보하고 있었다. 더욱이, 교회는 영적으로 방종한 자를 처벌하는 문제를 포함하여 자신의 사명을 수행할 때, 국가가 도움을 줄 것으로 기대했다. 놀랄 것도 없이, 시간이 지나면서, 제네바에서 교회와 시당국 사이의 기능적 차이가 희미해졌다. 예를 들면, 장로선출, 목회자 청빙, 그리고 교회재정 통제 같은 문제들에 대해, "정치권력이 막강한 힘을 발휘했다."10) 하지만 교회는 결코 파문의 권한을 포기하지 않았다.

캘빈의 개혁주의 체제 내에서, "시민 질서" 즉, 제네바의 시의회는 우상숭배, 신성모독, 그리고 불경한 행동을 억제했다. "이 시민 정부는 우리가 이 세상에 사는 동안, 순결한 교리를 보존하고, 교회제도를 방어할 목적으로 고안되었기 때문이다."11) 캘빈은 "어떤 정부도 일차적 목적이 경건의 증진이 아니라면, 결코 행복하게 구성될 수 없다. 하나님의 요구를 간과하고, 단지 인간의 이익만 추구하는 모든 법은 불합리하다"라고 주장했다.12) 따라서 비록 캘빈이 하나님 아래 두 개의 독립된 권위의 존재를 믿었지만, 이런 형식의 신정주의 속에서 두 영역의 구별은 모호하지 않지만 희미해졌다. 두 권위가 각자 무슨 일을 해야 하는지에 대한 캘빈의 서술이 끝나고 나서 말이다.

캘빈이 사회의 규범이 될 가치와 규칙을 결정하기 위해, 목회자와 평신도로 구성된 교회위원회인 장로회를 이용하려 했을 때, 이 문제가 전면에 부상했다. 비록 그 장로회가 방종한 자들을 훈계하고 파문시키는 일만 수행했지만, 정치범들을 처벌해야 한다고 주문함으로써 두 권위 사이의 차이를 더욱 희미하게 만들었다. 그러므로 제네바에서 죄인은 영적이고 세속적인 처벌 모두에 종속되어 있었다. 머지않아, 제네바는 교회에 반대했던 사람들을 실제로 처형했다. 캘빈이 제네바에서 독재적인 교회·국가 연합을 형성했다고 주장하는 것은 너무 단순한 발상일 것이다. 하지만, 그것이 진실에서 아주 먼 것도 아니다.

전쟁 및 기독교인의 정치활동에 관한 문제에서, 캘빈은 대체로 루터에게 동의했다. 특정한 직무와 그것을 수행하는 사람 사이의 윤리적 차이에 대해서도, 캘빈은 루터와 생각이 일치했다. 이런 측면에서, 캘빈주의는 필연적으로 우리가 고전적 루터교에 쏟아 부었던 비판을 피할 수 없다. 캘빈이 정부에 부여했던 추가적 역할 때문에, 즉, 그가 극단적 상황을 제외하고, 정치 권력에 저항하는 것은 하나님께 저항하는 것이라고 주장했을 때, 루터보다 훨씬 더 강경했다. 그는 심지어 부당한 통치자가 잔혹하게 통치할 때에도, 백성은 욕하거나 반항해선 안 되며, 오히려 하나님께서 죄인을 처벌하기 위해 잔인한 통치자를 사용하심을 인정하라고 주장했다.

따라서, 어떤 이슈에 대해선 우리가 차이를 인식할 수 있지만, 캘빈주의에 대한 평가는 루터에 대한 평가와 매우 유사할 수밖에 없다.

첫째, 루터나 캘빈도 침략자를 평가할 때나 전쟁이 정당한지를 결정할 때, 우리가 위에서 서술했던 논리를 사용하지 않았다는 점이 중요하다. 그들 중 누구도 하나님께서 한 나라. 심지어 구약시대처럼, 악한 나라를 사용하여, 다른 나라, 심지어 그 자신이 선택한 이스라엘을 처벌하셨다는 가능성을 용납하지 않았다. 더욱이, 시민적 의무에 관하여, 토머스 샌더스Thomas G. Sanders가 언급했듯이, 캘빈은 "고통을 일종의 하나님의 처벌로 자기비판적으로 수용해야 하는지, 아니면 하나님의 뜻의 왜곡으로 거부해야 하는지에 대한 결정을 기독교인들에게 떠맡김으로써, 루터처럼 신성한 것과 악마적인 것 사이에서 모호한 태도를 보이고 말았다."13)

둘째, 종교영역에서 마땅한 것으로 여겨진 죄나 용납할 수 없는 믿음belief(faith는 신앙으로 번역:편집자주)에 대해 세속적이고, 심지어 극단적인 처벌을 가하고자 정치권력을 사용함으로써, 캘빈은 죄와 범죄 사이의 구분을 모호하게 만들었고, 신약성서가 교회뿐만 아니라 국가에 부여한 책임의 한계를 훨씬 넘었다.

셋째, 대부분의 당대 기독교인들은 비기독교 정치 권력자들이 교회징계를 수행하는 것은 본래의 의도에서 벗어난 일이라고 분명히 주장했을 것이다.

넷째, 캘빈의 체계 내에는 종교적 자유, 종교적 반대, 혹은 다른 많은 기본적 자유들을 위한 자리가 없다. 하나님께서 다루실 때, 자유가 얼마나 중요했는지를 고려한다면, 이런 결핍은 매우 심각하다.

다섯째, 위에서 언급했듯이, 직무와 직무수행자 간의 의도적 구분, 그리고 전쟁에 대한 고전적 루터교 견해에 관한 초기의 비판은 여기서도 분명히 적용된다.

여섯째, 캘빈은 기독교적 행위의 외적 표현들에 지나치게 많은 가치를 부여한다. 성서 전체와 특히, 신약성서에서, 참된 기독교의 핵심은 내적인 것으로 정의된다. 그 말은 마음, 정신, 그리고 영을 의미한다.

일곱째, 캘빈의 저작 전체에서, 그리스도의 제자가 아닌 사람들에게도 기독교 제자도의 핵심적 요소를 기대할 수 있고, 또 그렇게 해야 한다는 암시가 보인다. 나는 그런 견해에 대한 성서적 근거를 발견할 수 없다. 하나님께서 세속적 통치자들이 기독교 제자도를 실천하길 기대하신다고 생각할만한 어떠한 성서적 근거도 없다. 대신 우리는 하나님께서 세속적 통치자들이 계몽되고 정당하게 통치하길 기대하신다는 사실을 알고 있다. 우리는 바빌론의 왕 벨사살에 대한 설명에서 이런 사실을 접하게 된다. 단5:22~26

고전적 캘빈주의 관점에 대한 분석을 마치기 전, 보다 근대의, 장로교인들, 개혁주의 신앙 공동체의 다양한 분파들, 그리고 다른 캘빈주의자들이 고전적 캘빈주의를 상당히 순화시켰다는 사실을 나는 언급해야 한다. 영국에서 크롬웰 때의 청교도1949~60, 그리고 식민지 미국에서 일부 뉴잉글랜드 정착지들 내의 청교도와 순례자들의 가혹한 교회·국가 통치는 이제 과거의 일이 되었다.

오늘날 캘빈주의자들은 종교적 처벌을 가하거나, 교회에 어떤 직접적 개입을 하고자 정치권력을 동원하려 하지 않는다. 오히려, 그들은 정부가 가능한 한 공정하고 정당하게 기능 하게 하고, 많은 기독교적 기본 원칙을 법제화하는 데 관심을 두고 있다. 그렇게 하는 것이 모든 백성에게 도움이 된다는 전제하에 말이다. 그럼에도, 사회의 모든 영역이 하나님의 통치 아래에 놓이고, 정부를 포함한 모든 사람이 "기독교적으로" 행동하는 것을 여전히 강조한다. 그리고 사람들은 잃어버린 세상과 그리스도의 몸 사이의 구분이 여전히 모호하다고 질문할지 모른다.

다른 관점들

이 맥락에서 또 다른 세 가지 관점들을 언급할 필요가 있다. 첫째, 교회와 국가의 관계에 대한 분리주의적 이해를 살펴보자. 그것은 지난 두 세기 동안 미국에서 일반적으로 나타났던 현상이다. 이런 관점에서, 교회와 국가는 기능적으로 분리되어야 한다는 생각이 과도하게 지지됨으로써, 진정한 기독교인은 어떤 형태의 기독교 상징이나 가르침이 공교육을 포함한 정치 영역에서 제시되는 것을 강력히 반대해야 한다고 생각했다. 정치질서 속에선 어떤 종교도 존재해선 안 된다. 사람들을 종교적인 영역과 세속적인 영역으로 엄격히 분리해야 한다는 루터교와 캘빈주의 딜레마가 여기서 새로운 모습으로 등장한다. 하지만, 이런 관점은 자기 모순에 빠진다. 삶은 그렇게 단순하고 결정적으로 구분되지 않는다.

둘째, 교회와 국가의 관계에 대한 퀘이커적 이해 속에는, 특히 지난 세기에, 평화주의가 지배적이다. 퀘이커주의는 정치 영역이나 국가 자체의 안전에 대해 별로 관심이 없다. 그것은 기독교인이나 교회의 관심사가 아니다. 기독교인은 어떤 특정한 정치질서의 안녕이나 생존에 대해 책임이 없다. 하지만, 정부가 윤리적 정책을 채택하는 것에 대해선 관심이 상당하다. 모든 사회와 정치 문제에 대한 신적 권위를 인정하고, 때때로 강조하지만, 퀘이커교도들은 위대한 사명을 수행하고 세상의 빛으로 기능을 할 때, "내적인 빛"의 안내에 집중한다. 일반적으로, 퀘이커교도들은 정부에 대한 자신들의 증언을 매우 책임 있게 여겼고, 자신들의 평화주의적 경향에도 불구하고 매우 인상적인 정치참여 전통을 발전시켰다.

셋째 대안은 메노나이트를 포함한 아나뱁티스트의 입장 이해다. 일반적으로 많은 구성원들이 점점더 수용하길 거부하고 있지만, 메노나이트들은 평화주의를 수용하면서도, 퀘이커교도들의 관점과 달리 정치질서의 보존에 관심이 지대하다. 기독교 교회가 정부에 대해 발언해야 한다는 입장을 대부분의 현대 아나뱁티스트/메노나이트들이 견지하고 있다. 예전에는, 정치질서에 직접 참여하는 것을 대단히 꺼렸다. 하지만, 현대에는 참여의 폭이 크게 확장되었다. 이 대안들은 분리하여 분석할 것이다.

3
교회와 국가의 관계에 대한 아나뱁티스트/메노나이트의 이해

토머스 샌더스는 교회와 국가 관계의 다양한 개념에 대한 분석에서 이렇게 적고 있다. "개신교Protestantism는 세속 권력이 칼로 무고한 동료 기독교인을 박해할 때에도, 루터, 츠빙글리, 그리고 캘빈의 주장을 묵종하고 심지어 권면했다."[1] 16세기 초기 종교개혁에서 아나뱁티스트/메노나이트의 수는 많지 않았고, 흔히 오해의 대상이 된 이 그룹은 독특하면서 중요하다. "그들은 여기서 논의되고 있는 국가에 대한 어떤 관점보다 신약교회의 견해를 더 정확히 재생산한다"라고 샌더스는 평가한다.[15]

급진적* 개혁자들

콘라드 그레벨Conrad Grebel, 메노 시몬스Menno Simons, 그리고 다른 이들이 이끌었던 이 급진적radical개혁자들의 몇 가지 중요한 특징을 여기서 지적하는 것이 좋을 듯하다.

---
*편집자주: radical이 '근본적'이라는 뜻이 있지만, 사람이나 사상을 수식할 때는 '과격한', '급진적', '혁명적', '철저한'으로 사용되며, 역사적으로도 종교개혁자들이 부정적 의미에서 '급진적,' '과격한'이라는 의미로 사용하였기때문에 '급진적'으로 옮김.

첫째, 그들의 일차적인 바람과 결심은 콘스탄틴 이전의 신약성서 원리를 되살리는 것이었다. 그들은 중세 로마 가톨릭의 모든 관점을 거부했다. 그들은 마틴 루터와 존 캘빈이 주창했던 대다수의 신학적인 개혁에 동의했으나, 다른 것들은 단호히 거절했다. 그들은 "위대한 개혁자들"이 신학적 교의doctrine 면에서 충분히 전진하지 못했으며, 교회와 국가의 관계에 대한 그들의 처방에도 실수가 있었다고 주장했다.

둘째, 초기 아나뱁티스트의 해석에서, 국가에 의해 표현된 정치 영역은 선과 악이 뒤섞인 것으로 보였으나, 대체로는 악하다고 생각했다. 초기 아나뱁티스트들은 정부의 직무가 하나님에 의해 제정되었다고 긍정했으나, 그것은 죄의 결과이며, 기독교인은 어떤 정치적 직무도 맡아선 안 된다고 강조했다. 우리가 이미 언급했듯이, 1527년에 작성된 슐라이트하임 고백에서, 정치 영역은 하나님 나라의 한 부분이 아니므로, "어둠"의 나라로 간주되었다. 16세기에 가톨릭뿐만 아니라, 당시 통치자들의 비호를 받은 루터와 캘빈의 후예들이 이 용감한 개혁자들을 잔혹하게 취급했던 것을 고려할 때, 그런 부정적 평가는 이해할 만하다.

셋째, 초기 아나뱁티스트들은 성서를 대단히 존중했다. 그들은 자신들이 성서에서 발견한 가르침을 따르고자 분투했다. 그들에겐 성직자 계급이 없었기 때문에, 삶의 중요한 영역에서 지침을 얻고자 회중 전체나 더욱 작은 그룹이 성서를 연구했다.

넷째, 그 운동 내에도 중요한 차이들이 존재했다. 우리는 주요하고 온건한 그룹에 초점을 맞출 것이다. 전투적이고 거의 공산주의적이었던 뮌스터파, 한스 뎅크Hans Denck와 세바스티안 프랑크Sebastian Franck가 이끌었던 성령주의자들과 신비주의자들, 그리고 야콥 후터Jakob

Hutter가 이끌었던 공동체적 후터파처럼, 보다 규모가 작고 신학적으로 관련된 그룹들은 다소 다른 견해를 취했다.

아나뱁티스트들의 신학적 명제들

신약교회 주요 가르침들의 회복을 열망하며, 초기 아나뱁티스트들은 일군의 신학적 명제들을 제시했고, 이것들이 교회와 국가의 관계를 포함한 삶과 사회에 대한 그들의 견해에 토대를 놓았다. 우리는 이제 그들이 주장한 일곱 가지 핵심 명제로 돌아가서, 각각의 의미를 평가하려 한다.

첫째, 예수 그리스도의 교회는 자발적 신자들로 구성된다. 그들은 신앙에 근거한 회심과 침례세례의 기초 위에 회원들이 된다. 유아세례는 성서에서 근거를 찾을 수 없다. 그것은 결코 침례가 될 수 없으며, 따라서 아무런 가치도 없다. 유아들은 지금 무슨 일이 벌어지고 있는지도 인식하지 못한다. 신앙에 대한 어떤 표현은 고사하고, 그들의 의지와 헌신이 전혀 관련되지 않기 때문이다.

이런 신학적 주장의 결과는 광범위했으며, 특히 침례세례가 시민권과 연관되어야 한다는 개념을 아나뱁티스트들이 거절했을 때, 더욱 그랬다. 마틴 루터와 존 캘빈이 제기했던 침례세례와 시민권이 함께 가야 한다는 주장은 사라졌다. 이제, 시민권과 교회 회원권은 상관이 없다. 또한, 일반 대중은 통치자가 수용하고 인정한 종교적 신앙을 따라야 한다는 생각도 거부되었다. 자원주의voluntaris에 대한 아나뱁티스트의 근본적fundamental 주장이 그런 처방을 거부했던 것이다.

둘째, 신약성서에서, 특히 산상수훈에서 제시된 기독교의 기본적인 윤리적 가르침은 모든 기독교인에게, 그리고 삶의 모든 영역에서 유효하다. 예수가 설파한 윤리는 오직 엘리트나 성직자 계급을 위한 것이 아니며, 어떤 미래의 시대를 위한 것도 아니다. 이런 윤리를 수용하는 것은 무조건적이다. 다른 모든 윤리적 고려들도 여기서 기원한다.

이런 주장의 사회적이고 정치적인 결과도 광범위했다. 아나뱁티스트들은 루터와 캘빈이 가르쳤던 것처럼, 예수를 따르는 자들이 두 종류의 윤리, 즉 기독교인으로서 자신의 행동을 규제하는 윤리와 시민으로서 행동을 규제하는 윤리를 구분하며 살아야 한다는 일체의 개념을 거부했다. 그들은 신약성서가 그런 이중성을 가르친 적이 없다고 주장했다. 예수와 사도들은 오직 하나의 윤리를 가르쳤고, 그것은 모든 상황의 모든 기독교인에게 유효하다. 만약 특정한 역할이나 직업이 어떤 다른 윤리를 요구한다면, 기독교인은 그런 역할이나 직업을 맡아선 안 된다. 초기 아나뱁티스트들은 기독교 제자도의 부름을 너무나 진지하게 받아들였기 때문에, 예수를 따르고자 하는 그들의 헌신을 조건짓는 어떤 사회적이거나 정치적인 고려도 수용할 수 없었다. 아나뱁티스트들은 자신들의 기준이 너무 엄격하다는 점을 인정했으나, 사실 어떤 상황에서도 이런 기준에 따라 살 수 있다고 주장했다. 물론, 하나의 중요한 전제조건은 그런 믿음의 신자가 참된 신앙을 위해 기꺼이 죽을 준비를 해야 한다는 것이다.

마틴 루터, 존 캘빈, 울리히 츠빙글리 그리고 그들의 동료가 침례세례, 제자도, 그리고 시민권 영역에서 충분히 생각을 발전시키지 못했다는 아나뱁티스트의 주장은 루터와 캘빈의 분노에 찬 대응을 촉발시켰다. 이 두 사람 모두 자신들의 추종자들과 당대의 통치자들에게 아나뱁티스트들을 체포하고, 많은 경우 죽이라고 압력을 가했다. 그 결과, 많은 아나뱁티스트들이 화형대에서 불타 죽었다. 로마 가톨릭교회가 기독교의 이름으로 행한 온갖 악행에 강력히 저항했던 개혁자들이 이처럼 잔인하고 광범위한 박해를 함으로써, 이 위대한 개혁자들은 그들이 성취한 업적에 비극적 오점을 남겼다.

셋째, 비록 아나뱁티스트들이 루터가 강조했던 이신칭의 교리에 동의했지만, 특정한 회심 경험보다는 주로 제자도에 집중함으로써 그와 차이점을 보였다. 그들이 그런 경험의 중요성을 부정하지도 않았고 이신칭의의 중심성을 약화시키지도 않았지만, 그들은 예수를 구세주로 받아들이는 결정의 진정성을 시험하는 확실한 길은 제자도를 통해 그를 따르려는 의지에 달렸다고 주장했다. 루터는 구원을 자비로운 하나님의 선물로 이해했고, 행위에 대해서는 극단적으로 반대하는 글을 썼다. 아나뱁티스트들은 은혜와 신앙의 역할을 긍정했지만, 신실한 기독교적 사랑과 실천의 삶을 그리스도 안에서 새로운 삶의 증거로 이해했다.

놀랄 것도 없이, 이런 강조점을 지닌 아나뱁티스트들은 주요 개혁자들과 그들의 추종자들이 기독교적 삶을 신실하게 살지 못했으며, 시민권 및 교회와 국가의 관계 영역에서 기독교윤리도 제대로 실천하지 않았음을 발견했다. 만약 어떤 사람이 명백히 비기독교적인 행동을 일삼고, 그런 행동에 대한 책임은 사람이 아니라 정치적 직무에 있다고 정당화한다면, 어떻게 기독교인이라고 주장할 수 있는가?

물론, 이런 기초적 질문은 루터의 윤리적 이원론을 신봉하는 일군의 주류 기독교인들과 복음주의자들에게 여전히 적합하다. 내가 반복해서 말했듯이, 기독교 군인들은 기독교인으로서 사람을 죽이는 것이 아니라, 시민으로서 그렇게 하는 것이다!

넷째, 기독교 교회는 근본적으로 하나의 공동체다. 즉, 매우 중요한 개인 상호 간의 관계와 책임을 지닌 "형제들의 모임"brotherhood이다. 기독교 제자도는 단지 개인주의적 가치와 행동의 문제일 뿐만 아니라 집단적 현상이다. 이것은 하나의 회중이 강력한 사랑의 연대를 형성하고, 광범위한 상호부조를 실천하며, 집단적 교정을 수행하는 것을 의미한다. 일부 아나뱁티스트들은 이런 사상을 너무 멀리까지 적용하여, 초기 예루살렘교회의 실례에 기초한 일종의 경제적 공동체를 설립했다. 비록 그 실험이 큰 성공을 거두진 못했지만 말이다. 이처럼 교회를 자발적 공동체로 강조하는 것은 개혁자들이 유아세례를 유지하려던 노력과 대조를 이루었다.

다섯째, 아나뱁티스트들은 신약성서가 일종의 언약신학을 제시한다고 주장했다. 교회의 머리이신 그리스도는 자신의 백성과 일종의 언약을 맺었다. 그들은 구약성서가 이스라엘을 위한 언약을 설명하고 있다고 생각했으며, 그리스도인들을 위한 새 언약이 옛것을 넘어섰다고 주장했다. 이런 주장의 핵심적 의미는 옛 언약의 윤리가 예수의 추종자들에게는 적용되지 않는다는 것이다. 이제 하나님의 백성은 더 높은 윤리를 주장한다. 아나뱁티스트들은 자신들의 주장의 근거를 마태복음 5장에 나오는 예수의 수많은 말씀에서 찾았다. 이 성서에서 예수는 옛 언약을 제쳐놓고, 새 윤리를 주창했다. 예를 들면, 그는 "또 네 이웃을 사랑하고 네 원수를 미워하라 하였다는 것을 너희가 들었으나, 나는 너희에게 이르노니 너희 원수를 사랑하며 너희를 박해하는 자를 위하여 기도하라"마5:43~44고 설파했다.

두 언약에 대한 이런 구분은 교회와 국가의 관계를 이해하는데 매우 중요하다. 구약성서에서, 통치자와 하나님 백성은 다양한 상황에서 종교적 목적을 성취하기 위해 폭력과 전쟁을 사용할 수 있었다. 하지만, 아나뱁티스트가 이해한 바를 따르면, 새 언약 하에서, 예수는 어떤 형태의 강제력 사용도 거부했다. 새 언약은 오직 설득과 자원주의에 의존했다. 파문, 금지, 혹은 기피 등이 신실한 교회가 누군가를 처벌할 때 사용하는 방법이었다. 루터와 캘빈은 이 점에서 강하게 반대했다. 두 사람 모두 종교 문제에서 일치를 끌어내려고, 지역 권력자들의 강력한 법과 강제력을 사용했다.

여섯째, 평화의 왕이라는 예수의 선언, 평화에 대한 그의 광범위한 가르침, 베드로가 예수를 보호하기 위해 칼을 들었을 때 예수가 보인 부정적 반응, 그리고 신약성서 곳곳에 나타난 평화와 무저항에 대한 가르침 등을 강조하면서, 아나뱁티스트들은 평화에 대해 확고한 입장을 채택했다. 비기독교인은 자기방어를 위해 칼을 들고 싸울 것이다. 하지만, 참된 신자는 그래선 안 된다. 오히려 그 결과가 어떠하든, 비폭력의 결과를 받아들여야 한다. 그들은 정치 영역에서 방어를 목적으로 무장하지 않을 것이다. 그들이 그렇게 하지 않는 두 가지 주된 이유를 설명했다. 첫째, 신약성서의 가르침은 그들이 살인하는 것을 용납하지 않았다. 둘째, 예수의 가르침은 통치자의 어떤 요구나 요청보다 우위에 있다.

예상할 수 있듯이, 루터와 캘빈 모두 이런 아나뱁티스트의 입장을 거절했다. 사실, 루터의 저작 중 가장 혹독하고, 거의 악의에 찬 적대감 중 일부가 아나뱁티스트의 평화주의를 향해 표현되었다. 루터는 아나뱁티스트들이 선동적이고 신성모독적이라고 믿었기에, 그들을 반대하고 공격하고 추적하고 심지어 죽여야 한다고 주장했다.[3] 울리히 츠빙글리와 캘빈주의 개혁자들도 비슷한 견해를 갖고 있었다. 그 시대의 정부들은 루터와 츠빙글리의 충고를 대체로 받아들였다. "1529년에 '모든 아나뱁티스트와 재침례재세례를 받은 사람은 나이나 성별을 불문하고, 칼이나 불, 그 외의 모든 방법을 동원해서 죽음에 처해야 한다'라는 제국 칙령이 발표되었다."[4]

일곱째, 신실한 교회는 고통받는 교회가 될 것이다. "내가 너희에게 종이 주인보다 더 크지 못하다 한 말을 기억하라. 사람들이 나를 박해하였은즉 너희도 박해할 것이요"요15:20라고 예수가 말했을 때, 초기 아나뱁티스트들은 예수의 말씀을 문자 그대로 받아들였다. 그들이 자신들의 신앙 때문에 수천 명씩 잔인하게 박해받을 때(채찍에 맞고, 고문을 당하고, 화형 당하고, 산 채로 불에 타고, 강물에 수장될 때), 마태복음 5장 11~12절이 그들에게 큰 위로가 되었다. "나로 말미암아 너희를 욕하고 박해하고 거짓으로 너희를 거슬러 모든 악한 말을 할 때에는 너희에게 복이 있나니, 기뻐하고 즐거워하라 하늘에서 너희의 상이 큼이라. 너희 전에 있던 선지자들도 이같이 박해하였느니라."

아나뱁티스트들의 교회와 국가의 원리

이런 근본적인 신학적 주장에 기초하여, 초기 아나뱁티스트들은 교회와 국가의 관계에 관한 일련의 원리를 발전시켰다. 물론 성서에 대한 강조가 기본이었지만, 이 개혁자들은 대체로 독재적이고 잔인한 정치권력 아래에서 자신들의 경험을 통해 또한 영향을 받았다.

첫째, 신자들의 신실한 몸으로서 교회는 일종의 대안사회로 기능한다. 신실한 신자들이 회심하지 않은 사람들 틈에서 살 때에도, 신실한 공동체는 기능적으로나 윤리적으로 세상의 왕국들과 구별된다. 윤리적으로, 교회와 비기독교적 사회는 두 개의 분리된 개체다. 사회는 정부를 통해 기독교인들에게 가치 있는 요구를 한다. 그들도 이 세상 왕국의 시민이기 때문이다. 하지만, 어떤 정부의 요구나 명령이 기독교 공동체 내의 요구와 어긋날 때에는 부차적인 것이 되며, 단호히 거절되어야 한다.

정치이론이 아니라 성서연구를 통해 추론된 것이지만 이런 견해를 보였기 때문에, 초기 아나뱁티스트들은 교회와 국가의 분리를 주장한 최초의 사람들이 되었다. 합리적 논증이 아니라, 기독교 제자도에 대한 그들의 이해 때문에, 그들은 그렇게 놀라운 통찰과 그것에 기인한 결과를 얻게 된 것이다. 동시에, 이렇게 혹독한 비난의 대상이었던 "급진주의자들"은 종교의 자유를 주장했던 최초의 근대적 인물들이었다. 그들은 이 자유를 단지 자신들만이 아닌, 다른 모든 사람을 위해 주장했던 것이다. 이것이 또 다른 심오한 혁신을 가능케 했다.

둘째, 비록 국가가 하나님에 의해 설립된 것이지만, 국가는 일차적으로 비기독교인들 내에서 법과 질서를 유지할 목적으로 존재하며, 그 중요성에서 교회보다 훨씬 뒤처진다. 국가는 기껴해야 선과 악의 혼합물일 뿐이다. 하나님에게는 국가에 대한 절대규범이 없다. 국가는 기독교보다 낮은 수준의 법과 질서를 통해 인류에게 봉사할 목적을 지닌다. 사랑은 국가의 윤리가 아니며, 타자 지향적 삶도 국가의 규범이 아니다. 정치질서는 세상의 죄에 적응한다. 그래서 정치질서는 권력과 강제력에 의존하며, 사랑, 겸손, 자비라는 기독교 가치와 동떨어진 것이다. 실제로 악마적이라고 할 수는 없지만, 국가는 교회의 영역 밖에서 역할을 하며, 여기에서는 사탄의 영향력이 대단히 크다. 그럼에도, 정치질서는 하나님의 섭리의 한 표지이며, 정부의 직무는 하나님에 의해 규정된 것으로, 존중되어 마땅하다.

셋째, 하나님께서 정치적 직무들을 정하셨지만, 기독교인은 그런 것을 맡아선 안 된다. 1527년에 제정된 슐라이트하임 고백 제6항이 지적하듯이, "칼은 하나님에 의해 그리스도의 완전 밖에 있는 것으로 규정되었다." 세속의 영역에서 칼을 사용하는 것이 필요할 수도 있다. 하지만, 그리스도인이 정치적 직무를 맡아달라는 요청을 받는다면, 사람들이 자신을 왕으로 삼으려 했을 때 예수께서 거절하셨던 것처럼, 그렇게 해야 한다. 그 이유는, 기독교인의 무기가 영적이지만, 세속의 영역에서 무기는 육적이며, "오직 육체에 대항하기" 때문이다.5) 기독교인은 진리, 정의, 평화, 신앙, 그리고 하나님의 말씀으로 무장한다. 우리는 여기에서 인류의 선善를 위해 하나님께서 세우신 윤리적으로 불평등한 두 개의 질서들 사이에 존재하는 대단히 급진적인 이원론을 발견한다.

넷째, 아나뱁티스트들은 어떤 정부가 다른 정부보다 더 악하다는 사실을 인정했다. 어떤 통치자는 그들을 박해하고 죽였다. 반면 다른 이는 최소한 그들을 살려두었다! 비록, 통치자들이 가능한 한 공정하고 정의롭고 계몽적이길 바라지만, 하나님은 그 시대의 국가나 정부를 위한 최종적 혹은 차선의 윤리체계를 갖고 있지 않다. 정부의 윤리적 수준이 어떠하든, 기독 시민은 언제나 정부가 좀 더 계몽되고, 정의롭고, 하나님을 기쁘게 하도록 요구해야 한다.

다섯째, 평화에 대한 신약성서의 강한 강조 때문에 아나뱁티스트들은 군 복무를 거부했다. 그들은 칼의 사용이 예수를 따르라는 부름과 대립한다고 생각했다. 사실, 그들은 최종 분석에서 칼의 사용이 사회에 도움이 안 된다고 주장했다.

정부의 전쟁수행이 정당화될 수 있는지에 대해, 초기 아나뱁티스트 문헌은 침묵한다. 일부 아나뱁티스트들은 투르크에 대한 전쟁 수행방식에 비판적이었고, 어떤 이들은 농민전쟁에 대한 의견을 강력히 표명했다. 칼의 사용을 사회의 법과 질서를 유지하는 데 필요한 것으로 간주하기 때문에, 필요악이긴 하지만 국가방위 차원에서 필요하다고 사람들은 상상할 수 있다.

여섯째, 세상은 대체로 악한 곳이기에, 예수를 따르는 이들에게 최고의 선택은 가능한 한 물리적으로 분리된 백성이 되고자, 세상의 문제로부터 물러나는 것이다. 그들은 자신들의 존재, 자원, 심지어 최소한의 참여가 특정한 통치자의 정치적·군사적 권력을 신장시키는 데 사용되는 것을 원치 않았다. 또한 그들은 가능한 모든 방법을 동원하여, 통치자들이 더 계몽된 존재가 되도록 압력을 가하고 싶지 않았다. 그들은 그런 행동을 기독교적 의무로 이해하지 않았다. 분명히 그런 회피나 도피가 더욱 심각한 정부의 악을 가져왔다고 볼 수도 있지만, 그것에 대한 책임이 그들에게 있는 것은 아니다. 그들은 악한 통치자들과 윤리적으로 거리를 두고자 했던 영역에서 분명하게 선을 그었다고 주장했다.

그런 사고방식을 고려할 때, 많은 아나뱁티스트들은 "땅에서 조용한 자들"이 되고자 했다. 정부가 계몽된 정책을 따른다면, 그들은 감사할 것이다. 또한, 통치자들이 그들에게 억압적 행동으로 해를 입힌다면, 그들은 감수할 것이다. 따라서, 그들 중 많은 이들에게 농업이 큰 호소력을 지녔으며, 처음에는 도시의 기술자들이 대부분이었지만, 많은 사람이 농업에 종사하게 되었다.

우리는 교회와 국가의 관계에 대한 고전적 아나뱁티스트들의 이해를 어떻게 이해해야 할까? 많은 학자와 다른 관찰자들은 이런 급진적 개혁자들의 성서주의, 일관성, 그리고 신앙을 위해 목숨을 걸었던 것에 대해 높이 평가했다. 그들의 입장은 '타협 없는 기독교적 삶'이라고 적절히 묘사됐다. 흔히 전쟁으로 찢긴 세상에서, 그들이 평화를 강조한 것 또한 높은 평가를 받았다. 어떤 때는 마지 못해 그랬지만 말이다. 상호협력에 대한 강조와 원수에 대한 사랑도 비슷하게 존경과 긍정을 불러왔다.

놀랄 것도 없이, 교회와 국가의 관계에 대한 이런 견해는 주된 비판의 대상이 되었다. 예를 들어, 이 견해는 비기독교인을 괴롭히는 사회적 질병에 대해 별로 관심을 보이지 못했다는 주장이 제기되어 왔다. 비기독교인들도 역시 기독교인의 이웃이다. 그들도 기독교적 사랑과 긍휼의 대상이어야 한다. 더욱이, 기독교인들이 정치 질서와는 별도로 역할을 할 수 있다는 이 견해의 전제도 적절하지 않다는 주장이 제기되어왔다. 기독 시민 자신이 정치질서의 일부이기 때문이다. 근대 비평가들도 이런 견해가 성서적 가르침을 지나치게 16세기 정치적 현실에서 해석했다고 주장했다. 이런 주장에는 어느 정도 진실이 담겨 있다. 국가에 대한 아나뱁티스트들의 대단히 부정적인 견해는 성서적 가르침만큼, 16세기에 존재했던 국가 형태에도 빚을 지고 있다.

어떤 근대 비평가들은 분리된 백성, 거의 분리된 사회에 대한 지나친 강조가 민족적 분리와 민족중심적 윤리로 귀결되었다고 주장했다. 이런 비판이 16세기에는 어느 정도 유효했을지라도, 메노나이트중앙위원회, 메노나이트재난국, 그리고 다른 많은 아나뱁티스트 기구들을 통해, 아나뱁티스트 후예들이 그들의 모국과 외국에서 수행했던 경이적인 봉사활동을 고려할 때, 오늘날에는 별로 가치가 없다.

오늘날 우리는 교회와 국가의 관계에 대한 중세 후기의 다른 해석들처럼, 초기 아나뱁티스트 견해도 정치체제의 민주적 변화가 발생할 때, 한 국가가 경험할 수 있는 심대한 변화를 예측할 수 없었다는 점을 언급해야 한다. 고전적 아나뱁티스트 견해를 평가할 때, 우리는 그런 현실을 염두에 두어야 한다.

결론

근대에 교회와 국가의 관계에 대한 아나뱁티스트 견해는 16세기에 진술된 신학적 강조점을 계속 유지하면서도, 많은 수정을 겪어 왔다.

어떤 관찰자는 이론과 실천 면에서 많은 아나뱁티스트 단체와 개인이 그런 견해를 광범위하게 타협했다고 말할 것이다. 모든 적응과 타협이 불행이었는지에 대해선 논쟁의 여지가 있다. 그래서 전망과 평가는 매우 다양하다.

최근에, 특히 지난 십여 년간, 우리는 많은 메노나이트들이 정치와 정부에서 활발히 활약하는 것을 목격하며, 메노나이트 교회와 정부 사이의 광범위한 협력도 관찰한다.[6] 협력 지지자들은 협력이 공동선을 증진시킬 목적으로 진행되는 것이며, 그것이 자신의 이웃을 사랑하는 또 하나의 형태라고 주장한다. 현대의 많은 메노나이트들은 정치 영역이 타락한 사회의 다른 영역들과 비슷하다고 생각한다. 그런 협력은 섬김의 기회가 될 수 있다. 하지만, 더욱 커다란 사회에 어떤 형태로든 참여할 때 요구되듯이, 기독교적 정치참여는 그것이 선거에 의한 것이든, 혹은 다른 역할이든 상관없이, 기독교 제자도가 허용하는 범위에서만 정당화된다.

이렇게 고귀한 전통의 후예들은 진실로 성서적인 것을 보존하고, 필요한 부분을 교정하며, 핵심적 가르침을 현대에, 그리고 교회와 국가의 특별한 상황에 적용해야 하는 도전에 직면해 있다. 그렇게 할 때, 그들은 이 장의 서두에 인용했던 토머스 샌더스의 진술에서 위로를 받을 수 있을 것이다. 메노나이트들, 특히 초기 아나뱁티스트들은 "여기서 논의되는 국가에 대한 어떤 관점보다 신약교회의 견해를 더 정확하게 재생산한다." 메노나이트들이 지금도 그런 신약적 견해에 따라 살고 있을까?

4
하나님은 정부에 무엇을 원하는가?

    삶의 다른 영역처럼, 예수는 정치 문제에 관해 자신의 추종자들에게 상세한 교훈을 제시하지 않았다. 대신, 산상수훈,^{마5~7장} 두 가지 위대한 계명,^{눅10:25~37} 그리고 교훈과 비유 속에 설파된 윤리를 우리에게 남겨주었다. 그의 주장과 지침 중 많은 것이 정치적 적합성을 지닌다.

    다양한 성서 저자들이 이 주제를 폭넓게 다루었다. 구약성서 전체에서, 우리는 하나님께서 정의롭고, 정직하며, 성실하고, 하나님을 두려워하는 통치자들을 기뻐하셨다는 사실을 읽는다. 물론, 우리는 불의하고, 부정직하며, 게으르고, 하나님을 무시하는 통치자들에 관한 이야기도 많이 읽는다. 사실, 구약에서만, 하나님의 마음을 상하게 했던 불의한 통치자들에 대한 언급이 100번 정도 나온다. 예를 들면, 이사야 59장 15절에는 이렇게 기록되어 있다. "여호와께서 이를 살피시고 그 정의가 없는 것을 기뻐하지 아니하시고." 이사야 10장 1~2절에서 좀 더 상세한 평가를 발견할 수 있다. "불의한 법령을 만들며 불의한 말을 기록하며, 가난한 자를 불공평하게 판결하여 가난한 내 백성의 권리를 박탈하며 과부에게 토색하고 고아의 것을 약탈하는 자는 화있을진저."

정부에 대한 하나님의 요구 사항을 기술하는 가장 중요한 신약성서 본문은 로마서 13장 1~7절이다.

> 각 사람은 위에 있는 권세들에게 복종하라. 권세는 하나님으로부터 나지 않음이 없나니 모든 권세는 다 하나님께서 정하신 바라. 그러므로 권세를 거스르는 자는 하나님의 명을 거스름이니 거스르는 자들은 심판을 자취하리라. 다스리는 자들은 선한 일에 대하여 두려움이 되지 않고 악한 일에 대하여 되나니, 네가 권세를 두려워하지 아니하려느냐 선을 행하라. 그리하면 그에게 칭찬을 받으리라. 그는 하나님의 사역자가 되어 네게 선을 베푸는 자니라. 그러나 네가 악을 행하거든 두려워하라. 그가 공연히 칼을 가지지 아니하였으니, 곧 하나님의 사역자가 되어 악을 행하는 자에게 진노하심을 따라 보응하는 자니라. 그러므로 복종하지 아니할 수 없으니 진노 때문에 할 것이 아니라 양심을 따라 할 것이라. 너희가 조세를 바치는 것도 이로 말미암음이라. 그들이 하나님의 일꾼이 되어 바로 이 일에 항상 힘쓰느니라. 모든 자에게 줄 것을 주되 조세를 받을 자에게 조세를 바치고 관세를 받을 자에게 관세를 바치고 두려워할 자를 두려워하며 존경할 자를 존경하라.

다양한 성서적 가르침과 훈계를 우리 시대에 적용하고, 하나님께서 우리에게 주신 양심과 상식을 활용할 때, 나는 하나님께서 기뻐하실 최소한 20가지 정부의 과업을 지적할 수 있다고 생각한다. 나는 20가지 모두가 모든 시대와 이 땅의 모든 정부에게 유효하다고 제안하는 바다. 그러므로 이것들은 배타적이진 않지만, 특별히 국가정부와 관련해서, 하나님이 정부에게 요구하는 핵심사항으로 간주할 수 있다.

1. 정부는 하나님께서 주신 통치의 책임을 져야 한다. 비록 우리는 이런 생각이 자명하다고 가정하지만, 때때로 정부가 제대로 통치하지 못하기 때문에, 우리가 의미하는 바를 설명하는 것이 좋을 듯하다. 정부는 자신에게 마땅히 기대하는 바를, 심지어 그들에게 논리적으로 요구되는 바를 제대로 수행하지 못한다. 통치는 지도, 원조, 교육, 정보제공, 보호, 위기관리, 계획수립, 규제, 면허관리, 설득, 그리고 핵심적 서비스 제공 등이 포함된다. 만약 정부가 제대로 통치하지 않는다면, 불복종, 반항, 반란, 심지어 무정부상태가 초래될 것이며, 그 결과 초래되는 문제들에 대한 책임도 지게 될 것이다. 물론, 그런 일은 하나님의 마음을 불편하게 만들 것이다.

2. 정부는 일반 선을 추구해야 한다. 정부는 특별한 이익집단, 특히 선거, 무력정복, 혹은 다른 수단으로 자신의 정권장악을 도운 사람들의 비위를 맞추는 유혹에 늘 직면한다. 하지만, 하나님은 정부가 공공선을 위해 통치하길 기대한다. 정부는 인구 대다수를 소외시키거나 착취하는 반면, 오직 특정한 사람들, 대체로는 소수 사람에게 혜택을 주는 방식으로 통치해서는 안 된다. 그것이 바로 로마서 13장 1~8절의 의도다.

3. 정부는 위탁을 자신의 역할로 간주해야 한다. 정부 관료는 단지 공직자일 뿐이다. 그들은 제한된 기간만 책임과 권한을 갖는다. 정부의 직무는 그들보다 더 크다. 정부는 무한히 지속하지만, 그들이 공직에 머무는 기간은 그렇지 않다! 선출되었든 그렇지 않든, 정부 관료는 일정 기간 정부권력의 관리자와 청지기로 봉사한다. 우리는 그들에게 권한과 책임이 위탁되었기 때문에, 그들을 피신탁자

trustees라고 부를 수도 있다. 하나님은 그들이 공직에 있는 동안 훌륭하게 통치하고, 그들의 후임자들에게 위탁을 넘겨주길 원한다. 일련의 정부들이 자신의 공직 근무기간을 일종의 위탁으로 이해하고 그것에 맞게 행동하기 때문에, 품위, 절저, 안정, 그리고 정권의 평화적 이양의 전통이 발달할 것이다.

4. **하나님은 공직자들이 정직하고 성실하길 요구한다.** 사적 관계, 사업수행, 혹은 정부활동에 관여하든, 개인적 성실과 정직에 대한 하나님의 기준은 같다. 정부관료들이 모금하여 집행하는 타인들의 돈의 양이 엄청나다는 사실을 고려할 때, 권력남용의 유혹은 대단히 강력하다. 일부 공직자들이 저지른 엄청난 비리들에 대해 우리는 잘 알고 있다. 정부 지도자들에게 정직과 성실이 빠져 있다면, 그들의 모든 약속과 정책은 별로 소용이 없다. 사실, 진실하지 않은 정치가는 매우 위험한 사람이다. 최악에는, 합법적 강도들이 되어, 공금을 사적으로 유용할 수 있다. 분명히 하나님께서 그런 지도자를 가혹하게 심판하실 것이다.

5. **정부는 자유로운 사회를 건설하고 유지하기 위해 최선을 다해야 한다.** 합리적인 한계 내에서, 정부는 기본적 자유를 배양하고 유지하며, 모든 사람에게 그 자유를 공평하게 배분해야 한다. 이 자유들 속에는 여행의 자유, 종교의 자유, 언론의 자유, 그리고 정치적 자유가 포함된다. 우리와 날카롭게 의견대립을 보이는 사람들, 혹은 우리 생각에 잘못된 믿음을 가진 사람들에게 자유를 확대하는 것은 어려운 일이다. 하지만, 자유로운 사회에서는, 기본 규칙을 준수한다는 조건 아래, 모든 사람이 그런 자유를 누릴 수 있어야

한다. 그러므로 심지어 오류를 범할 수 있는 권리마저 넓은 한계 내에서 정부에 의해 보호되어야 한다. 시민이자 공직자로서 기독교인이 특별히 자유에 헌신해야 하는 근본적 이유는 하나님께서 그런 방식으로 우리를 신임하시기 때문이다. 태초에 에덴동산에서, 전능하며 영원한 하나님께서 인간 피조물에 옳고 그름을 선택할 수 있는 권한을 주셨다.

6. **정부는 인간의 존엄성을 존중하고, 증진하며, 육성해야 한다.** 이런 지침이 모든 정부에 해당하지만, 정치 영역에서 기독교인에게 특별한 의미를 지닌다. 모든 사람이 하나님의 형상으로 만들어졌고, 영원한 영혼을 소유하고 있음을 다른 이들보다 기독교인들이 깨닫고 있기 때문이다. 그들은 하나님께서 물리적 세계 전체보다 한 사람을 더 소중하게 여기신다는 사실을 잘 알고 있다! 이런 근본적 사실 때문에, 누구보다 기독교인들이 사회에서 각 사람의 중요성을 강조하는 것이다.

　기독교적 관점에서, 인간은 가장 진화된 동물이 아니다. 그들은 창조자가 지은 피조물이다. 각 생명은 가치 있고, 존엄하며, 가능성과 의미를 지닌다. 따라서 정부는 인간의 존엄성을 고양하고 방어하는 정책을 택해야 한다. 다른 것 중에서, 이것은 병원, 양로원, 교도소, 그리고 빈민보호소 등이 존중 받아야 한다는 뜻이다. 결코, 인간의 가치를 무시하는 곳이 되어선 안 된다.

7. **선한 정부는 사회적 양심을 소유하고, 상당한 수준의 인도주의를 수용한다.** 이것은 기금이 허용하는 한, 선한 정부가 인간적 필요를 다룬다는 뜻이다. 정부는 특정 부류의 국민이 고통을 당할 때, 옆

에서 방관하는 것이 아니라, 고통을 완화하기 위해 자신이 할 수 있는 일을 한다. 홍수, 기근, 화재, 혹은 질병이 사회적 격변을 일으킬 때, 정부는 자신이 할 수 있는 한, 구호활동을 전개할 것이다. 그런 의미에서, 선한 정부는 "내 형제를 지키는 자"가 되라는 성서적 윤리를 반영한다. 그런 정부는 노인, 장애인, 고아, 병자, 그리고 가난한 자를 돕고자 할 수 있는 일을 한다. 선한 정부는 마치 선한 이웃 같다. 자신이 가진 자원의 한계 내에서, 인간적 필요에 반응한다.

성서는 우리 가운데 존재하는 가장 가난한 사람들을 대하는 문제에 관해 할 말이 많다. 사회 전체는 부분적으로 정부를 통해 활동하면서, 자급할 수 없고, 또한 도와줄 사람이 없는 사람들을 도와줄 책임이 있다. 가난한 사람들을 인간적으로 대우하는 것은 특별한 기독교적 덕이며, 동시에 기독교인이 아니더라도 도덕적 사람의 표시다. 정부가 부익부 빈익빈의 현실을 강화시키는 것은 옳지 않다. 정부가 긴박한 필요를 무시하거나, 심지어 그 필요가 더욱 심각해지도록 내버려두는 것은 잘못이다!

8. **정부는 자신의 정책으로 착취되고 소외된 사람에게 특별한 관심을 기울여야 한다.** 어떤 사회에서든, 사회적·경제적 계단의 바닥에 거의 영구적으로 존재하는 사람들이 있다. 흔히, 그들은 착취당하고 학대를 받아 왔다. 이따금, 이런 사람들은 소수 인종이나 종교적 소수 집단에 속한다. 어떤 사회에서는, 그들이 낮은 계급에 속하기 때문에 억압과 착취를 당한다. 정부는 하나님의 형상으로 창조된 동료 인간에게 조직적 차별을 실행하거나 용납해선 안 된다. 로마서 13장 4절은 정부가 "너희에게 선을 행하는 하나님의 종"임

을 상기시킨다. 정부의 질은 사회적·경제적 계단의 바닥에 있는 사람과 교도소에 있는 사람을 어떻게 다루는가에 의해 가장 잘 가름할 수 있다.

9. 정부는 자신의 최고 능력을 발휘하여 법과 질서를 설립하고 유지하라는 요구를 하나님으로부터 받았다. 로마서 13장과 다른 성서 본문들은 정부가 "하나님의 사역자가 되어 악을 행하는 자에게 진노하심을 따라 보응하는 자니라"4절라고 분명히 진술하고 있다. 악은 억제되어야 한다. 개인이 자기 마음대로 법을 쥐고 흔들도록 해서는 안 된다. 그들이 칼, 총, 폭탄을 들고 날뛰도록 하거나, 술 취한 상태에서 차를 몰게 해서도 안 된다. 예방책과 처벌을 통해 범죄에 도전하고 막아야 한다. 무정부상태도 막아야 한다.

초대교회에서, 기독교인이 세속 정부에 복종해야 하는지에 대한 논쟁이 있었다. 바울은 정부제도가 비록 비기독교적이라고 해도, 이 정부의 요구가 하나님의 법에 상치되지 않는 한, 존중되고 복종해야 한다고 강력히 주장한다. 이런 맥락에서, 우리는 시민이 정부의 권력을 위임받은 공직자들을 교체하려고 노력하는 것은 적절하지만, 기독교인을 포함한 책임있는 시민이 정부라는 기본적 제도 자체에 도전하거나 붕괴시켜서는 안 된다고 지적해야 한다.

10. 정부의 고유한 기능은 다른 제도와 기관의 권력행사를 규제하는 것이다. 어떤 사회에서는 특정 기관이 궁극적 심판, 최종 중재자, 권력의 중심이 되어야 한다. 안정된 사회에서는 정부가 그런 능력을 발휘한다. 그것이 바로 바울이 로마서 13장에서, 정부가 "공연히 칼을 가지지 아니한다"라고 말한 뜻이다.4절 정부는 최후의 결

정권을 지닌다. 넓은 범위에서, 정부는 노조, 법인, 민족 및 인종 집단, 가족과 부족, 종교 공동체, 그리고 다른 모든 집단과 조직을 위해 권력의 한계를 설정한다. 물론, 정부는 개인을 위해서도 그렇게 한다. 평화롭고 동질적인 사회건설을 위해 분투할 때, 선한 정부는 가능한 한 설득하고, 교육하고, 유인하며, 권면한다. 하지만, 최종분석에 의하면, 그런 시도가 실패할 때, 정부는 꼭 필요할 경우 강제력을 사용할 권리를 하늘로부터 받았다.

11. 좋은 정부는 정의를 추구한다. 정의에 대한 외침은 보편적이며, 시간을 초월한다. 우리는 이미 정의에 대한 요구가 구약과 신약 모두에 풍성하게 나타남을 언급했다. 정의를 성취하기 위해, 정부정책은 공평하고, 명료하며, 합리적이어야 한다. 법원도 공정해야 한다. 범죄에 대한 처벌은 항상 적절해야 한다. 고문이 존재할 자리는 없으며, 감옥도 적절한 품위를 유지해야 한다. 아무튼, 최악의 범죄자도 하나님의 형상으로 지음 받은 사람이다. 예수는 그들을 위해서도 죽었다. 그들의 죗값은 우리 구세주에 의해 치러졌다. 하지만, 정부를 통해, 사회는 여전히 법을 어긴 것에 대해 벌을 내려야 한다. 훌륭한 정치제도에선, 범법자와 희생자 간의 화해 및 죄수의 재활에 많은 강조점을 둔다.

정의를 추구할 때, 입법자와 모든 공직자는 자신들이 만든 법에 복종해야 한다. 법은 모두에게 적용된다. 우연히 특정 기간 정부의 통치와 권력을 위임받은 사람들에게 예외나 특권을 주어서는 안 된다.

12. 정부는 절차적 공정함을 실천해야 한다. 이것은 정부 부처 및 다

양한 행정기관이 결정을 내리고 혜택을 배분할 때 공정해야 한다는 뜻이다. 독단이나 뇌물이 설 자리는 없다. 많은 정부 기관이 선포한 규칙들은 일관성 있고, 예측 가능해야 한다. 결정을 내릴 때, 모든 인종, 민족, 그리고 종교집단에 대해 같은 정책과 규칙이 적용되어야 한다. 이런 맥락에서, 우리는 정부가 결코 자신의 강제력을 특정 종교의 목적을 성취하기 위해, 혹은 특정 종교를 억압하기 위해 사용해서는 안 된다는 사실을 강조해야 한다.

13. 정부는 재정적 투명성을 실천해야 한다. 세금과 수수료 징수 과정 및 정부 기금의 할당과 배분이 공평하고 정직해야 한다. 예를 들면, 세금을 인상해야 하느냐 삭감해야 하느냐, 혹은 사회 프로그램을 축소해야 하느냐 확대해야 하느냐에 대한 합리적인 견해차가 있을지라도, 불필요한 세금징수, 부당한 적자, 부당이익, 그리고 부패가 있어선 안 된다는 믿음에 대해서 견해차가 없다. 누가복음 3장 12~14절에 기록된 것처럼, 세례 요한은 세리에게 공평하며, "부과된 것 외에는 거두지 말라"고 훈계했다. 그것은 오늘날에도 여전히 훌륭한 조언이다.

14. 정부는 공정한 무역법을 실행해야 한다. 일반적으로, 회사와 개인은 광범위한 한계 내에서, 그들이 원하는 때와 장소에서 자유롭게 사고팔 수 있어야 한다. 이런 자유가 국제 무역에서도 좋은 정책이다. 하지만, 어떤 정부들, 특별히 서양의 정부들은 이 영역에서 매우 위선적이었다. 그들 중 많은 나라가 개발도상국들에 가능한 한 빨리 경제를 확대하라고 압력을 넣었다. 가난한 나라의 백성은 흔히 곡물을 재배하고 산업화를 추진하라는 압력을 받았다. 하

지만, 그리고 서양 국가들은 거대한 관세장벽을 세우거나, 자신의 생산자들에게 거액의 보조금을 지급하거나, 혹은 개발도상국이 자신의 생산품이나 자원을 주요 소비국들에 거의 판매할 수 없게 만드는 제한적 할당제를 도입했다. 이미 부자인 사람을 더 부자로 만들고자, 나머지 사람을 더 가난하게 만들 목적으로 세워진 관세장벽과 다른 장애물들은 눈금을 속인 저울만큼 하나님에게 불쾌한 것이다. 어떤 정부는 자신이 제공해야 하는 것이 필요한 사람들로부터 부당하게 높은 이익을 취하려고, 무역의 특정한 영역에서 자신의 지배력을 이용해 왔다. 이 모든 문제에서, 기독교적 도전은 공정하고 합리적이며, 정부가 그런 윤리적 규범을 따르도록 압력을 행사하는 것이다.

15. 정부는 평화를 위해 노력해야 한다. 이처럼 타락하고 세속적인 세계에서 모든 정부가 군사 또는 경찰을 통한 강제력을 소유하지만, 하나님의 요구 사항은 모든 권세가 가능한 한 평화를 추구하는 것이다. 평화에 대한 성서의 요구는, 심지어 그것이 정부와 관련될 때에도, 창세기부터 계시록까지 연결된 튼튼한 끈이다. 확실히, 몇몇 경우에, 하나님은 특정한 정부를 사용하여, 다른 정부와 사람들을 처벌했다. 하지만, 특별히 신약에서 평화를 위해 일하라는 소명은 대단히 중요하다. 이런 관점에서, 비록 하나님 자신이 다윗에게 외국 정부와 백성을 향해 전쟁을 수행하라고 명령했지만,삼상23:2 참조 동시에 다윗이 피를 흘렸기 때문에 성전을 지을 수 없다고 선언했음을 언급하는 것이 좋을 듯 하다.대상22:6~10

16. 정부는 공적 도덕성을 증진시켜야 한다. 여기서 우리는 매우 도전

적인 상황에 직면한다. 정부가 옳고 도덕적인 것을 지지하고 증진할 때 하나님은 기뻐하지만, 정부는 사람들이 기독교인이 되거나 기독교적 방식으로 행동하게 하려고 법의 강제력을 사용해선 안 된다. 예수께서 설명하신 것처럼, 하나님 나라는 무력이 아니라, 오직 인간의 선택으로 건설된다. 이것은, 예를 들면, 산아제한의 수단으로 낙태를 반대하고, 노예제도를 거부하고, 매주 휴일을 규정하며, 강간, 방화, 혹은 절도를 처벌하는 정부는, 단지 성서가 그런 행위가 잘못이라고 가르치기 때문이 아니라, 그런 행위가 사회에 해를 끼치기 때문에 그렇게 한다는 뜻이다. 그런 영역에서, 계몽된 사회의 요구 사항과 기독교윤리는 서로 중첩된다.

17. 선한 정부는 자신이 물리적 환경에 대해 책임을 진다는 사실을 깨닫는다. 정부는 환경파괴를 방지할 책임이 있다. 자연계는 하나님의 피조물이다. 창1~3장; 골1:16 하나님은 우리가 남용하지 않고 이용하도록, 땅과 물, 나무와 깨끗한 공기를 만드셨다. 그는 인간에게 자신의 창조물을 돌보는 책임을 맡겼다. 정부 자신이 올바른 행동의 모범을 보여야 한다. 물과 공기, 물고기와 식물들을 오염시킨 사람들, 그리고 하나님의 피조물을 파괴시킨 공장들은 이제 정신 차려야 한다.

18. 선한 정부는 자신에 대한 비평에 귀 기울일 준비가 되어 있다. 많은 민주사회에서, 선거에 패배한 정당들에도 입법부에서 정부에 대한 비판의 목소리로 역할을 할 특별한 역할을 준다. 그들은 정부가 규칙을 지키도록 제어하고, 정부가 정직하고 공평하게 활동하도록 압력을 가하며, 언제든지 대안적 정부로 역할을 할 준비가 되

어 있다. 그런 체제는 항상 올바로 작동한다. 정부가 타락한 세계에서 역할을 해야 한다는 사실을 고려할 때. 정치체제에서 어떤 정부도 완전히 기독교적 원칙에 따라 기능 할 수 없다. 그러므로 국민은 그런 제도적 제어장치의 도움이 꼭 필요하다. 언론인, 편집자, 교육가, 압력단체, 그리고 다른 이들이 비판적 논평과 제안을 통해, 크게 이바지할 수 있다. 그들의 사회적 양심과 윤리 때문에, 기독교인들이 이런 분야에서 특별히 영향을 발휘할 수 있다. 선한 정부는 비평과 제안을 제시하는 사람들을 억압하지 않는다. 오히려, 정부는 귀 기울여 듣고, 변화와 교정을 시도한다. 이 모든 것이 보장되어 있기 때문이다.

19. 모든 정부는 자신이 하나님의 종임을 인정해야 한다. 성서의 많은 부분이 이 점을 강조한다. 예를 들어, 로마서 13장은 우리에게 "정부가 하나님의 종"이며, "권위자들도 하나님의 종"이라고 명확히 밝힌다. 정부가 처음 출현한 때부터 이스라엘 백성이 자신들의 첫 번째 왕을 세우도록 하나님께서 도우셨을 때, 그리고 지금 우리 시대까지, 모든 정부는 실제로 하나님의 종이었다. 이것은 정부가 그 사실을 거부할 때, 혹은 무시할 때, 심지어 알지 못할 때도 사실이다. 반복해서, 우리 하나님은 "왕 중의 왕이요 주 중의 주"라고 불리었다. 계17:14, 19:16 참조 정부는 이 사실을 인정해야 한다.

20. 모든 정부는 자신이 하나님께 책임을 져야 한다는 사실을 인정해야 한다. 자신이 하나님의 종임을 정부가 인정하는 것도 중요하지만, 자신이 백성뿐만 아니라 특별히 하나님께 책임을 져야 한다는 사실을 인정하는 것이 매우 중요하다. 정부는 자신이 만든 정책과

그 정책을 그들이 어떻게 실행하는지, 그리고 자신의 백성과 국가를 통치하는 것에 대해, 하나님께 책임을 져야 한다. 정부가 아니라 하나님이 최종적 권위를 지닌다.

이 지점에서, 일부 독자들은 이렇게 생각할지 모르겠다. 즉, 예수께서 자신의 제자들에게 오직 한가지 윤리만 남기셨기 때문에, 기독교 영역 밖에서 작동하는 정부에 대한 윤리 체계에 대해 우리가 어떻게 말할 수 있을까? 이 질문에 대한 답은 이중적이다. 첫째이자 가장 중요한 답은, 실제로 성서가 정부에 대해 수많은 행동지침을 제시한다는 것이다. 우리는 그것을 신중히 다루어야 한다. 둘째, 신실한 백성은 하나님의 윤리를 거부하는 사람들에게 충고해줄 말이 있다. 우리는 그들이 기독교인이건 상관없이, 모든 사람에게 윤리적 관심을 표현해야 한다. 우리는 술 중독자에게 술을 끊도록 권면할 수 있다. 우리는 그런 행위를 멈추도록 압력을 행사할 수 있다. 우리는 아내를 폭행하는 남편에게 멈추도록 요구할 수 있다. 우리는 사람들의 동물 학대를 막을 수 있다. 우리는 화물 겉에 붙은 명세표가 거짓이어서는 안 된다고 주장할 수 있다. 우리는 집과 교량 건설이 부실공사가 되지 않도록 막아야 한다. 유사하게, 우리에겐 성서에 근거하여 정부에게 인계할 윤리적 관심사가 있다. 아무리 공직자들이 기독교적 가치에 무관심할지라도 말이다.

때때로 윤리적 질문이 다른 형태로 제기되기도 한다. 정부에 있는 비기독교인들도 하나님께 책임을 져야 하나? 성서는 그렇다고 분명히 말한다. 아마도 가장 명백한 예는 다니엘 시대에 바빌론의 왕이었던 벨사살의 경우일 것이다. 이 불경스런 왕이 잘못하자, 하나님께서 그에게 말씀하셨다. "왕을 저울에 달아 보니 부족함이 보였다 함이

요…왕의 나라가 나뉘어서 메대와 바사 사람에게 준 바 되었다."단 5:26~27 성서는 이 점을 매우 강조한다. 모든 정부와 통치자는 하나님께 책임을 진다. 최종 분석에서 (시민 정부나 외국 정부가 아닌) 하나님이 그들의 심판자가 될 것이다.

이따금, 모든 정부는 이 사실을 기억할 필요가 있다. 만약, 정부가 자신에게 맡긴 귀중한 직무를 숙고하고, 또 자신이 하나님께 책임져야 한다는 사실을 이해한다면, 자신의 역할을 매우 진지하게 다루고, 보다 양심적으로 행동할 것이다. 그런 목적에서, 정부에서 일하는 기독교인과 사회에서 생활하는 기독교인이 하나님의 가르침 및 정부에 대한 하나님의 요구 사항에 주목할 때, 중요한 공헌을 할 수 있다.

5
시민정부가 기독교윤리에 따라 역할을 할 수 있는가?

오랜 세월 동안, 기독교인은 정부가 헌신한 기독교인을 위해 제시된 성서적 윤리에 따라 역할을 할 수 있는지에 대해 논쟁을 벌여왔다. 이 문제에 관한 내 대답은 분명하다. 기독교 제자도는 기독교인을 위한 규범이다. 성서에서 기독교윤리는 기독교인을 위해 제정된 것이지 국가를 위한 근본적 규범으로 제시되진 않는다.

그렇다고 기독교윤리가 통치자에게 상관없다는 뜻은 아니다. 기독교윤리는 두 가지 방식으로 관계가 있다. 첫째, 모든 비기독교인은 기독교인이 되어, 새로운 윤리에 따라 살도록 초청되고, 심지어 강요된다. 어떤 상황에서는, 그런 결정이 공직에서 물러나는 것을 의미할 수도 있다. 많은 경우, 그런 사퇴를 요구하지 않는다. 둘째, 비기독교 사회뿐만 아니라, 비기독교인들에게 기독교윤리가 널리 사용되는 현실을 고려할 때, 기독교시민은 통치자를 포함한 비기독교인들이 가능한 한 많은 기독교윤리를 수용하여 자신의 통치에 활용하도록 지속적으로 촉구해야 한다. 기독교윤리는 모든 이에게 유익하다. 비록 그것이 국가를 위한 결정적 규범은 될 수 없지만 말이다. 기독 시민은 통치자에게 "도덕적으로 잘못된 것은, 결코 정치적으로도 옳을 수 없다."라는 에이브러엄 링컨의 말을 상기시킬 필요가 있다.

당연히, 타락한 사회에서 정부가 전적으로 기독교윤리에 따라 통치하려 한다면 문제가 발생할 수도 있다. 통치자가 기독교인일지라도 시민 대다수가 반대한다면, 그가 자기 마음대로 국가의 이익과 재산을 희생시킬 수 있을까? 더욱이, 통치자가 단지 "오른 뺨을 돌려대고," 외국의 잔인한 독재자가 침략해서 약탈하고 정복할 때 이것을 저지하기 위해 아무 일도 하지 않는다면, 그가 정말 훌륭한 통치자인가? 침략한 군인들이 마음대로 약탈하고 강간하고 살인하고 파괴하도록 내버려 두어야 하는가? 정부는 그런 악한 행동을 중단시키기 위해 어떤 일도 해서는 안 되는가? 또한, 비교적 번영한 나라의 정부가 국민 대다수의 바람과는 달리, 국가 재산의 상당 부분을 가난한 나라에 주고, 가난한 자기 백성의 필요를 예수께서 장차 공급해 주실 것이라고 믿으며 오직 예수를 따르는 신앙생활에만 몰두한다면, 정부는 정말 잘하는 것일까?

이런 질문들은 기독교의 모든 윤리적 규범을 정부에 전해주는 것이 적절하지 않을 수도 있다는 것을 지적한다. 정치상황은 복잡하고 많은 생각을 요구한다. 타락한 사회는, 정말 타락했기 때문에, 그리스도의 몸처럼 윤리적으로 살지 못한다. 윤리적 차원에서, 모든 국가의 정부들, 그리고 지방과 지역의 정부들은 예수께서 자신의 제자들에게 기대하신 것보다 훨씬 낮은 수준으로 기능 한다. 장차 나아질 가능성은 크다. 그래서, 기독 시민은 정부가 보다 계몽되고 더욱 윤리적인 정책을 채택하여 실천하도록 조급하게 다그쳐서는 안 된다.

정부가 철저히 자기부정이라는 최고의 기독교윤리에 따라 통치하기로 하고, 자신의 재정적 자산들을 타인에게 제공하며, 모든 방어수단을 제거하여 국가가 군사적 공격에 취약하도록 내버려둔 적이 지금까지 한 번이라도 있었던가? 물론, 어느 정치가가 개인적으로, 혹은 어떤 정부가 실제로 그렇게 하려고 시도할 가능성은 항상 있다. 또한, 그렇게 불가능해 보이는 성취가 사람들을 너무 놀라게 하고 존경을 불러와, 다른 정부들이 그런 상황을 악용하지 않을 가능성도 적기는 하지만 분명히 있다. 하지만, 내가 정치사를 공부한 결과, 그런 일은 일어난 적이 없다. 미래에도 일어날 가능성은 희박하다.

정부를 위한 윤리를 개발할 때 문제점

이런 현실을 고려할 때, 정부를 위한 윤리적 지침을 마련하기 위해 많은 노력이 있었다. 여러 요인 때문에, 그런 노력은 매우 어려웠다. 먼저, 국가와 교회는 절대적인 윤리를 요구하는 경향이 있다. 국가는 시민이 국가를 지고의 선으로 인정하고, 그것을 위해 목숨을 바칠 준비가 되어 있길 바란다. 수백 만의 젊은이들, 그리고 최근에는, 젊은 여성들도 그렇게 목숨을 희생했다. 비기독교 사회에서, 국가를 위해 목숨을 바치는 것은 최고의 덕으로 간주한다. 그리스도를 지고의 선으로 수용하는 기독교 교회는 그 문제를 다른 식으로 바라본다. 교회는 기독교인들이 자신들의 목숨을 바칠 준비가 되어 있어야 한다고 주장하지만, 이 경우에, 그 희생은 진리와 신앙을 위한 것이다! 이렇게 절대적인 요구들이 서로 충돌한다.

두 번째 복잡한 요인은 교회와 국가가 근본적으로 다르며, 때때로 상충하는 가치들을 추구하는 것이다. 교회가 그리스도에 대한 복종을 강조하는 곳에서, 국가는 자신의 법에 대한 복종을 요구한다. 교회가 타자를 위한 자기희생을 가르치는 곳에서, 국가는 자신과 시민의 안전을 추구한다. 교회가 모든 백성에 대한 포용을 가르치는 곳에서, 국가는 많은 사람에 대한 배제를 강조한다. 교회가 설득을 강조하는 곳에서, 국가는 궁극적으로 강제력에 의존한다. 끝으로, 교회가 사랑의 필요를 강조하는 곳에서, 국가는 자신의 가장 위대한 성취로서, 정의를 추구한다. 이해할 수 있듯이, 이 두 질서 간의 윤리적 긴장은 심각하다.

이 두 영역의 목표도 다르다. 그들은 다른 윤리적 결과들을 추구한다. 교회의 이상은 완전이다. 예수께서 많은 군중에게 산상수훈을 설파하셨을 때, "그러므로 하늘에 계신 너희 아버지의 온전하심과 같이 너희도 온전하라"마5:48라고 말씀하셨다. 그것이 바로 기독교의 이상이다. 국가는 다른 메시지를 전달한다. 국가의 목적은 악을 통제하고, 사회적 평온을 유지하며, 경제적 발전을 성취하는 것이다. 더욱이, 시민에 관해, 국가는 시민의 성품이 아닌, 외적 행위에 관심을 집중한다.

윤리적 이원론에 대한 접근들

정부를 위한 적절한 윤리 체계를 발전시키려는 노력 속에, 다양한 제안들이 제시되고, 이따금 실행되기도 했다. 서기 383년에 발표한 자신의 칙령, 즉 기독교가 로마제국의 국교가 되어야 한다는 칙령에 따라, 테오도시우스 1세는 공식적 법령에 따라 두 질서 사이의 긴장을 제거하려 했다. 당연히, 기독교인들의 박해는 종식되었으나, 세상 사람들은 여전히 자신들의 비기독교적 윤리에 따라 살고 있었다. 법을 바꾼다고 자동으로 윤리가 바뀌지는 않았다.

콘스탄틴과 테오도시우스 1세가 두 체제의 윤리적 가치들을 통합하려 했으나, 그들은 국가와 교회가 두 개의 독립된 질서, 혹은 왕국이라는 현실을 피할 수 없었다. 곧 그 차이들이 다시 드러나기 시작했다. 그 차이들은 법으로 제거할 수 없었다. 물론, 본디오 빌라도에게 심문을 받던 중, 예수께서 "내 나라는 이 세상에 속한 것이 아니니라. 만일 내 나라가 이 세상에 속한 것이었더라면 내 종들이 싸워 나로 유대인들에게 넘겨지지 않게 하였으리라. 이제 내 나라는 여기에 속한 것이 아니니라"요18:36고 대답했을 때, 그 자신이 이 현실을 인정했다. 사도 바울이 "혈과 육은 하나님 나라를 이어받을 수 없다"고전15:50고 말했을 때, 같은 진리를 언급한 것이다. 윤리적 차원에서 근본적으로 다른 두 왕국이 존재한다.

콘스탄틴과 테오도시우스 1세가 경험하고 예수와 바울이 묘사한 것은 교회가 이 세상에 처음 모습을 드러낸 이후 국가-교회의 긴장관계를 특징지어 온 윤리적 이원론이다. 우리는 하나를 소외시키고, 다른 하나만을 강조함으로써 이 모순을 해결할 수는 없다. 하나님은 이 두 질서의 주인이다. 더욱이, 타락한 세상에서, 교회와 국가 모두 필요하다. 하지만, 시민은 이런 이원론을 어떻게 다루어야 하는가? 국가는 이 문제를 어떻게 취급해야 하며, 신실한 교회도 어떻게 해야 하는가? 몇 가지 접근법이 제시됐다.

위대한 개신교 개혁자인 마틴 루터는 그런 이중성의 존재를 인정했다. 그의 해법은 한 개인 안에서 그런 두 가지 윤리체계가 작동하게 하는 것이었다. 최소한 그 사람이 기독교인이라면 말이다. 예를 들어, 기독교인으로서 한 개인은 사랑의 윤리에 영향을 받아, 결코 다른 사람을 죽이거나 폭력을 행사하지 않을 것이다. 하지만, 한 사람의 공직자로서, 그는 분명한 양심에 근거해서 타인에 대한 폭력을 합법화하고, 타인을 죽이라고 명령할 수도 있다. 기독교 군인들이 그런 윤리를 수용한다면, 기독교인들로 구성된 군대가 서로 공격하고 죽일 수 있으며, 그 누구도 그런 행동에 대해 죄책감을 느끼지 않는다. 이런 논리에 따르면, 살생을 범하는 것은 기독교인으로서의 백성이 아니라, 군인으로서의 백성이다. 그러므로 기독교 군인과 그의 후원자들은 자신들에게 죄가 없다고 생각한다.

한 개인 내에 두 종류의 윤리체계가 작동하게 하는 것은 심각한 문제를 일으킨다. 그 사람이 어떤 역할을 하고 있는지 항상 명확히 분별할 수 있을까? 한 개인이 이렇게 대립하는 두 가지 윤리에 동일하게 온전히 충실할 수 있을까? 그가 심각한 자기의심이나 심지어 정신적 고통 없이 그렇게 할 수 있을까? 그런 이원론을 수용하는 것이 만약 그렇지 않았다면 심각한 도덕적 오류로 간주할 수 있었던 많은 일을 합리화하지 않을까? 더욱 중요하게, 하나님께서 한 개인 내에 그런 윤리적 기준의 분열을 용납하실까? 한 개인 내의 이중적 윤리를 주장하는 루터의 교의에 대한 또 다른 비판은, 시민적 복종에 대한 루터의 강조가 민족주의적 기독교로 흐르는 경향이 있다는 것이다. 그것은 시민적 소극성을 부추기는 경향이 있는데, 예를 들어, 그것은 20세기에 아돌프 히틀러의 잔인한 나치 정책 실행을 쉽게 만들었다.

16세기 아나뱁티스트 개혁자들은 한 국가 내에 두 윤리체계가 작동하는 방식에 대한 제3의 이해를 제시했다. 콘라드 그레벨, 메노 시몬스, 그리고 다른 이들은 두 윤리체계를 구성하는 요소들이 특정한 공동체와 관련을 맺어야 한다고 주장했다. 그러므로 교회는 하나의 윤리공동체가 되어야 하며, 타락한 세상은 비록 그 안에 기독교인들이 있어도, 좀 더 낮은 수준의 윤리를 추구함으로써, 또 하나의 윤리공동체가 되어야 한다. 기독교 공동체는 높은 수준의 기독교윤리에 헌신해야 한다. 반면, 타락한 세상은 낮은 수준의 윤리를 따른다. 이런 입장을 지지하도록 인용되는 중요한 성서본문은 고린도후서 6장 17절 이다. "그러므로 너희는 그들 중에서 나와서 따로 있고."

이런 접근이 일관성과 통전성 면에서 높은 순위를 차지하고 있지만, 이것은 때때로 정부와, 특히 이후의 대부분의 정부와 불편한 관계를 가져왔다. 다른 기독교인들뿐만 아니라, 통치자들도 이런 입장을 견지하는 사람들을 정권이나 심지어 그들이 사는 국가의 복지 및 생존에 대해 무관심하다고 비난했다. 아나뱁티스트/메노나이트들은 국가가 역사의 의미를 전달하는 주체가 아니라고 대응했다. 하나님은 자신의 전령으로 국가가 아닌, 교회를 선택했다. 그러므로 기독교인은 국가가 아니라 교회에 일차적으로 충성하고 관심을 둬야 한다. 그들은 국가의 생존이 교회의 일차적 관심사가 아니라고 주장했다. 교회의 관심사는 국가와 다르다.

고전적 아나뱁티스트의 견해가 지닌 심각한 문제는 두 공동체(국가와 교회)가 지리적으로 분리되지 않는다는 점이다. 그들은 분리된 정치공동체로 기능 할 수 없다. 때때로 이런 윤리 공동체들을 분리하려는 시도가 후터파 공동체의 경우처럼, 사회적, 지리적 분리를 동반했다. 때때로 그런 분리는 너무 가혹한 사회로부터 지리적으로 멀리 떨어지는 결과를 가져오기도 했다. 예를 들어, 1920년에 수 천 명의 보수적 메노나이트들이 캐나다를 떠나 멕시코로 이주했던 것처럼 말이다. 때때로 그런 분리는 예외적 삶을 허용하는 새 땅으로 이민을 떠나는 경우도 가져왔다. 18세기 후반과 19세기 초반에 메노나이트들이 프로이센와 폴란드에서 제정 러시아로 대규모 이민을 떠났을 때처럼 말이다. 그 후에 이런 예외적 특권들이 1862년에 상실되었을 때, 수 천 명의 사람이 미국과 캐나다에 이민을 떠났고, 그들의 새로운 보금자리에서 비슷한 예외적인 삶을 추구했다.

어떻게 두 공동체 혹은 왕국이 서로 관련을 맺어야 하는가, 어떻게 그들이 같은 영토 내에서 성공적으로 기능 할 수 있는가 하는 문제는 적절한 답을 찾지 못했다. 아나뱁티스트들이 자신들만의 영토 내에 살고자 한다면, 그 순간 그들은 그토록 피하고 싶었던 정권과 즉각적으로 갈등을 가져온다. 러시아에서 메노나이트의 경험이 이것과 매우 유사한 상황을 가져왔다. 이런 아나뱁티스트/메노나이트 딜레마에 대한 최종적 해법은 없다. 그런 기독 시민과 그들이 속한 세속 정부는 심각한 긴장과 더불어 살아가는 법, 그리고 특정한 문제들에 대해 타협안을 찾는 법을 배워야 한다. 그런 타협안을 기독교인들이 수용할 수 없을 때, 그들은 어려운 결과를 받아들여야 한다. 즉, 다른 안식처를 찾아 떠나거나, 고통과 처벌을 감수해야 한다. 심지어 자신의 믿음을 위해 목숨을 버릴 각오도 해야 한다.

상대적으로 덜 알려졌지만, 네 번째 반응은 일부 서양 국가들에서 발견된다. 이 주장은 정치에 관여하는 기독교인들이 비기독교적 정책을 수행하는 것에 대해 책임을 지지 않는다는 것이다. 구성원들 대다수가 그렇게 하길 원하기 때문에 그들이 그렇게 하면 말이다. 이런 견해는 대중주의populism라고 불린다. 사람들이 선하지 않은 일을 원하고, 단지 그들이 원하기 때문에 당신이 그 일을 한다면, 당신은 기독교윤리를 범한 것에 대해 잘못이 없다는 것이다. 당신은 책임져야 할 배우가 아니라, 대리인에 불과하다. 당신은 잘못에 대한 책임이 없다. 하지만, 나는 이런 견해에 대한 성서적 근거를 결코 찾을 수 없다.

비록 흠이 있지만, 이런 논증이 아주 낯선 것은 아니다. 그것의 기본적 논증은 이스라엘 백성이 자신에게 압력을 가하자, 아론이 송아지 모양의 우상을 만들었을 때 나타났다.출32장 참조 그는 자신이 그 문제에 대해 개인적으로 책임이 없다고 주장했다. 결국, 그는 백성이 그에게 시켰던 일을 했을 뿐이었다. 어떤 시대 어떤 종교의 신자에게도, 그런 합리화는 용납되지 않는다.

5. 시민 정부가 기독교윤리에 따라 역할을 할 수 있는가?

다섯 번째 접근은 유토피아적 신정 정치라고 명명할 수 있겠다. 이것의 핵심적 주장은 윤리적 이원론의 딜레마가 해결될 수 있다는 것이다. 최소한 시민정부가 시, 지방, 그리고 국가적 차원의 정치 공동체를 통해, 기독교윤리를 실천하거나 최소한 그것을 자신의 목적으로 삼으면 말이다. 교회와 국가 간의 윤리적 긴장이 제거될 것이란 희망이 있다. 소규모 공동체를 포함한 실험이 여러 차례 영국, 유럽, 미국, 캐나다, 그리고 다른 지역에서 시도되었다. 존 캘빈의 제네바도 그런 실험의 하나로 묘사될 수 있다. 이런 노력이 실패했다. 심지어 완전히 헌신한 기독교인과 함께 정치적 실험이 시작되는 경우에도, 타락한 인간성이 무서운 속도로 악화하여, 법과 질서를 유지하기 위한 설득이 실패하고 강제력이 동원되는 지경에 이르렀다.

두 개의 다른 윤리적 집단에 대응하는 여섯 번째 접근은 고전적 아나뱁티스트 견해를 수정한 것이다. 내가 개혁적 아나뱁티즘이라고 명명한 방식은 여전히 두 개의 분리된 공동체, 즉 교회와 사회가 다른 영역이란 개념을 지지한다. 하지만, 그것은 초기 아나뱁티스트들이 묘사했던 것과는 다른 방식으로 그 두 영역 간의 관계를 보여준다.

개혁적 아나뱁티즘

개혁적 아나뱁티즘은 주류 사회로부터 기독교 공동체의 어떤 사회적 소외나 지리적 격리를 전제하지 않는다. 기독교인은 영적 공동체로 기능 한다. 하지만, 기독교인들은 또한 사회 내에서, 그리고 사회의 일부로 기능 한다. 즉 세상의 소금으로서 사회에 영향을 끼친다. 그들은 공적 광장에서 긍휼적 정의를 증진시키는데 헌신해야 한다. 공적 광장은 하나님의 애정을 표현하기 위해 하나님이 만든 제2의 제도다. 이런 관점에는 기독 시민이 정치질서에 활발하게 참여할 수 있는 여지가 많다.

그렇다면, 그런 참여의 한계는 무엇일까? 기독교 윤리를 침해하지 않는 한도 내에서 정치참여는 적절한 것으로 용납될 수 있을 것이다. 그러므로 국가나 사회의 윤리 수준에 따라 그런 참여가 매우 제한적일 수 있고, 혹은 대단히 광범위할 수도 있다. 가혹한 독재정권에서는 개혁적 아나뱁티스트들의 정치참여가 매우 제한적일 수밖에 없다. 어쩌면, 그런 참여 자체가 허용되지 않을지도 므른다. 한편, 성숙한 민주주의 사회에서는 국가와 교회의 하는 일이 상당 부분 중첩되기 때문에, 참여 범위가 대단히 넓을 것이다. 이런 접근 방식에서, 교회는 훌륭한 정부정책을 지지할 수 있다. 또한, 교회가 가르치는 많은 가치가 정부에 의해 실행되거나 최소한 지원을 받을 수도 있다. 교육, 안전, 건강관리, 그리고 노인복지 등이 명백한 예들이다.

초기 아나뱁티스트들은 그런 추론에 당혹스러웠을 것이다. 그들이 국가를 부정적이고, 비관용적이며, 억압적이고, 대단히 폭력적으로 경험했다는 사실을 고려할 때, 그런 반응은 결코 놀랄 일이 아니다.

최근 수 십 년 사이에 많은 현대 메노나이트들이 이런 이해를 향해 이동해 왔다. 흥미롭게도, 다른 신앙 공동체 출신의 기독교인들이 점점 더 많이 이런 입장을 받아들이고 있다. 기독교윤리를 확고히 견지하면서 선택적으로 참여하는 것은 장차 큰 영향력을 발휘할 무한한 가능성을 지닌다.

이런 관점에 관해, 만약 정부가 정말 비관용적이고 억압적이라면, 이런 입장을 견지하는 사람들은 궁극적으로 고전적 아나뱁티스트들과 같은 선택을 할 수밖에 없다는 사실을 인정해야 한다. 즉, 불만족스런 타협을 받아들이던가, 다른 지역으로 도주하던가, 아니면 박해를 견디던가 말이다.

우리는 시민정부가 기독교윤리에 따라 역할을 할 수 없다는 사실을 정치적으로 다루는 6가지 방법을 알고 있다. 콘스탄틴과 테오도시우스 1세는 두 윤리의 조직적, 기능적 결합을 시도했다. 마틴 루터와 존 캘빈은 통치자든 시민이든 상관없이, 개별 신자 내에 이원론을 부여했다. 콘라드 그레벨과 메노 시몬스는 분리된 공동체 내에 이원론을 제공했다. 정치적 대중주의 옹호자들은 특이한 이원론을 제공했는데, 여기에서는 입법자들과 통치자들 내에 기능적 이원론이 존재하나, 실제로 그것은 그들의 개인적 윤리체계의 일부가 아니다. 유토피아적 신정주의는 사회를 교회로 변형시키려고 한다. 개혁적 아나뱁티즘은 공동체 내의 이원론을 수용하지만, 기독교인이 예수의 윤리에 대한 충성이 허용하는 정도까지, 사회 속에 침투할 것을 제안한다.

비록 이것들이 대체로 역사와 우리의 일상 속에 뿌리내린 기본적 선택사항이지만, 우리는 현대 세계 속에서 그것의 다양한 변형들을 발견한다. 여기서 그 모든 것을 상세히 다루는 것은 불가능하다. 단지 우리는 그것들이 존재한다는 사실과 이런 다양한 접근법들이 여전히 진화하는 중이란 사실을 인정해야 한다. 나에겐, 루터적 접근의 기본적인 윤리적 내용이 거의 변하지 않았고, 오늘날까지 기독교인들 사이에서 지배적인 견해로 남아있다는 것이 특히 중요하다. 전 세계의 기독교인들 대부분이 이런 이원론을 수용하고 있다.

기독교 윤리를 증진하라

이것은 우리를 다른 중요한 질문으로 인도한다. 비록 시민정부가 기독교윤리에 따라 역할을 할 수는 없을지라도, 특정한 윤리, 특히 기독교 혹은 유대-기독교윤리를 증진해야 하지 않을까? 내 생각은 정부가 상당한 정도로 그렇게 해야 한다는 것이다. 정부가 그렇게 한다면 모든 사람에게 이롭기 때문이다.

내 주장은 다음과 같다. 세상에 존재하는 모든 윤리체계 중, 유대-기독교윤리라고 불릴 수 있는 기독교윤리가, 정부가 자유롭고 민주적이며 관용적이고 존경받을 만한 사회를 발전시키는 데 가장 유용하다. 이런 사회에서 인간의 존엄성이 긍정되고, 심각한 사회적 필요들이 충족된다.

세상에 존재하는 모든 종교 중에서, 기독교가 선택과 자원주의를 가장 강력히 옹호한다. 그 이유는, 하나님께서 인류를 그렇게 대하시기 때문이다. 창조 이후, 하나님께서 인류에게 선택의 자유를 주셨고, 그들의 결정을 존중하셨다. 비록 그 결정이 오류로 가득했지만 말이다. 비록 기독교인이 관용과 사랑이라는 기독교윤리를 완벽하게 실천하진 못했지만, 그것의 기본적 강조점과 사회적 유용성은 변하지 않았다. 따라서, 세계에서 자유가 가장 확고하게 뿌리 내리고, 권리가 가장 강력하게 존중되는 나라들은 대부분 기독교 국가이거나 기독교가 지배적 신앙이라는 것은 단순한 우연이 아니다. 위대한 철학자요 신학자인 라인홀드 니버Reinhold Niebuhr가 "민주주의는 기독교가 결코 부끄러워할 필요가 없는 자식이다"라고 말했던 것도 결코 놀랄 일이 아니다.

기독교윤리가 자유, 관용, 그리고 반대파에 대한 존중에 도움이 되기 때문에, 다른 신앙을 가진 자들도 자주 기독교적 가치를 육성하는 데 협력해 왔다. 그들은 어느 나라에서 종교적 반대파들이 관대한 대접을 받고 존중되는지 잘 알고 있다. 그들은 다른 종교가 지배적인 세계 여러 나라에서, 그런 자유와 존중이 존재하지 않는다는 사실도 잘 알고 있다.

위에서 진술한 것이 사실이라도, 모든 이야기가 진실인 것은 아니다. 의심의 여지 없이, 기독교는 자유에 도움이 된다. 하지만, 불행히도, 역사 전체를 볼 때, 어떤 정부는 기독교에 대한 헌신을 선언하면서도 기본적인 자유를 거부했다. 스페인의 종교재판, 크롬웰 치하의 영국에서 기본적 자유가 부정된 것, 그리고 미국의 청교도 식민지에서 자행된 억압 등이 머리에 떠오른다. 어떻게 설명할 수 있을까? 그것은 이런 정치권력이 기초적인 기독교 원리들을 실제로 실천하지 않았다는 것이다. 그들은 자신들이 그런 원리들을 실천하고 있다고 주장했으나, 실제로는 정반대의 짓을 하고 있던 것이다.

이 점에서, 나는 중요한 기독교적 시대정신ethos, 혹은 일종의 기독교윤리는, 비록 그런 윤리를 제대로 실천하지 못할지라도, 하나의 국가 내에서 존재할 수 있다는 점을 강조하고 싶다. 시간이 지나면서, 기독교를 제대로 실천하지 않는다면, 기독교의 윤리적 가치들도 약화될 것이다. 하지만, 오늘날 서유럽과 북미의 여러 나라에서 드러나듯이, 그 가치들의 생명력은 대단하다.

우리 시대에, 강력한 기독교적 유산을 지닌 국가들을 포함하여 많은 정부가 사적인 영역에서 기독교윤리를 왕성하게 실천하도록 하는 것이 그들에게 이익이 된다는 점을 깨닫지 못하는 것은 서글픈 일이다. 통치자들이 악을 통제하고 선에게는 상을 줌으로써 말이다. 타자에 대한 존중, 운명론 배격, 선택의 강조, 영원한 신적 처벌에 대한 두려움, 사랑과 친절한 행동에 대한 강조, 시민정부와 궁극적으로 하나님에 대한 개인적 책임 등을 포함한 기독교윤리는 올바른 시민정신이 번성하기 위한 최고의 토양이다.

결론

이런 간략한 조사를 통해, 정치질서에 내재한 윤리체계와 신실한 교회에 내재한 그리스도를 닮고 종의 특징을 지닌 윤리체계 사이의 근본적 차이점 때문에, 시민정부는 기득교윤리에 따라 역할을 할 수 없다는 것을 알게 되었다. 특정한 정치권에 속한 모든 시민이 마침내 신자가 되는 가장 불가능한 상황에서는 하나의 예외가 가능할지도 모르겠다. 하지만, 그런 상황이 벌어졌던 적은 아직 없었다. 대단히 논리적으로, 제자도 윤리는 정치질서가 아니라, 기독교 제자들의 공동체 안에서 발견된다.

결론적으로, 나는 우리가 분석한 윤리적 이원론이 하나님에 의해 창조된 것이 아님을 강조해야 한다. 그것은 하나님께서 도덕적 자유를 부여하신 인간들이 내린 도덕적 선택의 결과다. 하나님의 지시가 아닌, 잘못된 인간적 선택이 정치질서의 확립을 필요하게 만들었다. 역으로, 기독 시민이 직면하는 도덕적 딜레마는 정치질서가 만든 것이다.

조사한 선택 중에서 어떤 것이 가장 훌륭한가? 이런 선택들의 모든 잠재력과 결과들을 이해한다고 주장할 수 있는 사람은 이 세상에 없다. 신약성서와 정치질서에 대한 나의 개인적 이해를 토대로 생각해 볼 때, 내게는 개혁적 아나뱁티즘이 최고의 선택처럼 보인다. 그것이 기독교인들에게 최고의 대안이 되는 이유는, 그것이 기독교윤리에 대한 충성과 기독교적 섬김의 도를 겸비하기 때문이다. 정부가 기독교윤리를 어느 정도 실천할 수 있다면, 그것은 정부에게 최고의 축복이 될 것이다. 기독교윤리는 모든 사람에게 유익을 주는 윤리적 가치를 제시하고, 계몽된 통치자들이 시민적 정의를 증진시킬 때, 신실한 기독교인들의 이상과 헌신을 활용하는 방법을 실천하기 때문이다.

6
하나님은 기독 시민에게 무엇을 요구하는가?

　이 장의 주제는 기독교인이 정치 영역에서 감당해야 할 하나님이 맡긴 역할이 있으며, 우리는 그런 역할을 충실히 실천하는 데 진지한 관심을 기울여야 한다는 것이다. 과거에 모든 기독교인이 그런 이해를 지지해온 것은 아니며, 지금도 모든 기독교인이 지지하는 것도 아니다. 정치적 책임을 기피하는 목소리도 있었다. 예를 들어, 서기 215년, 초기 기독교 신학자인 터툴리안은 다음과 같이 말했다. "기독교인인 우리에게 정치보다 낯선 것도 없다." 일반 시민이 실제로 아무런 권한도 갖지 못하고, 정책 결정자들에게 거의 영향을 끼칠 수 없었던 시대에, 그런 견해는 적절해 보일 수도 있었다. 하지만, 나의 관점에 그런 주장은 부적절하며 성서적으로도 근거가 없어 보인다. 우리가 민주적이고 자유로운 사회에서 살고 있다면, 그런 생각은 두 배로 잘못된 것이다.

　왜 기독교인들이 정치질서를 기회, 영향, 그리고 책임의 공간으로 이해해야 하는가? 왜 비기독교 사회가 자신의 구조와 문제에 신경 쓰게 하고, 우리 기독교인은 세상을 복음화하고 사람들에게 예수를 따르도록 교육하는 성서적 명령에 집중하지 못하는가? 내가 성서를 이해하고, 사회 속에서 우리 상황을 바라볼 때, 기독교인이 정치 문제에 세심한 관심을 기울여야 하는 몇 가지 주된 이유가 있는 것 같다.

1. 정치질서는 교회가 하나님의 인간 피조물들을 섬기는 것과 동시에 기능 하는 또 하나의 질서다. 국가의 기구르서 정부는 기독교회에서 경험되고 선언된 하나님의 주권을 거부하는 사람들을 향한 하나님의 사랑과 섭리의 표현이다.

2. 하나님은 정치질서의 작동을 통해 상당한 선을 성취할 수 있다. 즉, 무정부상태의 방지, 악의 억제, 법과 질서 유지, 그리고 일반적으로 말해, 그 위대한 사명의 수행을 촉진하는 상황의 유지 등.

3. 교회와 국가는 많은 관심과 목표을 공유한다. 이 현실은 현재 국가가 수행하는 많은 긍정적 봉사들이 먼저 교회에 의해 시작된 것임을 고려할 때, 별로 놀랄 일도 아니다. 정말, 많은 일이 여전히 신실한 교회에 의해 수행되고 있다.

4. 비록 우리가 그것을 잘 알지 못할지라도, 우리 대부분은 우리가 아는 것보다 훨씬 더 많이 정치 영역에 관여하고 있다. 정치 영역은 우리의 사회적 환경 중에서 대단히 중요한 부분을 차지하고 있다. 분리와 무관심은 더는 적절한 선택이 아니다. 사실, 우리는 결코 그렇게 살 수 없다.

5. 정부는 거대하며 계속 성장하는 중이다. 정부의 촉수는 교회와 기

독교인들의 개인적 삶에 거대한 방식으로 영향을 끼치고 있다. 이런 정치권력과 법률의 확장에 긍정적인 측면이 많지만, 부정적인 영향도 많다. 더욱이, 대부분 국가에서, 정부는 기독교인의 삶의 방식과 대립하는 주장과 요구들을 하고 있다. 예를 들어, 캐나다와 미국을 포함한 여러 서양국가에서, 동성애자 결혼 승인 및 예전에는 교회와 국가 모두 반대했던 관행들이 그런 요구에 포함되어 있다. 이런 주장들에 도전하고 대응할 필요가 있다.

6. 기독교인의 삶의 어떤 부분도 그리스도의 영역 밖에 있지 않다. 그리스도는 또한 정치질서의 주님이시다. 이것이 의미하는 바를 정확히 이해하는 것이 모든 기독교인에게 지속적인 도전이다.

7. 우리는 세상에 속하지 않지만, 요15:19 분명히 세상 속에 있다. 하나님은 자신의 지혜로 우리를 선택하여 이 땅에서 당신의 대표자요 메신저가 되게 했다. 그렇다면, 우리는 하나님이 우리를 위치시킨 사회적 환경에 대해 무지해서는 안 되지 않겠는가? "잃어버린 자"에 대한 그분의 깊은 관심을 큰 소리로 선포하면서, 정치를 포함하여 세상에서 벌어지는 일에 대해 철저히 무지한 사람을 나에게 보이라. 그러면 나도 당신에게 신용 없는 사람을 보여주겠다. 일반적인 인간관계에서처럼, 정치 영역에서도, 우리는 정말 관심 있는 영역에서, 관심의 대상에 대해 알고 싶어한다. 사실, 하나님이 세상을 심지어 타락한 상태에서도 사랑하셨다는 사실을 고려할 때 요3:16 참조, 하나님을 섬기고 그의 윤리적 가치에 충실하길 원하는 사람들은 또한 그 세상을 사랑해야 하지 않을까? 그리고 우리가 알고 있듯이, 사랑은 우리가 사랑하는 대상에 대해 알고 싶은 요구를

불러일으킨다.

그렇다면, 하나님은 정치의 영향하에 있는 세상에서 기독 시민에게 무엇을 요구하는가? 나의 주장처럼, 최소한 10개의 특별한 요구 사항들이 있다.

1. **우리는 국가와 정부의 합법성을 긍정하고 그것에 복종해야 한다.** 먼저, 베드로후서 2장 13~15절은 우리에게 명예와 존경을 보이도록 교훈한다. 우리는 기독교인이 반정부적이고 무정부상태의 경향이 있다고 주장하는 "어리석은 사람들의 무지한 말"을 "주님을 위해" 반박해야 한다. 비록 기독교인이 정당한 이유로 정부의 특정한 정책과 행동에 반대할 수가 있고, 일부 정치인들의 파면을 위해 움직여야 할 때가 있으며, 심지어 어떤 정치체제나 이념을 다른 것으로 대체하는 일을 후원하기도 하지만, 우리는 결코 정부의 필요성 및 타당성을 거부하지 않는다. 신실한 기독교인은 무정부상태를 지지하거나 인정하지 않는다.

2. **우리는 법을 준수하는 시민이 되어야 한다.** 기독 시민은 정직하고, 신용 있고, 의지할만하며, 법을 준수하는 사람으로 인식되어야 한다. 심지어 우리가 법과 정치의 변화를 위해 노력할 때에도, 우리는 할 수 있는 한 법에 복종하려 한다. 물론 예외는 있다. 정치권력이 자신의 범위를 초월하여, 우리의 일차적 헌신의 대상인 하나님께 우리가 복종하는 것을 방해할 때, 1세기 사도들처럼, 우리는 통치자들에게 불복종해야 한다행4:13~21, 5:23~29. 이런 일이 벌어질 때, 우리는 그 결과를 겸허히 받아들여야 한다. 그것은 마틴 루터

킹 2세Martin Luther King Jr.와 수많은 다른 사람들이 걸어간 길이다.

3. **우리는 정보를 얻어야 한다.** 마태복음 16장 3절에서, 예수는 바리새인들이 "시대의 징조를 읽지 못했을 때," 그들을 꾸짖었다는 이야기가 나온다. 분명히 예수는 우리 사회에 무슨 일이 벌어지고 있는지를 아는 것이 중요하다고 생각했다. 삶의 다른 차원처럼, 정치 문제에 대해, 우리는 "시대의 징조를 읽기" 위해 노력해야 한다. 하나님은 우리가 이 땅에서 그의 모든 기관에 관심 갖기를 원한다.

우리는 자신의 공동체나 세계에서 벌어지는 일에 대해 관심을 가질 의무가 없다고 생각하는 기독교인을 쉽게 만날 수 있다. 그런 태도는 나를 당황하게 한다. 우리가 이웃에 대해 무지한 상태로 남아 있다면, 우리가 그들에게 무슨 일이 벌어지고 있으며, 또 그들이 무슨 일을 벌이고 있는지 관심을 갖지 않는다면, 이웃에게 선을 행해야 한다는 예수의 가르침을 우리가 어떻게 이해하고 실천할 수 있을까?

4. **우리는 정부의 가장 예민하고 유용한 비평가가 되어야 한다.** 이런 지침은 상세한 설명을 요구한다. 정확히, 우리가 그리스도의 높은 윤리를 따르기 때문에, 우리는 우리 자신을 포함한 모든 비기독교적 행동을 평가하고 다루기 위한 근거와 잣대를 지닌다. 따라서, 우리가 좋아하지 않는 법에 복종할 때에도, 혹은 하나님을 불쾌하게 하는 행동을 요구하는 법에 불복종할 때에도, 우리는 통치자들에게 정책을 향상시키도록 요구해야 한다. 인종차별주의, 이민법 내의 편견, 관료주의나 선출된 입법자들의 부패, 국외원조의 남용, 군사주의, 환경파괴, 절차적 혹은 사법적 불의 같은 절박한 이슈에

대해 말이다.

우리가 책임 있는 기독교 비평가가 되길 원한다면, 우리가 반대하는 이슈들이 정부에만 유리하고, 특히 우리에게 특혜를 주는 것이라면, 정부는 좋은 인상을 주지 못할 것이다. 만약 우리가 오직 우리의 주장만을 고집하고, 다른 사람들의 절박한 필요를 무시한다면, 우리가 이기적인 집단과 무엇이 다를까? 만약 우리가 우리 자신의 이익만 추구한다면, 우리의 신뢰도는 추락할 것이다. 다른 모든 그룹도 마찬가지다. 그래서 그들은 자신들의 이익만 쫓아다닌다. 만약 우리 기독교인이 그 이상의 아무것도 하지 않는다면, 도대체 우리와 그들 간의 차이점이 무엇인가?

모든 사람과 제도에 정의, 공의, 진리, 인도주의, 인권 증진, 그리고 평화 추구라는 거룩한 원리에 따라 살도록 요구하는 성서적 명령에 따라, 우리는 모든 사람과 정부에게 하나님의 기준이 변하지 않았음을 담대히 상기시켜 준다. 우리가 하나님의 기준에 일치하는 삶을 살려고 노력하는 중에도, 다른 이들에게 이런 진리를 일깨워준다. 기독교인은 나쁜 정책과 관행을 더는 정당화하지 말아야 한다. 우리가 악에 저항한다면, 예수의 모범을 따르는 것이다.

특정한 나라가 자신을 하나님의 특별한 사랑의 대상으로, 심지어 새 이스라엘로 생각하려 할 때, 특별히 어려운 문제가 발생한다. 구약성서시대에, 하나님께서 한 나라를 사용해서 다른 나라의 잘못을 처벌하신 것처럼, 오늘날 어떤 정부나 나라가 자신을 하나님의 대행자로 묘사하는 것은 부적절하다. 그런 선택이나 결정은 엄밀하게 말해 하나님의 특권이다. 우리 시대에, 소위 기독교-미국주의는 일부 미국 기독교인들에게 심각한 유혹이었다. 예전에, 유사한 분파적 주장이 러시아, 영국, 스페인, 독일, 그리고 다른 나

라에서 지지를 얻었다.1)

더욱이, 어느 국가의 정부가 하나님을 현대적 마스코트, 후견인, 혹은 동맹자로 주장할 때, 비슷한 문제가 발생한다. 이런 일이 빈번하게 일어나고 있다. 그런 주장을 할 때, 통치자들은 하나님께서 자신을 그런 식으로 묘사하시지 않는다는 사실을 간과한다. 그분은 특정 부족의 신이 아니다. 하나님은 분명하고 단호하게 자신을 왕 중의 왕이요, 주 중의 주라고 서술한다. 그분은 모든 사람과 권세를 심판할 것이다. 그분은 특정 국가나 정부의 담당 목사chaplain가 아니다.

비슷하게, 어떤 정부가 외교정책을 포함한 자신의 정책이 특별히 정의롭고, 자신은 어둠의 세력에 대항하는 빛의 세력이라고 주장할 때, 기독교 비평가들은 목소리를 높여야 한다. 그들은 그 정부에게 이 땅에 존재하는 모든 정부가 좀처럼 이타적이지 않으며, 자신의 이익증진을 위해 존재한다는 사실을 상기시켜주어야 한다. 더욱이, 모든 정부는 어느 정도 자신의 정치적 관점, 공공정책, 그리고 역사적 기록 속에 어두운 면을 지니고 있다.

이제 기독교적 비판의 개인적 예를 들어보겠다. 몇 년 전 출판된 논문에서, 나는 캐나다 정부가 "죽음의 장사꾼"으로 기능 하려는 계획에 대해 맹렬히 비판한 적이 있다. 내가 그런 명칭을 붙인 이유는, 당시 캐나다 정부가 아프리카 및 다른 지역의 개발도상국에서 캐나다산 담배 판매를 담당하던 담배 마케팅부의 수익극대화를 돕는 최선의 방법을 고려하고 있었기 때문이었다. 나는 정부가 "구멍가게에서 독약을 팔고 있다"고 말했다. 여러 주요 신문사들이 내 논문을 보도하고 인용했다. 캐나다의 가장 큰 신문사인 『토론토 스타』The Toronto Star는 최근 기사에 다음 내용을 포함했다. "정부가 외국에서 담배 소비를 증진시키는 것은 캐나다인들이 제3세계의 유색인들을 착취하는 것이므로, 비기독교적이며 인종차별의 냄새가 난다고 레데콥이 말했다."2)

나는 전국적으로 보도된 나의 반대가 얼마나 의미 있었는지 잘 모른다. 하지만, 신문들이 내 입장과 기독교인들 및 다른 캐나다인들 사이에서 점증하는 반대를 보도하고 나서, 캐나다 정부는 그 계획의 추진을 포기했다. 당시에 내가 캐나다 메노나이트형제교회 연합회 의장이요 캐나다 복음주의협의회 부회장이었다는 사실이 내 반대에 무게를 실어주었다. 만약 하나님께서 우리에게 선한 영향력을 끼칠 수 있는 자리를 주신다면, 우리는 그런 기회를 정말 선한 일을 위해 사용할 책임이 있다.

우리가 통치자들에게 기독교적 견해를 표현할 중요한 기회를 항상 똑같이 얻는 것은 아니다. 우리가 항상 언론의 관심을 획득할 수 있는 것도 아니다. 하지만, 우리는 모두 그런 기회를 얻은 사람을 후원할 수 있으며, 정치 영역에서 더 많은 정의가 행해지도록 기도할 뿐 아니라, 바로 그 사람을 위해 기도할 수도 있다. 우리 대부분은 편지를 쓰고, 청원서에 서명하고, 권력자에게 전화를 걸거나, 그들에게 우리 생각을 표현할 수도 있다. 우리 중 많은 이들이 이메일이란 새롭고 편리한 수단을 통해, 이런 작업을 신속히 처리할 수 있다.

예민한 비평가로서 우리 역할에 대해 한 가지 더 말하겠다. 우리가 정말 효과적이 되고, 정부관리들이 우리를 좀 더 진지하게 취급하길 원하고 우리가 정말 비판해야 할 때 신뢰와 권위 속에 그렇게 할 수 있으려면, 우리가 먼저 그들의 권위를 인정해야 한다.

5. 우리는 감사해야 한다. 우리는 정부에 대해 감사하는 마음을 가져야 한다고 배웠다. 하나님께서 모든 백성의 유익을 위해 정부를 세우셨다. 성서는 이 점을 강조한다. 딤전2:1-3 참조 가능하다면, 우리는 이 시대의 통치자들에 대해 하나님께 감사해야 한다. 결국, 그들은 모든 체제가 작동하도록 수고하는 사람들이다. 통치자들이 포악하고 사악한 상황에서, 상황이 현재보다 더 악화하지 않은 것에 대해 감사할 수 있을 것이다. 그 상황에서도 우리가 감사할 수 있는 특별한 정책들이 있을 수도 있다.

6. 우리는 충실하게 세금을 내야 한다. 일부 기독교인은 그런 입장을 지지하지 않는다. 기독교인들, 특히 우리 가운데 역사적인 평화교회에 속한 사람들은 잘못된 명분을 위해 사용되는 세금, 특히 국가의 군사적 목적을 위해 사용되는 세금은 거부해야 한다고 주장한다. 나는 이런 견해를 지지하는 많은 논문을 확보하고 있다. 매우 경건한 몇몇 사람들도 그런 견해를 지지한다. 나는 그들을 존경한다. 그들은 매우 중요한 논쟁에 공헌하고 있다.

비록 내가 그런 사람들의 동기와 목표에 대체로 동의하지만, 그들의 방법에는 동의할 수 없다. 먼저, 내가 낸 세금 중 어떤 부분이 어떤 목적을 위해 사용되었는지 정확히 파악하는 것은 현실적으로 불가능하다. 또한, 내가 낸 세금의 어떤 부분이 옛 전쟁에 의해 파생된 부채에 대한 이자와 원금을 지급하기 위해 사용되었는지를 계산해야 하는가? 그런 계산에 참전용사들과 그들의 배우자에게 지급되는 연금도 포함되어야 하는가? 하나의 상징으로서, 납세 거부는 하나의 성명을 발표하는 것이다. 내가 볼 때, 그것은 많은 문제를 일으킨다.

둘째, 법과 질서를 유지하고 자연재해의 상황에 대처하려면 그런 자원이 필요할 때, 정부는 결코 군사력을 보유해서는 안 된다고 우리가 진지하게 주장할 수 있을까? 사실, 정부가 어떤 군사력도 소유해서는 안 된다고 사람들이 주장한다면, 그들은 정말 정부가 정부이기를 그만두어야 한다고 말하는 것과 같다. 그것이 정말 기독교인이 지지해야 하는 견해인가? 정의定義상, 정부는 자신의 법을 강제할 능력이 있어야 한다. 정부는 자신의 시민을 보호할 힘을 갖고 있어야 한다. 그것이 바로 정부가 "공연히 칼을 가지지 아니하였다"롬13:4라고 바울이 말했을 때 의미한 바이다. 정말 솔직하게, 한 국가의 정부가 어떤 군사적 힘도 갖지 말아야 한다고 주장하는 것은 무정부상태를 주장하는 것과 마찬가지다.

셋째, 나는 그런 입장에 대한 어떤 성서적 근거도 찾을 수 없다. 정반대로, 예수는 세금 납부의 적합성을 지지했던 것 같다. 즉, 성전세는 종교적이며 정치적인 지급이었다.마17:24~27 참조 하지만, 예수는 정규 정치세금에 대해서도 말씀하셨다. 어느 날 헤롯당 사람들이 그에게 물었다. "가이사에게 세금을 내는 것이 옳습니까?" 예수의 분명한 답변은 "가이사의 것은 가이사에게, 하나님의 것은 하나님에게 주라"는 것이었다.마22:17, 21 나는 여기서 심각하게 논쟁할 여유가 많지 않다. 그 훈계는 명백하며, 예수가 식민지적 상황에서 자신과 그의 가르침을 억압했던 억압적 독재 치하에서 살았다는 것은 특히 분명하다. 로마서 3장 6~7절에서, 바울은 많은 정치권력이 그에게 부과했던 가혹한 처벌에도 불구하고, 역시 강력하게 세금 납부를 지지한다. "너희가 조세를 바치는 것도 이로 말미암음이라"라고 썼을 때, 그는 매우 중요한 발언을 한 것이다. 세금 납부는 당연한 것으로 생각되었다. 그 이슈는 논쟁의 여지가 없다.

요약하면, 나 자신이 미 대법원 판사인 올리버 웬델 홈스Oliver Wendel Holmes의 관찰에 동의한다. 즉, "세금은 문명의 대가다." 예수가 납세를 가르치고 실천했을 때, 그는 이런 견해에 동의하고 있었던 것이 아닐까?

7. **우리는 좋은 정책을 지지해야 한다.** 정부는 우리가 도덕적으로 건전한 정책들을 지지하길 기대할 것이다. 나는 하나님께서도 우리에게 그런 기대를 하신다고 생각한다. 결국, 하나님은 모든 악한 것에 반대하고, 모든 선한 것과 일치하신다. 우리도 그렇게 해야 한다. 개인적으로 쓴 편지 한 통, 전화 한 통, 혹은 다른 통신수단도 대단한 효과를 발휘할 수 있다. 시민 대부분이 지지보다는 비판을 제기하는 경향이 강하기 때문에, 참되고 옳고 선한 것에 대해 지지하는 우리의 기독교적 표현은 가장 환영을 받고, 영향을 끼칠 것이다.

몇 년 전, 나는 MCCMennonite Central Committee 캐나다 대표단의 일원이었는데, 이 대표단은 캐나다의 인디언 문제담당 장관과 오타와에서 면담을 요청했다. 우리는 잠시 그의 사무실을 방문할 수 있었다. 우리가 도착했을 때, 그는 너무 바빠서, 우리와 15분 정도밖에 대화를 나눌 수 없었다. 그는 우리가 무엇을 원하는지 물었다. 우리는 그와 정부가 아메리카 원주민들에 대해 보다 계몽된 정책을 추진하겠다는 분명한 의도를 갖고 움직이라고, 우리는 특별히 제안할 것이 있다고, 그리고 우리가 도울 수 있는 일을 하겠다고 대답했다. 그는 깜짝 놀랐다. 그는 우리가 우리 자신을 위해 특혜나 특별한 정책을 요구할 것인지 물었다. 우리는 그렇지 않다고 말했다. 그러고 나서, 그날 저녁에 우리는 그와 함께 많은 시간을 보냈다.

8. **우리는 통치자들을 위해 기도해야 한다.** 많은 성서구절은 우리가 통치자들을 위해 기도해야 한다고 주장한다. 디모데전서 2장 1~2절은 그 점을 강조한다. 시편 122편 6절은 사람들에게 예루살렘의 평화를 위해 기도하도록 요구한다. 스가랴6장 10절은 청중들에게 "왕과 왕자들의 안녕을 위해 기도하라"고 교훈한다. 그런 가르침은 현명한 군주 아래서 살 때만 적용될 수 있다고 주장하지 못하도록, 예수는 이렇게 말씀하신다. "너희를 핍박하는 자를 위해 기도하고"마5:44, "너희를 모욕하는 자를 위해 기도하라."눅6:28

9. **우리는 정치과정에 기꺼이 참여해야 한다.** 물론, 나는 선거에서 투표할 수 있는 민주적 권리에는 투표하지 않을 권리도 포함된다는 사실에 동의한다. 하지만, 우리가 통치자의 선택 및 정책 형성에 영향을 끼칠 중요한 기회를 활용할 때, 하나님도 기뻐하실 것이라고 나는 정말 믿는다. 하나님이 세우신 정치체제의 존재를 지지할 때, 좀 더 중요한 이슈는 우리가 더 제대로 참여할 것이냐 하는 것이다. 나는 정말 확신한다. 만약 우리가 기꺼이 그렇게 하려 한다면, 그런 기회들이 최소한 우리 중 일부에게 올 것이라고 말이다.

10. **기독 시민으로서, 우리는 통치자들에게 그들이 하나님에게 책임을 져야 한다는 점을 상기시켜 주어야 한다.** 우리 통치자들은 개인뿐만 아니라 정부의 자격으로, 자신들이 궁극적으로 주권자 하나님께 책임을 져야 한다는 사실을 인식할 필요가 있다. 그들은 언젠가 자신들이 개인적 삶을 어떻게 살았으며, 하나님이 자신들에게

위임한 권력과 권위를 어떻게 사용했는지를, 그분께 답변하게 될 것이다. 수상 중의 수상이요, 왕 중의 왕이며, 대통령 중의 대통령이 계신다. 그가 그들을 불러 답하게 할 것이다.

예수께서 빌라도에게 "위에서 주지 아니하셨더라면 나를 해할 권한이 없었으리니"요19:11라고 말씀하셨을 때, 하나님의 주권에 대한 핵심을 말했다. 분명히 빌라도는 그 점에 대해 논쟁하지 않았고, 그 후에 행한 그의 행동으로 판단해 볼 때, 예수의 말에 동의한 것처럼 보인다.

통치자들에게 전능하신 하나님과 그들의 개인적 관계에 대해 증거하는 사명을 보다 인격적으로 수행하는 문제와 관련해서, 바울은 우리를 위해 강력한 예를 남겼다. 죄수의 몸이요, 사회적 신분이 미천한 상태에 있었지만, 바울은 용감하게 복음을 아그립바 왕에게 제시했다. 그의 간증은 대단히 효과적이었음이 틀림없다. 왜냐하면, 아그립바 왕 스스로 자신이 기독교인이 되도록 거의 설득되었다는 식으로 말했기 때문이다. 행26:25~32 참조

사도 바울은 충실하게 기독교 진리와 주장을 당대의 정치권력자들에게 제시했다. 그는 기회가 있을 때마다 정치 문제에 관여했다. 그것은 또한 하나님이 우리에게 요구하는 바다. 물론, 모든 사람이 똑같이 참여할 필요는 없다. 우리는 다양한 능력과 소명이 있다. 하지만, 우리는 모두 지식을 갖추고 감사하며 하나님과 타인에 대한 사랑으로 동기 부여되고, 또 타락한 세상을 위해 우리가 할 수 있는 일을 기꺼이 해야 한다. 우리 상황이 허용하는 방식에 충실하고, 기회를 주는 정도에 따라 참여하자. 그런 헌신과 행동이 충실한 기독교 제자도와 순종적인 기독교적 섬김의 일부다.

7
기독교인과 정치참여, 왜? 언제? 어떻게?

우리가 이 주제를 다룰 때, 세 가지의 일반적 가정이 우리 길을 인도한다. 첫째, 기독교인이 된다는 것은 두 가지 중요한 문제를 포함한다. 즉, 예수가 제공하는 구원을 수용하고, 순종적 제자도의 삶을 사는 것이다. 우리는 그것 중 어떤 것도 잊어선 안 된다. 우리는 후자 때문에, 우리가 예상하거나 상상한 적도 없는 증언 및 사역의 장으로 진입한다는 사실을 잊지 말아야 한다.

둘째, 예수의 제자들은 하나님의 주권이 모든 백성과 인간 조직 및 구조에까지 미친다고 선포하도록 부름 받았다. 하나님의 긍휼은 지구 전체를 포함한다. 모든 것이 하나님께 속한다. 지리나 사람이란 측면에서, 예외 없이, "전 세계"막16:15가 포함된다. 어떤 사람이나 사회구조도 하나님의 관심과 심판을 피할 수 없다.

셋째, 앞의 두 가지 가정에서 볼 때, 기독교인은 정치를 포함한 인간의 모든 활동 영역에서, 기독교적 관심을 표명해야 할 의무를 지닌다. 우리의 수가 적다고 낙심하지 말자. 경건한 작가 셀윈 휴즈Selwyn Hughes가 관찰한 것처럼, "이 세상의 소돔을 구원하는 것은 의인 열명이다."

여기에서, 몇 가지 다른 개인적 가정도 언급하는 것이 좋겠다. 다른 곳에서 설명했듯이, 나는 교회와 정치질서에 대한 두 왕국 이론을 받아들인다. 교회도 훌륭한 왕국의 하나다. 역사를 살펴볼 때, 하나님은 "자신의 백성"을 부르셨는데, 먼저는 "이스라엘의 자녀를, 다음에는 예수 그리스도의 교회를" 불렀다. 하지만, 그는 자신의 주권을 인정하지 않는 인간 피조물을 위해 정치질서를 차선의 제도로 설립했다. 기독교인은 이 두 영역 모두에서, 하지만 각자 다른 방식으로 기능한다. 하나님 나라에 뿌리를 두고, 그들은 교회의 주장, 가치, 도전에 일차적 충성과 관심을 바친다. 하지만, 그들은 이 땅의 왕국도 진지하게 취급한다. 두 왕국 이론을 받아들임으로써, 우리는 정치 영역을 기독교 사역의 대상이자, 기독교적 섬김의 도구로 간주해야 한다는 사실을 이해하게 된다.

더욱이, 전통적으로 비기독교적인 사회가 민주적인 경우, 정치 영역에서 올바른 정보와 합리적 결정을 통해 상당히 향상될 수 있다는 견해에 나는 전적으로 동의한다. 이것은 광대한 역사적 자료에 의해 지지가 되고 있다. 특히, 나는 기독교적 영향에 의해, 그 사회가 더욱 정의롭고 인도주의적이 될 수 있다고 믿는다. 물론, 다른 세계관과 종교에 근거한 계몽된 공헌도 사회에 긍정적으로 영향을 끼칠 수 있다. 결국, 모든 좋은 생각이 꼭 유대-기독교 세계관에서만 나오는 것은 아니다. 정부는 다른 신앙과 철학에 기초한 인도주의적 사상에서도 유익을 얻을 수 있다. 정부는 다양한 목적을 위해, 계몽된 법률을 집행할 수 있다.

윤리적으로 말해서, 이 세상의 비기독교 국가 중에는 일종의 회색지대가 존재한다는 점을 지적하는 것이 중요하다. 토니 블레어Tony

Blair가 이끄는 영국 정부가 김일성이 이끄는 북한 정부와 동일 선상에서 취급될 수는 없다. 또한, 넬슨 만델라가 통치하는 남아프리카공화국의 윤리적 기준은 이디 아민이 다스리던 시절 우간다의 것보다 훨씬 더 낫다. 국가들 내의 상황도 지속적으로 변하고 있다. 예를 들어, 미국과 다른 많은 서양 국가들 내에서, 최근의 인종정책들은 예전에 이들 나라에서 발견된 노예제도와 비교할 때, 근본적인 발전을 가져왔다. 그리고 현대 러시아의 삶은 스탈린 치하의 삶보다 훨씬 낫다. 비슷한 예들은 얼마든지 있다.

이런 현실은 비록 사회가 비기독교적 윤리수준에서 기능 하고, 정부가 비기독교적 방식으로 법률을 집행하며 일상적 업무를 수행해도, 발전할 수 있다는 사실을 강력하게 일깨워준다. 향상의 동력은 다양한 원천에서 기원하지만, 기독교도 윌리엄 윌버포스William Wiberforce와 마틴 루터 킹 2세에 의해 성취된 것처럼, 개혁의 주요 원천이었다.

역사적 증거에도 불구하고, 많은 기독교인이 정치활동에 별로 가치를 두지 않고, 정치 영역에서 꽁무니를 빼는 경향이 있다. 그런 사실이 나를 당혹스럽게 만든다. 왜냐하면, 우리는 경건한 사람이 정치 영역에서 물러날 때, 가치가 떨어지는 견해를 소유한 사람이 더 강력한 영향을 끼칠 것이란 점을 잘 알고 있기 때문이다. 정부의 범주와 영향이 계속 확장됨에 따라, 정치 영역에서 그렇게 물러나는 행위는 훨씬 심각한 결과를 가져올 것이다. 정치적으로 무감각한 기독교인은 칼 헨리Carl F. H. Henry의 도전에 귀 기울일 필요가 있다. 헨리는 기독교인에게 "어둠의 침략을 격퇴해야 한다"라고 촉구했던 것이다. 이런 침략 중에는 정부의 규제와 법률도 포함된다.

기독교인의 후퇴와 무관심은 여러 곳에서 발견된다. 많은 기독교인이 정치적 견해나 비판을 단 한마디도 표명하지 않고, 어떤 기관을 통해 시민에게 정보를 제공하는 일도 하지 않는다. 수십 년 동안, 그들은 편지 한 통 쓴 적이 없다. (캐나다에서 MP국회의원-편집자주에게 편지를 쓸 경우, 우표도 붙일 필요가 없다) 때때로, 그런 사람들이 돌아서서, 정치가와 공무원들이 기독교적 품위를 상실했다고 강력히 비판한다. 하지만, 그런 기독교인들 자신이 욕을 먹어야 한다. 그들은 공의, 정의, 품위, 인권을 지지하고 증진시켜야 하는 자신들의 책임을 온전히 수행했던가? 우리는 그렇게 했는가?

물론, 정치참여는 이런저런 이유로 위험할 수 있고, 실망을 안겨줄 수도 있다. 성서적 교훈이나 정치 문제에 대한 우리의 이해가 부적절할 수도 있다. 정치체제에 대한 우리의 지식이 잘못될 수도 있다. 우리의 방법이 적합하지 않을 수도 있다. 기독교적 관심에 대한 우리의 표현이 거부될 수도 있다. 비기독교인들이나 동료 기독교인들이 우리의 동기를 오해할 수도 있다. 이런 것들이 우리가 이런 영역에서 충실하고자 할 때 직면할 수 있는 몇 가지 위험들이다. 하지만, 우리가 온 힘을 다한다면, 하나님께서 자신의 영광을 위해, 정치 영역의 향상을 위해, 그리고 하나님 나라의 건설을 위해, 우리의 노력을 사용하실 것이라고 나는 확신한다.

다른 활동의 경우처럼, 정치 문제에서도 우리는 우리가 모두 똑같은 은사를 가진 것이 아니란 점을 기억해야 한다. 우리가 모두 똑같은 과업에 부름 받은 것도 아니다. 우리가 모두 정치활동에 전력으로 참여하라는 부름을 받거나 그런 재능을 가진 것도 아니다. 아마도 소수 기독교인만이 정치 영역에서 적극적으로 활동하도록 부름 받았을 것이다. 다른 사람은 훨씬 더 적은 양의 일을 하고, 오직 주변적으로만 참여하도록 부름 받았을 것이다. 어떤 이들은 다른 사람을 격려하는 일을 할 수 있을 것이다. 모두가 편지 정도는 쓸 수 있을 것이다. 어떤 이들, 아마도 많은 이들이 중보기도의 소명을 받았을 수도 있다. 한 몸, 즉 예수 그리스도의 교회의 다른 지체로서, 우리는 우리의 다양한 역할을 통해 서로 보완하고 후원할 수 있다.

정치활동을 평가할 때, 몇 가지 추가적인 윤리적 진리가 우리에게 필요하다. 우리는 도덕적 무관심이 파괴적 결과를 가져올 수 있다는 사실을 잊지 말아야 한다. 만약 우리가 선을 행하거나 우리 시대의 악에 도전할 이유가 없다고 말한다면, 그것은 자기 중심주의와 무지가 예수께서 모범을 보이고 가르치신 도덕적 명령에 대해 우리 눈을 가리게 하는 것이다. 예수는 악을 대면할 때마다, 주저하지 않고 맞섰다. 우리도 그렇게 해야 한다!

더욱이, 우리의 이웃에 대해 순수하게 개인주의적인 사랑만으로는 우리 시대에 충분하지 않다. 아마도 그런 적은 결코 없을 것이다. 신실한 기독교인이 사회적 악, 집단적 악, 그리고 악의 하수인들을 다루어야 할 때가 있다. 최소한 두 가지 이유에서 우리는 그렇게 해야 한다. 첫째, 우리는 특히 민주주의사회에서 우리 정부가 하는 일에 대해 부분적으로 책임이 있다. 그래서 우리가 시민이며, 입법자들을 선출하고 그들에게 영향을 끼칠 기회를 얻는 것이다. 둘째, 우리가 정치 영역에서 정보를 소유하고 선을 행할 기회를 얻었으나, 그렇게 하는 데 게으름을 피운다면, 우리는 성서가 강력하게 경고한 태만의 죄를 범하는 것이다. 약4:17 참조

다른 윤리적 주장은, 비록 기독교가 최소한 기독교적 관점에서 구원에 대한 독점권을 가지고 있지만, 기독교가 긍휼에 대한 독점권까지 가진 것은 아니라는 것이다. 우리가 의식적으로 그 사실을 인정한다면, 우리는 문제를 다루고, 사람들을 돕고, 우리 사회, 우리나라, 그리고 국외의 상황을 개선하려는 우리의 소망을 공유하는 비기독교인

들과 더불어 사역할 준비가 훨씬 더 잘될 것이다.

기억해야 할 또 하나의 중요한 윤리적 진실은 이것이다. 즉, 기회+능력=책임. 이 작은 방정식은 내가 어려운 상황에 부닥쳤을 때마다 나의 관심이나 참여를 끌어냈던, 탁월한 기억장치였다. 우리는 어떤 사회 혹은 정치 문제를 외면하고, 그냥 다른 문제, 아마도 개인적 관심사나 교회의 중요한 사역으로 넘어가라는 유혹을 받을 수 있다. 우리는 다른 길로 지나갈 수도 있다. 선한 사마리아인의 비유에 나오는 다른 사람들처럼 말이다. 눅10:25-37 참조 하지만, 우리가 진정한 필요를 본다면, 그리고 우리가 뭔가 긍정적인 일을 할 수 있는 위치에 있다면, 하나님은 우리가 그렇게 하길 기대하신다. 기독교인들은 위임의 죄sins of commission를 중시한다. 그러므로 이제 우리는 태만의 죄sins of omission에 대해 보다 진지한 관심을 기울여야 할 것이다.

왜 기독교인들이 정치에 참여해야 하는가?

예수와 그의 제자들이 정치 영역에 관여하지 않았기 때문에, 오늘날 우리도 그래서는 안 된다고 주장하는 목소리가 자주 들려 왔다. 세 가지 반응이 중요하다. 첫째, 예수에게는 독특한 사명이 있었다. 그는 그 거룩한 사명에 집중했다. 하지만, 우리에겐 예수의 그 사명이 없다. 우리는 교회의 창설자가 아니다. 단지 우리는 예수를 따르는 자들일 뿐이다. 둘째, 삶의 많은 영역에서, 예수와 제자들은 실제로 우리의 모델이 될 만한 행동을 보여주지 못했다. 예를 들어, 예수는 결코 인간적인 아버지나 할아버지가 된 적이 없다. 그는 남편도 아니었고 사업가도 아니었다. 그는 곱게 늙은 기독교인이 되는 방법에 대한 모범도 보여준 적이 없다. 예수가 우리에게 남긴 것은 일반적인 윤리적 가치와 우리가 처한 상황에서 그런 가치를 적용하려고 할 때 성령의 인도 하심에 따라 우리를 도우려는 마음이다. 삶의 많은 영역에서, 진정한 도전은 그가 땅에서 보여준 모범을 맹목적으로 따르기보다는 예수의 가르침을 적용하는 것이라고 나는 제안하는 바다. 우리의 사명은 이 부족한 세상에서 소금과 빛이 되는 것이다.

셋째, 오늘날 대부분 국가에서, 특히 민주극가에서 정치적 상황이 예수 시절의 팔레스타인과 매우 다르다. 1세기에 팔레스타인은 가혹한 독재정치하에 있었던 식민지였다. 공식정부는 멀리 떨어져 있고, 제국이었으며, 무자비했다. 지방의 권력자들은 기본적으로 로마에서 명령을 받았다. 시민이 참여할 기회는 거의 없었다. 오늘날, 대부분 국가에서, 기독교인은 발언하고, 정치 영역에서 변화를 유도할 많은 기회를 얻고 있다. 기회가 많을수록 책임도 커진다.

정치참여에 대한 찬성과 반대를 살펴볼 때, 몇 가지 다른 현실도 주목해야 한다. 특히, 서양세계에서, 정부가 국민에게 가장 큰 영향을 끼치는 기관으로서 교회를 대체했다. 그 사실 때문에, 오늘날 정치의식과 참여가 대단히 중요해졌다. 현재 많은 정부가 근대국가가 발생하기 전의 중세교회를 떠올릴 만한 방식으로 강력하게 기능 하고 있다. 그들의 광대한 법률, 재산, 사회원조 프로그램, 그리고 경제에 대한 거의 전적인 통제가 매일 우리에게 영향을 끼친다. 만약 오늘날 다른 세계에서, 사람들에게 정말 중요한 것을 다루고 싶다면, 우리는 정치 영역을 무시할 수 없다. 이것은 많은 개발도상국에서도 사실이다. 이런 나라들에서는 정부가 점점 더 막강한 실재로 기능 하는 것처럼 보인다.

위에서 다룬 것처럼, 정부의 활동이 강력해진 것은 정부의 본성 중 많은 부분이 변했기 때문이다. 더는 정부가 도로를 보존하고, 방어력을 증강하고, 우편제도를 운용하고, 국위를 선양하는 것에 집착하지 않는다. 대부분 정부는 건강, 복지, 보험, 긴급구호, 질병통제, 위생, 병원서비스, 고아들의 취업, 장애인 복지, 에이즈 통제, 환경보호, 아동교육, 고등교육, 전문기술훈련, 빈민과 노인지원, 연금제도, 안전유지, 생산과 판매의 품질기준, 아동노동, 그리고 다른 많은 영역에서 주요 활동을 수행하고 있다.

여러 국가에서 이런 정부의 변화된 본성은 (많은 부서와 기관을 포함하여) 정부에 관여하는 것이 선을 행하고, 사적 영역에서 기독교인들이 행하는 것과 널리 중첩되는 업무들을 도울 훌륭한 기회들을 제공한다는 뜻이다. 이런 중첩은 우리를 놀라게 하지 않는다. 왜냐하면, 기독교인이 이런 긍정적인 정부 활동의 많은 것을 제일 먼저 개척했기 때문이다!

비록 특정한 국가에서는 정부가 이런 모든 문제를 다룰 수 있는 재원을 갖고 있지 못하지만, 민감한 기독교인들이 참여할 수 있도록 자극할 수 있는, 충분히 칭찬할 만한 정부 프로그램도 있다. 예수 시절에는 정치 영역에서 그런 기회가 거의 없었다. 오늘날 일부 국가의 경우, 그런 상황에서 선을 행하는 것은 사적 영역에서 봉사하는 것을 의미한다.

이제 왜 기독교인이 정치 영역에 관여해야 하며, 참여의 수준은 어느 정도가 되어야 하는지 답을 해보자.

1. 우리는 책임 있는 시민이 되고 싶어서 참여한다. 우리의 상식에 따르면, 정부 정책 중 어떤 것은 다른 것보다 낫다. 선한 의지를 지닌 다른 많은 시민과 함께 우리는 정부가 더 나은 정책을 선택하도록 영향을 끼칠 수 있다. 정부는 사회가 보다 공정하고 인도주의적이며 문명화되게 할 수 있다. 비록 우리가 항상 명백한 성서적 지침

을 갖고 있지 못하며, 항상 "주께서 그렇게 말씀하셨어"라고 말할 수는 없어도, 그런 목적을 성취하도록 돕고 싶다.

2. 우리는 정부에 대한 성서적 지침을 알고 있기 때문에 참여한다. 예를 들어, 롬13:1-7과 부록 참조 우리는 그런 지침이 하나님의 기대나 거룩한 책임에 대해 잘 모를 수도 있는 정부 지도자들에게 확실히 전달되도록 하고 싶다. 우리는 사회의 도덕적 분위기를 개선하고 싶어서, 성서적 지침을 명확하게 한다. 우리는 정부에 대한 성서의 주된 요구가 악을 막고 선에 보응하는 것임을 알고 있다. 그러므로 기독교인은 정부가 그런 요구를 이해하도록 도울 특별한 책임이 있다.

모든 사람에게 혜택을 주는 도덕적 분위기를 고양하는 것과 관련해서, 우리는 기독교 정치가요 예전에 커다나 정당 지도자였던 프레스턴 매닝Preston Manning의 말을 가슴어 새길 필요가 있다. "도덕적 이슈가 없는 곳에서 그것을 찾는 것은 잘못이다. 하지만, 도덕적 이슈가 존재하는 곳에서 그것을 보지 못하는 것은 더 심각한 잘못이다." 물론, 우리는 실제로 도덕적 이슈와 상관없고, 또 종교인이 동의하지 않는 많은 정치적 이슈들이 있음도 인정해야 한다.

3. 우리는 침묵이 아무런 영향도 끼칠 수 없다는 사실을 알기 때문에 참여한다. 무관심은 파괴적인 도덕적 결과를 가져올 수 있다. 이 점에서, 우리는 일부 기독교인이, 아마도 모든 기독 시민이 특정한 시기에 참여하지 않은 것은 깊이 생각하고 경건한 행동이라는 사실도 인정해야 한다. 그럼에도, 아돌프 히틀러Adolf Hitler가 유대인을 계속 무자비하게 박해한 주된 이유 중 하나는 교회의 철저한 침묵이었다는 것도 사실이다. 우리가 발언하길 거부할 때, 우리의 도

덕적 책임마저도 면제되는 것이 아니라는 사실을 우리 스스로 상기할 필요가 있다. 또한 우리가 정부에 발언할 때, 정부가 궁극적으로 채택하는 정책들에 대해 우리가 책임지는 것도 아님을 알아야 한다. 우리는 우리가 할 수 있는 일을 한 것이다.

4. 우리의 청지기 의식 때문에 우리는 참여한다. 대부분 국가에서 국민은 높은 세금을 낸다. 일부 국가에서는, 국민총생산의 절반가량이 이런저런 단계에서 정부의 손으로 흘러들어 간다. 우리 중 많은 이들이 우리의 기독교 청지기직은 우리가 세금을 내고 나서 끝나는 것이 아니라고 결론을 내렸다. 우리의 다양한 정부들이 우리 수입의 20~50퍼센트를 거둬간다. 만약 우리 세금이 쓰이는 것에 대해 우리가 영향을 끼칠 수 있다면, 최소한 우리 중 일부는 그렇게 할 책임이 있다. 최소한 우리 중 일부는 제안하고 관심을 표현해야 한다.

5. 심지어 성서시대의 팔레스타인에서도, 예수와 그의 일부 추종자들이 사회 이슈를 다루었기 때문에, 우리는 참여한다. 사실, 우리는 마리아 찬가에서도, 기초적 문제와 필요를 다루는 예수에 관한 예언을 들을 수 있다. 눅1:46~55 참조 예수의 이복동생인 야고보는 선행에 대해 매우 중요한 가르침을 제시한다. 약1:27, 2:14~26 성서는 말한다. "이와 같이 행함이 없는 믿음은 그 자체가 죽은 것이라." 2:17 또한, 우리는 예수가 그의 시대에 정치-종교 지도자들과 기꺼이 대결하려 했다는 사실에 주목해야 한다. "화 있을진저, 눈 먼 인도자여!…너 외식하는 자들아." 마23:16~36 우리에게 주어진 더 많은 기회를 고려할 때, 우리는 상황이 요구하는 한, 1세기 예수의 추종자들

보다 더 열심히 우리의 관심과 권면을 표명해야 한다.

6. 우리는 삶을 두 개의 다른 윤리적 영역으로 구분하지 말아야 하므로 참여한다. 우리는 남아프리카에 간 어떤 선교사처럼 되어서는 안 된다. 그가 돌아왔을 때, 자신이 복음을 더 쉽게 선포하기 위해, 억압적인 인종차별정책에 대해 철저히 침묵했다고 보고한 것이다. 복음이 인종차별주의를 다루지 않는가? 성공회 신학자요 캔터베리 대주교였던 윌리엄 템플턴William Templtor은 정확하게 관찰했다. "하나님은 오직 혹은 주로 종교에만 관심을 둔다고 생각하는 것은 엄청난 잘못이다." 이런 맥락에서, 나는 유명한 기독교 신학자 리처드 숄M. Richard Shaull의 날카로운 통찰을 떠올린다. "나에게 빵 문제는 물질적인 문제다. 나의 이웃에게 빵 문제는 영적인 문제다."

7. 요약하면, 우리는 "공의는 나라를 영화롭게 한다"잠14:34는 성서의 주장을 잘 알기 때문에, 그리고 우리나라의 정치 환경을 정의롭게 하는데 우리의 역할을 다하고 싶어서 참여한다.

어떻게 그리고 언제 기독교인은 참여해야 하는가?

이제 우리는 우리가 만날 수 있는 다양한 수준과 형태의 정치참여에 대한 논의로 돌아간다. 가장 기초적인 형태는 정치적으로 벌어지는 일에 대한 정보를 얻는 것으로 구성된다. 그것이 기초적이다. 만약 우리가 정치적으로 무지하다면, 어떻게 우리가 책임 있는 기독 시민으로 역할을 할 수 있을까? 우리가 실제로 그것들에 대해 아무것도 모를 때, 어떻게 우리가 정부를 위해 기도해야 한다는 신약성서의 명령(제안이 아니다)을 진지하게 취급한다고 말할 수 있을까?

논리적으로 다음 단계는 우리의 견해를 공직에 있는 사람들에게 직접 전달하는 것이다. 어떤 기독교인은 그렇게 할 의사나 기회가 없을지라도, 이것은 매우 칭찬할 만한 행동이다. 자신의 견해를 개인적으로 전달하는 능력이나 생각이 없는 기독 시민은 캐나다복음주의협의회나 미국복음주의협의회the National Association of Evangelicals in the United States, 교회의 다양한 연합체, 메노나이트중앙위원회Mennonite Central Committee, 그리고 정기적으로 정치권력자에게 발언하는 다른 많은 훌륭한 단체들을 후원함으로써 간접적으로 자신의 의사를 전달할 수 있다.

다음 수준은 투표로 구성된다. 놀랍게도, 어떤 사람은 기독교인이 투표하지 말아야 한다고 생각한다. 비록 그 문제에 대한 내 생각이 다르지만, 그들을 존중한다. 이 사람들은 다음의 세 가지 이유 중 하나를 제시하는 경향이 있다. 즉, "내 투표는 아무런 소용이 없다," "어떤 후보나 정당도 나에게는 감동을 주지 못한다," 그리고 "내가 투표하면, 내가 투표하지 않을 때보다 더 많이 그 결과에 대해 책임을 진다." 우리는 이런 반대들에 대해 모든 투표가 중요하다는 점을 강조함으로써 대응할 수 있다. 어떤 선거는 몇 표 차로, 그리고 어떤 경우에는, 오직 한 표 차로 결정이 나기도 했다. 둘째, 비록 좋은 선택이 없을지라도, 차선을 선택하는 것이 여전히 논리적이고 추천할만한 일이다. 셋째, 투표하거나 투표하지 않는 것이 후에 정치인들이 하는 일에 대해 더 많은 책임을 지거나 그렇지 않게 만들지는 않는다. 정치인들은 자신들이 한 일에 대해 책임을 지고, 우리는 우리가 할 수 있는 일을 하는 것에 대해 책임을 진다.

복음주의 저자요 목회자인 찰스 콜슨Charles Colson의 최근 보고에 의하면, 미국의 몇몇 국회의원 선거, 투표권을 지닌 복음주의 기독교인들 가운데 오직 1/3만이 실제로 투표한다고 한다. 이런 통계는 미국 정치에서 중요한 도덕적 이슈의 관점에서 볼 때, 놀랍기도 하고 실망스러운 것이다. 다른 나라에서 도덕적 도전은 미국에서 도덕적 도전만큼 중요하며, 유권자의 반응은 보증해야 한다. 자유로운 사회에서 투표권은 투표하지 않을 권리도 포함하지만, 개인적인 견해로는, 사려 깊은 시민의 현명한 반응은, 특별히 기독 시민의 반응은 투표하는 기회를 잘 활용하는 것이다.

    기독교인이 정당에 참여해야 하는가? 내 생각에, 우리가 정당에 가입하여, 정당화할 수 없는 방식으로 자유를 제한하는 비도덕적/반기독교적 원리나 정책을 지지하지 않는다면, 정당에 가입하는 것은 대체로 적절하다. 정당 회원은 흔히 정책에 영향을 끼칠 상당한 기회가 있다. 우리가 이런 기회를 활용하는 것은 바람직하다. 물론, 우리는 특정 정당을 그리스도의 교회나 주장과 연결하지 말아야 한다. 그리고 다른 정당을 지지하거나 전혀 그렇지 않은 동료 기독교인도 존중해야 한다.

    어떤 기독교인은 일개 정당이 사회악을 근절하지 못할 것이기 때문에, 정당을 위해 일하거나 가입하는 것은 쓸모없는 짓이라고 말한다. 진실로, 정당의 목적이 악의 원천을 근절하는 것은 아니다. 그것은 영적인 이슈일 수 있다. 하지만, 자신의 선출된 회원들을 통해, 정당은 사회를 대단히 향상시켜 왔다. 그들은 많은 나쁜 정책과 관행들을 종식했다. 예를 들면, 여러 나라에서 정당들이 아동노동을 끝장냈고, 노예제도를 폐지했으며, 교도소를 개혁했고, 교육제도를 발전시켰다. 또 병원과 의학적 도움을 제공했으며, 가난한 자들을 도왔고, 자유롭고 공정한 법원을 설립했다. 대부분 국가에서 정당이 성취한 일의 목록은 매우 길고 인상적이다. 많은 사람이 이런 성공들을 무시하고, 단지 정당을 비판하고 정치가들을 비난하는 일에 만족한다.

분명히, 어떤 측면에서 정당이 제대로 기능 하지 못한 것도 있다. 여전히 할 일이 많다. 하지만, 지나치게 비판적이 되지는 말자. 타락한 세상의 악에 대항할 수단으로, 정치적 행동 외에 다른 완벽한 대안은 없다. 우리는 그것을 이런 식으로 보아야 한다. 즉, 종족이나 부족의 갈등에 대해 아무 일도 하지 않는 것보다 최소한 부분적이라도 억제되는 것이 좋다. 아동학대에 대해 아무 일도 하지 않는 것보다 절반이라도 줄이는 것이 낫다. 아무 일도 하지 않는 것보다 조금이라도 교도소 개혁을 추진하는 것이 낫다. 조직적인 범죄에 대해 조금이라도 반대하는 것이, 범죄자들이 날뛰도록 내버려두는 것보다 낫다. 전 세계에서 도덕적인 사람들에 영향받은 정당은 칭찬받을 만한 일을 많이 했다.

어떤 기독교인은 우리가 "믿지 않는 자들과 함께 멍에를 매지 말아야 하기 때문에"고후6:14, 정당에 가입하지 말아야 한다고 주장한다. 하지만, 만약 우리가 이익집단, 동종사업자모임, 노동조합, 혹은 정당에 가입할 때, 비기독교적인 일에 헌신하지 않는다면, 우리는 믿지 않는 자와 "멍에를 같이" 하지 않는 것이다. 오히려, 우리는 자신을 공의를 증진시키는 누룩으로 간주할 수 있다. 더욱이, 우리가 이미 언급했듯이, 기독교는 구원에 대해 독점권을 갖고 있으나, 긍휼에 대해선 그렇지 않다. 만약 집에 난 불을 끄려고 물동이를 옮기는 사람 중에 내 옆에 있는 사람이 무슬림, 정령숭배자, 혹은 무신론자인지, 나에게는 전혀 상관이 없다. 우리는 물동이를 옮길 사람이 필요하다. 우리는 그 집을 구하려고 협력해야 한다! 비슷한 방식으로, 기독교인은 옳은 일을 하려고 비기독교 정치인 및 다른 사람과 함께 일할 수 있다. 교회와 정부가 항상 대립하는 것은 아니며, 기독고인과 비기독교인이 늘 싸우기만 하는 것도 아니다.

기독교인이 공직의 후보가 되어야 하는가? 여기서 이 이슈는 매우 커 보이지만, 실제로는 정당에 가입하거나 공직에 출마하는 것과 같은 것이다. 현명하지 못한 타협을 선택하려는 유혹도 크겠지만, 선한 일을 많이 할 가능성도 크다. 세계 곳곳에서, 선출된 기독교인들이 좋은 일을 많이 했다. 영국의회 회원으로서, 윌리엄 윌버포스는 영국에서 노예제도를 폐지하는 운동을 성공적으로 이끌었다. 캐나다 정부의 메노나이트형제단 신자로서, 잭 엡Jack Epp은 모든 상업용 여객기에서 금연하는 운동을 주도했다. 그 결과 의심의 여지 없이, 많은 질병이 예방되고 많은 생명이 구조되었다. 이 외에도 많은 예를 인용할 수 있다.

공직에 진출하기로 한 기독교인은 기독교적 정치참여가 명성이나 권력에 따라 이루어지는 것이 아님을 진지하게 고려해야 한다. 동기가 다르다. 삶의 어떤 자리에서든, 예수의 부름은 지위로의 부름이 아니라 섬김으로의 부름이다. 지위는 섬김을 위한 공간에 불과하다.

사회는 공직에 기독교인이 취임함으로써 유익을 얻는다. 하지만, 그런 지도자는 특정한 지침을 존중해야 한다. 그는 자신의 교회를 정치적 구호에 동원해선 안 된다. 그는 교회에서 선거운동을 해서도 안 되고, 자신의 정치적 이익을 위해 교회를 이용해서도 안 된다. 그는 특정한 정당이나 후보를 지지하지 않기로 한 동료 기독교인들을 존중해야 한다. 그는 그리스도의 가르침에 먹칠을 해선 안 된다. 더욱이, 각 기독교인 후보나 당선된 공직자는 자신에게 충고, 지침, 기독교적 가르침을 제공할 수 있는 신뢰할 만한 언약공동체, 즉 일군의 친밀한 기독교 친구들을 곁에 두는 것이 좋다. 기독교 정치인은 정책, 전략,

그리고 계획을 그런 그룹과 함께 검토할 수 있다. 여러 사람이 함께 모인 곳에 지혜도 더 많기 때문이다. 우리는 기초적 금언을 반복한다. 즉, 우리가 추구하는 다른 모든 경우처럼, 정치에서도 기독교인은 결코 기독교 제자도의 허용 범위를 넘어서지 말아야 한다.

비슷하게, 자신의 도덕성을 타협하지만 않는다면, 기독교인이 정부에서 일자리를 얻는 것은 매우 권장할만한 일이다. 정부에서 봉사하는 일은 도덕적 지도력을 발휘하고 정직, 신뢰, 근면, 성실, 시간준수, 활력, 친절, 그리고 사람들의 상황에 대한 민감성 등을 포함한 기독교윤리를 실천할 훌륭한 기회가 될 수 있다. 그것은 개인의 신앙을 실천하고, 심지어 그것을 말로 표현할 멋진 기회. 피고용인이 결정을 내릴 수 있는 여러 시민봉사의 기회 중에서, 정부에서 일하는 것은 공익을 증진하기 위해 훌륭한 판결을 내리고 최고의 윤리를 실천할 기회다.

모든 정치활동에서, 그리스도의 이름을 간직한 우리 시민은 선택적으로 참여해야 한다. 모든 정치 이슈가 기독 시민의 시간과 에너지를 소비할 만한 가치가 있는 것은 아니다. 방법이 목표와 일치되어야 한다. 칭찬받을 만한 일을 하려고 저지른 부정직은 여전히 부정직이다.

끝으로, 기독교 도덕을 공공정책으로 전환하고자 정부의 강제력을 이용하는 것은 부적절하며 비기독교적이다. 물론, 특정한 기독교 원리와 관행이 명백한 가치로 판명되어, 이미 법률로 실행되고 있는 일도 있다. 또 다른 원리와 관행이 미래에 그렇게 될 가능성도 있다. 법의 힘은 이런 정책들을 강제한다. 기독교인은 특정한 기독교 가치가 공동선을 위해 법률로 제정되어야 한다고 제안할 권리를 지닌다. 하지만, 오직 기독교인의 혜택을 위해 입법화를 강제해선 안 된다. 기독교인은 절대로 자신의 유익을 위해, 혹은 비기독교인을 희생시키며 기독교인만을 위해 정치를 이용해선 안 된다.

특정한 문제들이 병역과 관련하여 발생하고 있다. 모든 기독교인이, 특별히 비폭력운동에 헌신한 이들이, 사람의 목숨을 취하는 것과 관련된 윤리 이슈를 심각하게 취급하고 있다. 많은 기독교인에게 윤리적 긴장이 심할 것이다. 군대징집 기간에, 일부 기독교 남녀들이 의무부대를 선택했다. 어떤 이들은 오직 그들이 평화유지 업무에만 종사한다는 조건에 군사훈련에 응했다. 그런 선택은 존경심을 불러일으켰고, 많은 경우에 추천할 만한 일이 되었다. 우리는 모두 성실한 기독교인이 군복무와 관련해서 다른 결론에 도달할 수 있다는 현실을 받아들여야 한다. 이런 문제는 광범위한 토론이 필요하기 때문에, 여기서는 충분히 다룰 수가 없다. 다만, 군복무를 선택하는 기독교인과 관련된 윤리적 긴장은 다른 정치활동을 선택하는 문제와 다르며, 시민의 일상적인 정치활동을 회피하는 이유로 간주하여선 안 된다고 말하는 것으로 충분할 것이다.

결론

다음의 진술들은 지금까지 논의의 결론으로 유용할 것이다.

- 우리는 신실한 사람으로 인정받고 싶어서 정치 영역에서 우리가 할 수 있는 일을 한다. 너무 많은 기독교인이 자신들의 확신을 너무 자주 개인적인 문제로 만들었다.
- 비록 정치참여가 궁극적 해법을 만들어내지는 못할지라도, 상황을 개선한다. 우리는 "흑백논리"로 생각해선 안 된다. 예를 들면, 정부는 인종차별주의자들의 생각을 바꾸지 못할 수도 있다. 특히 단

기간 내에 말이다. 하지만, 정부는 인종차별적 행동을 막을 수는 있다. 그리고 시간이 지나면서 행동이 가치에 영향을 끼칠 것이다.

- 우리는 콘스탄틴적 교회의 노예화, 즉 시민종교의 창설을 피해야 하며, 어떤 식의 참여도 피하고 싶어하는 무관심도 피해야 한다.

- 우리는 악을 치유하거나 선을 행하는 정부의 능력을 과소평가하거나 과대평가하지 않도록 조심해야 한다. 비슷하게, 마이클 거슨 Michael Gerson이 주장했듯이, "정치에서 기독교인들은 목적에 대해선 이상주의자가, 수단에 대해선 현실주의자가 되어야 한다."

- 역사적으로, 많은 아나뱁티스트/메노나이트를 포함하여, 일부 기독교인은 양심적 거부를 강조했다. 이제는 양심적 참여를 강조할 때다. 우리는 "성결의 길은 행동을 통해 이어진다"라는 다그 하마르스크졸트Dag Hammarskjold의 관찰을 신중하게 성찰해야 한다.

- 도덕적으로, 정치는 대체로 비기독교사회에서 비기독교인에 의해 수행되는 다른 활동과 전혀 다르지 않다.

- 정치 활동에서, 정당 강령과 정당 이념은 기독교인에게 문제를 일으킬 수도 있다. 도덕적 정직 때문에 기독교인이 정당회원권을 포기하고, 기독교 정치가들이 정치 직무를 사임해야 할 때가 있을 것이다. 그것 역시 효과적인 증거다.

- 사려 깊은 시민은 기초적인 윤리적 딜레마를 잘 알고 있다. 우리는

정치적 업무를 통해 사회에 봉사하려는 확고하고 높은 도덕적 원칙을 소유한 사람들이 필요하다. 그러나 정치의 핵심은 타협이다. 그러므로 기독교 정치인은 언제 타협하고 타협하지 말아야 하는지에 대한 지혜를 위해 기도해야 한다.

- 하나님께서 자신의 종 중 한 사람을 통해 일하시는 방법을 제한하지 말자. 역사에서처럼 근대에도, 하나님은 자신의 뜻을 행하려고 또 한 사람의 모세, 모르드개, 에스더, 다니엘, 혹은 윌버포스를 부르실 수 있다.

- 모든 정치참여와 관련해서, 우리는 정당과 그룹에 가담하고 직무를 담당한다. 우리는 기독교적 섬김을 실천할 수 있는 조직과 명분을 지지한다.

- 우리는 초기 미국 정치가인 벤저민 프랭클린의 말을 가슴에 새겨야 한다. "공적 문제에 기독교의 원리를 도입하려는 사람은 세상의 얼굴을 변화시킬 것이다."

- 우리는 마틴 루터 킹 2세의 말 속에 담긴 지혜를 이해한다. "개인과 함께 끝나는 종교는 정말 끝이다."

- 그리고 우리는 에드먼드 버크Edmund Burke의 말에 주목한다. "악이 승리하는 데 필요한 것은 선한 사람들이 아무 일도 하지 않는 것이다."

8
교회와 정부의 중복된 논제

여러 세기 동안, 그리고 세계의 대부분 나라에서, 정부들이 세금을 징수했고, 도로를 건설했으며, 법과 질서를 집행했다. 또한, 전쟁을 치렀고, 그 외 다양한 형태의 활동을 수행했다. 많은 사람에게 끼친 영향은 대단했다. 그 결과, 정부의 역할이 때로는 긍정적이었고, 때로는 부정적이었다.

대부분의 나라에서 지난 세기 동안, 정부활동과 프로그램이 엄청나게 확장되었다. 어떤 정부는 말 그대로 "요람에서 무덤까지" 사회 프로그램을 제공하고 있다. 일부 서양국가들에서, 정부는 누군가 "유모국가"nanny state라고 부른 것, 즉 거의 부모나 유모처럼 기능 하는 국가를 창출해 왔다. 심지어 재정적 자원이 충분치 못한 국가에서도, 현재 정부들은 과거보다 훨씬 많은 활동을 하고 있다. 일반적으로, 가난한 나라보다는 부유한 나라에서 말이다. 이런 활동들 덕택에 사람들이 좀 더 나은 삶을 살 수 있게 되었다. 불행히도, 어떤 정부의 확장은 교육의 통제, 종교적 자유의 제약, 그리고 가정 생활에 대한 부당한 간섭 같은 가혹하고 억압적인 정책을 양산했다.

한가지는 분명하다. 우리가 경제적으로 발전 단계에 있는 나라에 살 건, 아니면 이미 발전한 나라에서 살 건, 예전의 식민지에 살건, 아니면 예전의 제국에 살 건, 우리는 점증하는 정부의 권력과 간섭이란 현실에서 도피할 수 없다. 물론, 다른 정치제도와 경제적 상황 때문에 국가마다 상황이 크게 다르지만 우리는 모두 이런 현실을 다루어야 한다.

교회와 개별 기독교인은 이렇게 빨리 성장하는 정부에 어떻게 반응해야 하는가? 우리는 그런 현상을 환영해야 하는가? 아니면 저항해야 하는가? 정부와 협력해야 하는가? 아니면 그렇게 하지 말아야 하는가? 정부의 프로그램이 기독교인이 마땅히 해야 하는 것이라면, 우리는 정부관료들과 긴밀히 협조해야 하는가? 정부의 돈은 부정한 것인가?

종교개혁시대 이래로 오랫동안, 일부 아나뱁티스트를 포함하여 일부 기독교 그룹이 정부와의 상호작용과 협력을 꺼려 왔다. 국가는 대체로 악하다는 그들의 신학적 견해를 고려할 때, 그리고 대부분의 정부가 그들에게 저지른 잔인한 행동들을 고려할 때, 그런 그룹이 보여주는 부정적 입장은 놀라운 것이 아니다. 하지만, 정부들이 점점 더 관용적이 되고, 더 계몽된 정책들을 채택하면서 태도가 바뀌었다. 사실, 최근 몇십 년간 아나뱁티스트 전통에 있는 우리 중 일부는 정부가 선한 일을 할 때는, 우리도 정부에 협력해야 한다는 견해를 채택했다. 하지만, 어떤 아나뱁티스트들과 다른 기독교인들에게 그런 생각은 급진적이었다. 정부는 하나님의 나라 영역 밖에 있지 않은가? 이제, 교회와 교회 기구들이 정부와 협력하는 문제에 대해, 찬반 양측의 논증을 분석해 보자.

왜 교회와 정부는 협력해야 하는가?

왜 교회와 교회 기구들이 때때로 정부와 협력해야 하는가? 여기에

5가지 중요한 이유가 있다. 첫째, 이미 언급했듯이, 여러 나라에서, 정부는 교회와 교회 기구들이 개척했던 사업들을 물려받았다. 학교, 병원, 보육원, 양로원, 합숙소, 그리고 굶주린 자들에게 음식을 제공하는 '빈민의 집' 같은 것을 세운 것이 그 예들이다. 기독교인이 수 세기 동안 실천했고, 또 지속적으로 행해야 할 것을 정부가 실행하려고 할 때, 왜 우리가 정부를 도우면 안 된다는 말인가?

둘째, 정부가 쓰는 돈은 납세자였던 우리의 돈을 세금으로 거둬들인 것이다. 만약 우리 정부가 우리 돈의 일부를 가능한 한 현명하게 사용하도록 우리가 도울 수 있다면, 우리는 그렇게 해야 한다. 많은 기독교적, 그리고 다른 사적 단체들이 정부보다는 훨씬 더 효과적으로 우리 세금을 사용할 수 있다. 기금을 그렇게 사용하는 것은 기독교의 확장된 청지기직으로 간주할 수 있다. 우리는 우리 돈이 정부기관에 의해 사용되는 방식에 계속 영향을 끼치도록 노력할 수 있다.

셋째, 난민을 후원하고, 노숙자에게 음식을 제공하고, 재해복구에 참여하는 것 등의 많은 봉사 영역에서, 우리는 정부가 좀 더 박애주의적이고, 인간의 필요에 더욱 적극적으로 반응하도록 도울 수 있다. 기독교인은 정부의 도움이 보다 동정적이고 인격적이 되게 할 수 있다. 세상의 소금으로서, 사회의 양심으로서, 교회는 선을 위한 군대로 기능 한다. 정부와 협력하는 것은 기독교인이 사랑과 긍휼을 표현하는 또 다른 영역이 될 수 있다. 이것을 통해 기독교인은 집단적으로 선한 사마리아인의 역할을 실천할 수 있다.눅10:29~37 우리는 훌륭한 모범을 보임으로써, 이 영역에서 특별히 영향을 끼칠 수 있다. 이것은 흔히 있는 일이다. 교회는 난민을 후원하고, 국외원조를 실천하고, 긴급구호를 제공하며, 다른 많은 선한 봉사를 실천했다. 그 후에는 정부기관을 권면하여 비슷한 일을 수행하게 했다. 모범을 통해 이끄는 것은 기독교인이 정부정책에 영향을 끼치는 훌륭한 방법이다.

넷째, 많은 교회가 다양한 형태의 정부 도움 덕택에 큰 혜택을 누렸다. 사실, 많은 기독교 단체와 교단이 계속 정부에게 도움과 특별한 혜택을 요구한다. 그런 혜택에는 세금면제, 성직자에게 혜택수여, 맹세 대신 증언의 사용, 기독교학교에 대한 인정, 그리고 자선기부금에 의한 세금감면 등이 포함된다. 국외원조승인, 지역자선활동에 대한 면허승인, 종교적 병원을 위한 정부기금지원, 노인들을 위한 주택자금지원, 그리고 다른 형태의 유사한 사역들처럼, 다른 방향의 활동들도 그 혜택에 포함된다.

어떤 기독교 단체는 대단히 놀라운 정부혜택을 요구하고 또 자주 받아왔다. 예를 들어, 많은 퀘이커들, 메노나이트들, 그리고 다른 이들은 양심적 병역거부자로서 군 복무를 면제받았다. 어떤 기독교 그룹은 가족재결합에서 폭넓은 정부의 도움을 받았다. 어떤 이들은 토지를 하사받았다. 어떤 이들은 자신들의 학교에서 특별한 언어와 종교교육을 허락받았다.

종교 단체가 정부와 그렇게 친밀한 관계를 유지하고, 정부로부터 그렇게 광범위한 혜택을 받는 것은 적절하고 정당화될 수 있다. 하지만, 정확히 이런 혜택의 기록 때문에, 기독교인은 정부와 함께 일하는 기회를 다른 이들의 혜택을 위해 진지하게 다룰 필요가 있다. 결국, 기독교는 타자지향적인 것이다.

다섯째, 정부는 정책 수행을 도와줄 좋은 사람들이 많이 필요하다. 예를 들어, 정부는 국내외에서 어려움에 부닥친 사람들을 돕고, 자연재해가 발생했을 때 정부 지원을 배분하기 위해 구세군, 메노나이트 중앙위원회, 그리고 월드비전같이 믿을만하고 정직하며 양심적인 기관들과 함께 일할 수 있을 때 큰 유익을 얻는다. 그렇게 사회를 섬기는 일에, 정부와 협력하는 것은 다른 형태의 기독교 사역으로 간주할 수 있다.

기독교인은 정부가 사회를 섬기고 선을 행하도록 하나님에 의해 설립된 기관임을 알고 있다.롬13:1~7 그러므로 교회와 다른 기독교 기관들은 정부가 자신에게 부여된 하나님의 사명을 수행하고, 국민을 위해 좋은 정부가 되도록 도와야 한다. 따라서, 정부가 더 좋은 정부가 되도록 도울 때 우리는 또한 하나님을 섬기는 것이다.

교회와 국가의 협력에 대한 반대

신중하게 선택된 정책과 프로그램에서조차, 교회가 정부와 협력하지 말아야 한다고 믿는 기독교인은 몇 가지 중요한 이유를 열거할 수도 있다. 그들의 관심은 신중하게 검토할 필요가 있다. 이제 다섯 가지의 주요 반대들을 검토해 보자.

첫째, 교회가 해야 할 더 중요한 일들이 있다. 세상의 일은 세상 사람들이 하게 하라. 심지어 세상의 선한 일조차 말이다. 교회는 더 고귀한 사명이 있다. 내가 보기에 상황은 다음과 같다. 그렇다. 교회의 주된 목적은 더 고귀한 소명을 수행하는 것이다. 하지만, 그렇다고 다른 활동들을 완전히 배제하는 것은 아니다. 사실, 더 고귀한 소명은 실제로 선행의 실천을 포함한다. 따라서, 교회와 교회 관련 기관의 지도자는 각각의 상황에서 정부와 특별한 동반자관계, 즉 중첩되는 의제들에 협력하는 것이 선을 행하라는 교회 소명의 연장으로 간주할 수 있는지, 혹은 그것은 단지 일탈행위에 지나지 않는지를 결정해야 한다. 그들은 그런 참여가 복음의 열매로 간주할 수 있는지도 결정할 필요가 있다. 분명히, 정부의 모든 제의가 교회로부터 긍정적인 반응을 끌어낼 수는 없다. 하지만, 생각보다 그 수는 많다.

둘째, 정치에 관여하는 사람들 대부분은 기독교인이 아니며, 정부 자체도 기독교윤리에 따라 살아가는 기독교 기관이 아니다. 바로 그런 이유로, 교회와 교회 기관은 정부와 협력하지 말아야 한다. 심지어 우리가 정부와 비슷한 목적이 있을 때에도 말이다. 나의 답변은 교회가 어떤 비기독교 기관과 동반자관계를 형성하는 것, 심지어 매우 제한된 형태의 협력에 대해서도 매우 신중해야 한다는 것이다. 하지만, 우리가 예수처럼 세상을 섬기려면, 세상으로 들어가서 세상과 긴밀히 상호작용을 해야 할 때가 있다. 비록 교회가 세상의 것은 아니지만, 세상에서 적극적으로 활동하라는 부름을 받았다.

셋째, 정부가 독재적이고 악하며 잔인하다면, 그리고 교회에 자유를 허용하지 않는다면, 우리는 그런 정부와 어떤 관계도 맺지 말아야 한다. 그런 정부와 얽히는 것은 교회에 아무런 이익도 주지 못할 것이며, 오직 부당한 통치자의 명분만 세워주게 될 것이다. 더욱이, 그것은 악한 것에 정당성을 부여하는 것으로 보일 수 있다는 의미에서 해로운 것이다. 나의 관점에서, 그런 반응은 자연적이고 이해할 만하며, 상당한 장점을 지닌다. 하지만, 신중하게 선택된 업무에서, 심지어 악한 정부와 함께 일함으로써, 우리는 선을 강화시키고 현명하지 못하거나 정부가 악한 정책에 대해 재평가하도록 유도할 수 있을 것이다. 더욱이, 우리가 돕고 인정할 수 있을 때 그렇게 한다면, 우리가 더 강력한 권위 속에 정부를 비판해야 할 때 그렇게 할 수 있다.

넷째, 다양한 정당과 때로는 군사 및 혁명 운동도 선거나 다른 방식으로 국가의 정권을 차지하려고 경쟁하고 있다. 교회가 그들 중 하나와 일치하여 편을 듦으로써, 다른 집단에게 증인이 될 수 없을 수 있다. 사실, 그러한 교회는 교회가 반대하는 어떤 정당이나 군대가 정권을 잡게 될 때가 올 수 있기 때문에 미래에 문제를 야기할 수 있다고 논증되었다. 그때 교회는 매우 난처한 상황에 부닥칠 것이다.

　이런 주장도 어느 정도 가치가 있다. 하지만, 이런 주장에 반대할 수 없는 것은 아니다. 만약 교회가 정당선거에 관여하지 않거나 정당에 대한 일방적 지지만 하지 않고, 예를 들어, 인종차별, 난민구호 혹은 전통적 결혼의 신성함 같은 문제를 다루는 훌륭한 정책들만 인정한다면, 교회가 자신의 정직을 타협하는 일은 없을 것이다. 교회는 어떤 정당이나 운동에서 그런 정책들을 지지할 것이다. 만약 교회와 교회 기구가 자신이 선한 정책을 수행하는 정부와 제한적 협력에 열려 있다고 분명히 선언한다면, 부정적인 결과는 없을 것이다. 어느 정도 위험이 있겠지만, 용기 있는 기독교 사역과 증언은 항상 위험을 수반한다.

　다섯째, 만약 교회가 자신만의 혹은 정부와 함께하는 사업을 위해 정부기금을 받는다면, 교회는 그런 기금에 의존하게 되고, 그 사업은 정부가 갑자기 지원을 중단할 때 붕괴할 수 있다. 이것은 고려해볼 가치가 있는 문제다. 하지만, 그 사업이 사회의 긴급한 필요를 채워주는 것이라면, 정부는 그런 지원이나 동반자 관계를 쉽게 중단하지 않을 것이다. 그렇게 하는 것이 정부 자신에게 더 심각한 문제를 가져올 수도 있기 때문이다. 그러므로 정부는 교회가 후원하는 양로원에 대한 원조를 쉽게 철회하지 않을 것이다. 그 사업이 실패하여, 정부 자신이 책임을 뒤집어쓰는 짓은 하지 않을 것이기 때문이다.

　긴급한 필요를 취급하는 것 같지 않은 다른 사업의 경우에는 정부기금이 언제든지 끊어질 수 있다. 정부정책의 우선순위가 바뀌거나 정권이 교체되기 때문에 말이다. 교회는 국제적 원조같이 기독교 사명 중 정말 중요한 부분이 정부 돈이나 정부의 협조에 의존하게 해선 안 된다. 정부기금은 정부가 적극적으로 참여하든 그렇지 않든, 오직 단기간의 특별하거나 추가적인 사업을 위해서만 사용되어야 한다.

여섯째, 때때로, 정부는 자신의 지지나 동반자 관계에 교회가 받아들일 수 없는 조건을 붙일 때가 있다. 그런 경우, 정부가 기금을 대는 사업에 교회나 교회기구가 정부와 함께 참여하지 말아야 한다고 나는 생각한다. 우리가 특정 사업에 대해 교회가 정부와 협력하도록 권면할 때, 우리는 그런 문제들이 없는 경우에 대하서만 이야기하는 것임을 다시 한번 강조해야겠다.

중간지대 찾기

이런 논증들을 평가할 때, 모든 나라의 교회와 교회 기구는 자기 자신의 결론에 도달해야 한다. 행동할 때가 있고 행동하지 않을 때가 있다. 정부 돈을 받을 때가 있고, 그렇지 않을 때가 있다. 어떤 나라에선, 교회가 너무 지나치게 나가서 자신의 정체성/사명과 정부나 국가의 것을 혼동하는 지경이 되기도 했다. 그런 입장은 현명하지도 않고 신학적으로 근거도 없다. 어떤 교회 그룹은 또 다른 극단으로 치달아서, 정부와의 어떤 관계도 단절하려 애쓴다. 이것도 내게는 불행으로 보인다. 우리는 균형이 필요하다. 정치 영역에 참여하는 것과 관련해서, 특별히 집단적 사업에서, 교회와 교회 기구는 신중하고 제한적이며 선택적인 참여 규칙을 따라야 한다. 비록 교회가 이 영역에서 매우 조심스럽게 행동해야 함에도, 나는 조심스럽게 선택된 정부와의 협력 속에서 중요한 기회를 발견한다.

여러 나라에서, 교회와 교회 기구들이 자신들의 유익을 위해 정부와 협력하는 일에 서두르지 않았다는 사실을 기억하자. 많은 교회와 기구들이 그런 행위를 정치적이라고 생각하지 않을 수도 있다는 사실이 실제로 그런 행위가 정치적이었다는 사실을 바꾸지 못한다. 어떤 것이 우리의 이익을 증진시킬 때, 우리는 그것에 특별히 긍정적인 이름을 붙인다. 정부가 가족 통합, 언어 특혜, 교육 특혜, 양심적 병역거부자들을 위한 군복무면제, 정착지원, 종교부지배당, 재산세납부면제, 그리고 다른 혜택들을 통해 교회에 도움을 주었다. 사실, 우리는 행동 목록을 선택적으로, 그리고 신중하게 확장하는 것이 좋다. 하지만, 우리는 타자의 필요를 위해 우리와 정부 간의 상호작용에 집중할 필요가 있다.

캐나다, 영국, 그리고 미국을 포함한 일부 국가들에서, 교회와 국가 간의 성공적 협력 사업들이 많다. 많은 사업이 주로 교회를 돕는 일에 집중됐지만, 국내외에 혜택을 제대로 받지 못한 그룹과 개인들을 도우려고 다른 사업도 추진되었다. 캐나다의 경우를 간략히 살펴보자.

캐나다국제개발기구CIDA는 교회와 성도들이 국외원조를 위해 곡물을 기부하도록 권면했으며, 일부 지역 정부의 도움 속에, 농부들이 국외의 가난한 사람들을 위해 기부한 곡물의 양이 두 배 혹은 세 배로 증가했다. 많은 기독교 농부들이 이런 기회를 이용해서 가난한 사람들을 도왔다. 엄청난 양의 곡물이 국외로 보내졌다. 어떤 곡물은 판매되어 현금으로 바꿔 보냈다. 때때로, 이렇게 농부들의 곡물 기부는 기본적으로 기독교자선단체인 곡물은행the Foodgrains Bank을 통해 이루어졌다. 때때로 다른 기관들을 통해 이루어지기도 했다. 많은 굶주린 사람들의 배가 채워졌다. 아마도 우리는 교회 기구와 국가 간의 대단히 성공적인 협력을 새로운 형태의 "오병이어의 기적"으로 보아야 할 것이다. 마14:15~21 참조

캐나다국제개발기구의 곡물프로젝트와 별도로, 캐나다 정부는 수십 년간 메노나이트중앙위원회MCC와 다른 교회 원조 그룹에게 엄청난 양의 잉여식량을 아주 저렴한 가격이나 아예 무료로 제공했다. 정

부는 기본식료품, 일반적으로 분말 우유와 달걀을 저장하고, 종교 기구는 인력을 제공하여 음식물이 목적지에 전달되도록 한다. 이런 협력이 여러 나라에 사는 수십만 명의 사람들을 도왔다. 이것은 두 번째의 현대판 "오병이어의 기적"이다.

캐나다 정부는 또한 하나의 프로그램을 수립했는데, 이것을 통해 MCC는 수천 명의 절망적인 난민들을 후원할 수 있었다. 정부와 MCC는 난민들에게 훨씬 더 많은 도움을 주려고 서로 격려하며 협력했다. 다른 이들과 더불어, 많은 메노나이트 교회들이 새로 온 사람들에게 숙박, 훈련, 그리고 일반적 도움을 제공한다. 20년 이상, 이런 조치가 '모두가 승리' win-win하는 상황이 되었는데, 특히 난민들에게 그랬다.

추가로, 거의 100년 동안 캐나다 메노나이트 교회들은 전쟁으로 깨어진 가족을 재결합하기 위해 캐나다 정부와 긴밀히 협력해 왔다. 정부는 매우 협조적이었고, 동시에 수천 명의 훌륭한 시민을 얻었기 때문에 혜택도 누릴 수 있었다.

캐나다에 있는 열 개의 지방 정부들 대부분이 기독교 학교들에 기금을 지원해 왔다. 일반적으로, 이런 기금은 행정수도 건설을 위한 것이 아니다. 대체로 공립학교에 주어진, 학생 한 명당 운영보조금의 50%를 제공한다. 그래서 사립학교는 공립학교가 받는 지원금의 절반 정도를 받는다. 이런 윈-윈 상황에서, 교회는 요구된 커리큘럼과 자신의 특별한 종교적 가치를 통합한 학교를 운영할 수 있었다. 동시에 정부는 이런 사립학교의 학생이 공립학교에 등록했을 때 필요한 훨씬 큰 비용을 내지 않아도 되었다.

지방과 국가적 차원에서, 정부는 젊은이들이 기독교대학에서 공부할 수 있게 하려고, 대출, 지원금, 장학금을 지급했다. 이런 관행은 미국에서도 공통적이다. 이런 학생은 기독교 사역을 준비하기 위해, 신학과 다른 기독교 과목들을 공부하도록 허용되었다. 많은 기독교 납세자들은 자신들의 세금 중 일부가 이런 식으로 사용되는 것을 볼 때, 기쁨을 느낀다.

MCC를 포함한 일부 교회 기구들은 또한 캐나다 원주민들에게 더욱 나은 삶을 제공하기 위해 정부와 협력한다. 이 원주민들은 우리가 예전에 인디언이라고 부른 사람들이다. 다시 한번 수천 명의 사람이 도움을 받았다.

두 차례의 세계 대전에서, 미국과 캐나다 정부는 양심적 병역거부자들을 위한 대체복무를 마련하기 위해, 메노나이트 및 다른 교회 그룹과 협력했다. 비록 징집된 메노나이트 청년 중 절반 정도가 의무대를 포함한 군 복무를 선택했지만, 수천 명의 다른 사람들은 대안적 선택을 환영했다. 일부는 병원에서 일했고, 다른 이들은 농장에서 일했다. 실제로 그들은 전혀 임금을 받지 않았으나, 긍정적인 방식으로 사회에 이바지했다. 미국과 캐나다에서는 평화 시에 징집된 청년들을 위해 그런 대체복무가 가능해졌다.

지난 50여 년 동안, 주, 지방, 그리고 국가 정부는 교회 단체들이 병원, 양로원, 그리고 다른 건강보호시설을 운영하고 건설하도록 막대한 액수의 재정을 지원했다. 이것은 매우 가치 있는 동반자관계였으며, 기독교인뿐만 아니라 다른 사람들을 포함한 수천 명의 사람에게 도움이 되었다.

이런 예들이 나의 요점을 설명해준다. 인용될 수 있는 다른 예들로는, 육체적·정신적 장애인들을 위한 주택 제공, 굶주린 자들을 위한 프로그램, 식량은행, 고용센터, 재활용운동, 이민자들을 위한 교육프로그램, 유아교육프로그램, 주택 프로젝트 등이 있다. 그런 예들은 미국, 캐나다, 그리고 다른 여러 나라에서도 풍부하다.

이 모든 사업에서, 교회와 정부의 중첩되는 관심과 의제가 사회에 큰 혜택을 주었다. 많은 프로그램이 여전히 교회 공동체에 유익을 주는 일에 여전히 관심을 집중하지만, 그리고 일부 교회들이 그런 연합 활동을 의심하고 있지만, 참으로 많은 것이 이미 훌륭하게 성취되었다.

물론, 다른 나라에선 상황이 다르고, 필요도 다양할 것이다. 그리고 어떤 곳에선 자원이 매우 부족할 수도 있다. 하지만, 교회와 정부가 협력할 기회는 거의 모든 나라, 지방, 도시에 존재한다. 선진국이든 개발도상 국가든, 공익을 위해 정치권력과 적극적으로 협력하는 신실한 교회는 적절한 참여 방법을 찾을 수 있을 것이다.

우리는 캐나다와 미국에서 의제들이 중첩된 영역들을 간략히 조사했다. 다른 선진국들에서도 중첩되는 의제와 관심 이슈는 비슷하다. 그렇다면, 개발도상국에서 교회와 정부의 중첩되는 논제는 무엇일까? 그중에는 건강 교육, 난민봉사, 교도소 방문, 환경보호, 안전순찰, 병원 후원, 다양한 형태의 개인교습, 에이즈 고아들을 위한 원조, 긴급구호, 그리고 언어교육프로그램이 포함될 수 있을 것이다. 각 교회와 기관은 자신의 자원들을 파악하고, 지방이나 지역의 필요를 조사해야 할 것이다. 지난 수년간, 나는 사적 기관, 특히 교회나 교회 관련 기관이 특별하고 현실적인 제안을 하며 찾아올 때마다 정부가 얼마나 개방적이며, 도움을 주는지를 알고 매우 놀랐다.

결론

몇 가지 일반적인 관찰들을 제시해 보자. 첫째, 비록 교회와 국가의 협력이 기독교 사역을 위해서도 상당히 중요하지만, 그렇다고 기독교인이 만 백성에게 구원의 복음을 전하도록 권면하는 위대한 사명을 간과해선 안 된다. 두 가지 강조가 동시에 진행될 수 있고 그래야만 한다. 말씀과 행동 모두 예수가 그의 추종자들에게 명했던 것이다.

둘째, 교회와 정부의 협력, 즉 공동의 의제를 위해 일하는 하나님의 두 기관 간의 협력은 복음의 중요한 열매다. 어떤 교회는 "우리/그들" 사고방식을 극복해야 하며, 다른 윤리에 따라 기능 하지만, 로마서 13장에 따르면 여전히 하나님의 종인 사람들과 함께 일하는 방법을 찾아야 한다. 기독교인은 또한 자신에게 기독교인이든 그렇지 않든, 모든 시민이 정치질서의 일부이며, 우리가 정치질서를 향상시키기 위해 수고하면서, 동시에 그 질서가 하나님을 좀 더 온전히 섬기도록 도우려 할 때, 우리는 우리 자신뿐만 아니라 다른 사람들도 돕는 사실을 기억해야 한다.

셋째, 정부의 범위가 계속 확장되면서, 교회와 정부가 협력해야 하는가가 아니라, 그것들이 어떻게 협력해야 하는지가 문제가 된다. 내가 부탁하는 것은 공동의 의제를 위해 두 기관이 더욱 열심히 협력하는 것이다. 흔히, 이것은 지역 차원에서 가장 효과적으로 이루어진다. 또 다른 때에, 캐나다 곡물은행의 경우처럼, 그것은 전국적 규모에서 가장 훌륭하게 이루어진다.

넷째, 개별 신자들처럼, 교회와 교회기관들이 하나님의 두 질서에서 기능 한다. 만약 기독교인이 다른 질서인 정치에서 활약한다면, 더 중요한 질서인 교회의 종교적 활동은 더욱 활성화될 것이다.

끝으로, 교회는 가끔 정치 영역에 대해 비판적인 경우가 있다. 우리가 모두 알고 있듯이, 비판해야 할 것이 정말 많고, 그런 비판의 대상이 되는 곳도 있다. 하지만, 비판을 넘어서 보자. 우리가 알고 있듯이, 부정적인 반응이 적절해 보이는 때에, 긍정적인 행동을 보인다면, 우리는 사람과 하나님에게 귀해 보일 것이다.

9
도덕이 법이 될 수 있는가?
기독교인이 정치적 압력을 행사할 수 있는가?

이 장의 제목으로 사용된 질문은 오랫동안 논쟁의 대상이었으며, 그 논쟁은 여전히 계속되고 있다. 어떤 기독고인은 도덕을 법제화할 수 없으며, 정부의 어떤 행동도 나쁜 사람을 좋은 사람으로 바꿀 수 없다고 주장한다. 다른 사람은 정부가 인간의 행동을 향상시킬 수 있는 능력을(정녕, 그런 책임을) 지닌다고 주장한다. 두 그룹의 주장 모두가 옳을 수 있을까? 만약 후자의 주장이 옳다면, 정부가 더 나은 일을 할 수 있도록 기독교인이 압력을 행사해야 하는가?

도덕의 법제화

첫 번째 질문을 살펴보자. 법제화하다 legislate란 단어의 협의적 의미에서, 정부가 도덕을 법제화할 수 없다는 말은 옳다. 도덕은 동기, 마음의 문제, 내적 가치 등을 다룬다. 반면, 정부는 행위, 외적 행동을 취급한다. 정부는 법률을 집행함으로써 사람들의 동기나 가치를 갑자기 바꿀 수 없다. 그들의 사명은 행위를 규제하고 통제하는 것이다.

특히 그것이 사람에게 영향을 끼칠 때 말이다. 하지만, 그것이 이야기의 끝은 아니다. 나는 법, 규칙, 법원의 결정이 시간이 지나면서 도덕에 영향을 끼치고, 흔히는 도덕을 형성한다고 제안하는 바다.

유명한 1954년 브라운 대 교육위원회 소송에 대한 대법원 판결에서, 법원은 흑인과 백인을 위한 "분리하지만 평등한" 학교들이 사실은 평등하지 않으며, 학교 이사회가 그런 정책을 실행하는 것은 위법이라고 판결을 내렸다. 대법원은 공립학교가 인종통합적이 되어야 한다고 결정했다. 하지만, 새로운 정책은 점진적으로 실행되었다. 전국의 많은 학교 이사회들이, 특히 남부의 많은 공립학교가 이런 결정에 강력히 반발했다. 하지만, 그들에게 공립학교의 점진적이지만 완전한 인종통합을 수용하는 것 외에 다른 선택이 없었다. 그들은 자신들의 공적 행위를 변경해야만 했다. 비록 그들이 자신들의 믿음과 가치를 바꾸진 않았지만 말이다.

결국, 태도가 바뀌었다. 반대자들이 인종통합이 실행될 수 있다는 사실을 목격하면서, 생각과 가치들이 변하기 시작했다. 몇십 년 내에, 흑인과 백인 아이들은 인종통합 학교에서 교육받으며 성장했다. 동시에 인종통합에 대한 대법원의 결정에 반대했던 학교 이사들과 학부모들의 수는 급락했다. 1980년까지, 실제로 미국 전역에서 인종적으로 분리된 학교를 요구하는 목소리는 찾아볼 수 없게 되었다. 무슨 일이 벌어진 것인가? 변화된 행동을 법제화하고 강제함으로써, 정치권력이 태도, 동기, 그리고 가치체계에 변화를 가져온 것이다. 그런 의미에서 도덕이 법제화되었다.

적지 않은 미국 기독교인이 브라운 대 교육위원회 재판을 회고할 때, 여러 지역에서 공립학교의 인종차별에 도전하는 과정에서, 교회가 아니라 정부가 주도적 역할을 했다는 사실을 발견하고 당황했다는 점을 나는 덧붙이고 싶다. 사실, 어떤 주에서는 복음주의 기독교인들이 인종통합에 강력히 저항했다.

전통적으로 복음주의 기독교인들은 죄인들이 그리스도에게 나올 때 도덕적 변화가 발생한다고 말하는 경향이 있다. 그들은 분명히 옳다. 최소한 그것은 성서적 가르침에 따를 때 당연한 방식이다. 하지만, 미국에서 인종 분리의 종식을 촉진한 것은 사람들이 기독교로 한꺼번에 개종했기 때문이 아니다. 반복적으로, 우리는 계몽된 정부 정책에 의해 도덕성이 향상될 수 있음을 목격해 왔다. 비록 많은 경우 점진적이긴 하지만 말이다. 아마도 이것과 같은 효과가 어린이 교육에서도 발생할 것이다. 부모들이 자녀에게 "부탁합니다" "감사합니다"란 말을 하도록 가르친다면, 몇 년 후에 그 아이는 그렇게 하고 싶어한다. 시간이 지나면서, 지도를 받거나 강요된 행위는 내적 가치를 변화시킨다. 사람들은 훈련받고, 교육받고, 압력을 받아 좀 더 도덕적이 될 수 있다.

도움이 될만한 또 다른 예는 노예제도와 관련이 있다. 영국, 미국, 캐나다, 그리고 수많은 다른 나라에서, 노예제도는 정부에 의해 점차 불법이 되었다. 영국에서 윌리엄 윌버포스는 그와 그의 동료가 영국 정부를 달래고 압력을 가해 그 제도를 폐지하도록 하는 과정에서, 대중들의 많은 호응을 얻지 못했다. 미국을 포함한 어떤 나라에서는 감정들이 매우 격했다. 그런 감정의 차이가 너무 심해서 내전이 발생하기도 했다. 그때 이후 무슨 일이 벌어졌는가? 불행히도, 근대적 노예제도가 특정 지역에 아직도 존재하지만, 영국, 미국, 캐나다, 그리고 다른 여러 국가에서, 신나치주의자와 일부 극단주의자를 제외하면, 노예제도를 지지하는 사람을 찾기는 어렵다고 생각한다. 무엇이 이토록 믿을 수 없는 여론의 변화를 가져왔을까? 정부의 법제화와 행동이 주된 역할을 담당했던 것이다.

그래서 정치사에서 여러 차례 입증되었듯이, 정부는 여론을 바꾸고, 인간행동을 향상시키는 정책들을 실행할 수 있다. 이제 우리는 정부에게 영향을 끼칠 수 있는 활동에 대해 공부해보자. 일차적으로 이런 분석은 개방되고 민주적인 사회에 적용된다. 하지만, 그것은 아직 충분히 민주화되지 못한 사회들에게도 적합성을 지닌다.

우리는 사회적 질병을 치료할 수 있는 정부의 능력을 과소평가하거나 과대평가해선 안 된다. 우리는 현실적이 될 필요가 있다. 정부는 이따금 공적 행위에서 중대한 변화를 성취할 수 있다. 하지만, 정부가 할 수 없는 일도 많다. 정부는 기독교인이 되도록 사람들을 강요할 수도, 강요해서도 안 되며, 서로 사랑하는 것을 법으로 정할 수도 없다. 정부는 사람의 생각과 신앙을 통제할 수 없으며, 그렇게 하려고 시도해서도 안 된다. 정부는 사람들의 사생활을 침해해서도 안 되며, 다른 사람에게 해를 끼치지 않는 활동을 규제하려고 해서도 안 된다. 자살할 "권리"나 과도한 형태의 성적 행위와 관련해서, 범위의 문제가 발생한다. 이런 것들은 계몽되고 공정한 방식으로 다루어져야 한다.

"사회복음"은?

우리는 여기서 소위 "사회복음"에 대해 한마디 해야겠다. 수 세대 동안, 전 세계 기독교인은 복음전도와 사회적 행동이 어떻게 서로 연결되어야 하는지 토론을 벌여왔다. 두 가지 모두 추구되어야 하는가? 둘 다 동일한 중요성을 지니는가? 기독교적 증거를 이렇게 양분하는 것은 불행이다. 그리스도의 생애와 가르침은 그가 사람들에 대한 통전적 관심, 즉 그들의 육체적 행복과 함께 영적 행복 모두에 관심을 두고 있었음을 명백히 보여준다. 기독교인도 그래야 한다. 마태복음

5장 16절에서, 예수는 "이같이 너희 빛을 사람 앞에 비춰게 하여 저희로 너희 착한 행실을 보고 하늘에 계신 너희 아버지께 영광을 돌리게 하라"라고 말했다. 야고보서도 같은 진리를 강하게 강조한다. "영혼 없는 몸이 죽은 것 같이 행함이 없는 믿음은 죽은 것이니라."약2:26

더욱이, 마태복음 25장에서, 예수는 자신을 따르는 자들을 굶주린 자에게 음식을 주고, 목마른 자에게 마실 것을 주며, 벗은 자에게 옷을 주고, 나그네를 대접하며, 병든 자를 돌보고, 감옥에 갇힌 자를 방문하는 사람들이라고 묘사한다. 여기서 우리는 예수 자신이 사회적 행동을 놀랄 정도로 강력하게 긍정하는 모습을 본다. 요약하면, 많은 복음주의자가 "사회복음"이라고 거부했던 것이 예수에 의해 참된 기독교 제자도의 시험test으로 묘사되고 있는 것이다.

이런 진리를 설교할 때, 예수는 구약 예언자들의 강력한 가르침을 포함하고 있었다. 미가 6장 8절에 따르면, "사람아 주께서 선한 것이 무엇임을 네게 보이셨나니 여호와께서 네게 구하시는 것은 오직 정의를 행하며 인자를 사랑하며 겸손하게 네 하나님과 함께 행하는 것이 아니냐." 이사야 16~17장도 같은 진리를 진술하고 있다.

강력한 복음주의적 열정이 궁핍한 자를 돕고 정의를 추구하는 사명과 함께 가는가? 어쩌면 기독교인은 이런 질문을 던져서도 안 된다! 기독교인은 이 두 가지 행위가 예수의 사역에서처럼, 손에 손을 잡고 함께 간다는 사실을 알아야 한다. 그가 모범을 보인 것을 우리도 실천해야 한다.

다른 진리도 생각해 보자. 기독교인은 자신이 무슨 일을 하든지, 세상을 향해 사회복음을 선포한다는 사실을 인정해야 한다. 기독교인들이 궁핍한 사람들을 도우려고 아무 일도 하지 않는다면, 그것이 또한 자신의 사회복음이 되는 것이다. 자신은 이웃의 궁핍에 관심도 없고 상관도 하지 않는다고 말하는 것이다. 그러므로 문제는 기독교인이 사회복음을 **갖느냐**가 아니라, **어떤 종류의** 사회복음을 갖느냐 하는 것이다.

정부가 변하도록 압력을 가하라

이제 우리는 정부가 옳은 일을 하도록 압력을 가하는 주제를 다루고자 한다. 기독교 활동가와 로비스트만이 행동해야 하는가? 정부의 정책과 활동에서 위대한 정의와 품위를 성취하도록 그룹이 활동할 수 있는 여지가 기독교 제자도 내에는 없는가? 어떤 방법이 적절할까? 악과 불의를 다루는 많은 실천적 기독교 활동이 사적 영역에서 실행될 수 있고 또 그래야 하지만, 그것 중 일부는 정치 영역에서 더욱 효과적으로 행해질 수 있다. 이제 문제를 분석해 보자.

일부 기독교인들(실제로 매우 적은 수의 사람들)이 어떤 정치적 압력단체(로비라고도 불린다)에 참여하는 것이 도덕적으로 문제가 있거나 심지어 잘못일 수 있다고 주장해 왔다. 내가 왜 그런 견해에 동의할 수 없는지 설명하겠다. 압력단체의 존재와 활동(그것은 교육, 종교, 사업, 노동, 농업, 환경, 혹은 다른 목적일 수 있다)은 건강한 정치체제의 증거다. 압력단체를 갖고 있다는 것은 의견과 표현의 자유를 누린다는 것이다. 억압적인 독재체제에서, 모든 압력단체는 금지되거나 철저하게 통제된다. 압력단체는 통치자에게 의견을 제시함으로써 중요한 봉사를 한다. 때때로, 압력단체는 자신들의 협소한 이익을 위해 움직이기도 한다. 하지만, 흔히 이 단체의 노력으로 정부가 훌륭한 정책을 채택하도록 한다. 압력단체는 또한 안전장치 역할을 한다. 이런 기능에 의해 사람들이 폭력에 호소하지 않고, 자신들의 감정을 분출할 수 있다. 물리적 저항을 시도하는 것보다, 정부에게 당신의 견해와 불만을 표현하는 것이 훨씬 더 낫다.

모든 계몽된 정부는 압력단체의 제안을 환영한다. 그 제안 덕택에 정부는 무엇이 자신의 시민을 힘들게 하는지 발견하게 되고, 새로운 정보를 얻으며, 보다 책임 있게 정책을 수행하게 된다. 이처럼 압력단체는 사회에서 중요하고 유용한 구실을 한다. 한 걸음 더 나가보자. 나는 제대로 역할을 하는 압력단체가 기독교적 증언의 한 형태가 될 수 있다고 생각한다. 사실, 정부관료들이 기독교 압력단체들의 조언에 매우 감사하는 예들을 나는 많이 알고 있다. 이런 기독교 압력단체들로는 미국복음주의협의회, 캐나다복음주의협의회, 기독교지도자협의회the Christian Leadership Conference, 기독고교회협의회the National Council of Churches, 캐나다천주교주교회의the Canadian Conference of Catholic Bishops, 정의와자유위원회the Committee on Justice and Liberty, 사회적행동을위한복음주의자들Evangelicals for Social Action, 교도소선교회 Prison Fellowship, 자유동맹Liberty Alliance과 그 외 수십 개의 단체가 있다. 자신보다는 타자의 유익을 위한 기독교단체의 압력에 대해, 정부관료들이 매우 개방적이고 감사하게 생각하는 것을 나는 지켜보아 왔다. 상대적으로, 다른 정치활동가들이 그런 경우는 별로 없다. 기독교 압력단체들이 교도소 개혁, 난민들에 대한 보다 나은 대우, 공정한 복지지원의 분배, 종교적 박해 영역의 개입, 소수자 집단을 위한 더 많은 자유, 그리고 그 외의 많은 업적을 효과적으로 성취해 왔다.

모든 기독교인이 그런 역사적 기록에 감동하는 것은 아니다. 어떤 이는 기독교인이 비기독교적 세상의 문제를 다루는 일에 관여하는 것에 문제를 제기한다. 악의 근원에 집중하는 대신, 왜 증상만 다루는가? 하나님에 대한 거절 자체를 종식하기 위해 노력하는 대신, 왜 하나님을 거절하는 것의 결과만 취급하는가? 이런 질문에는 대답할 필요가 있다.

이제 내가 그런 정치참여가 추천할만한 일이라고 믿는 이유를 열거해 보겠다. 특히, 도전해야 할 악이 너무 극심해서 공적 교회가 발언해야 함에도, 기독교인이 공적 교회 구조 밖에 있는 단체로 조직되어야 할 이유 말이다. 비록 그런 단체들의 규모가 작을지라도, 다행히 그런 단체가 존재하고 또 필요하다. 불행히도, 일부 기독교인은 모든 압력/로비 활동이 금지되어야 하며, 그것이 문제라고 생각한다.

기독교인은 하나님에 대한 사람의 거절을 뒤집으려고 노력한다. 그것이 제일 중요한 문제다. 하지만, 하나님 자신처럼, 기독교인도 사람들이 자신의 자유의지에 따라 하나님을 선택하지 않기로 결정하는 상황에 주목한다. 하나님처럼, 이런 기독교인의 열정은 이 타락한 세상의 모든 사람에게 확장된다. 기독교인은 모든 사람, 모든 제도, 그리고 모든 권력에 기독교적 관심을 제시하라는 부름을 받았다. 어떤 수준의 결정도 하나님의 심판을 피할 수 없다. 하나님과의 경험적 관계를 요구하는 위대한 사명 외에, 기독교는 누군가 "문화명령"이라고 부른 것, 즉 사회를 개선하기 위해 그 속에 침투해야 할 의무를 지닌다.

기독교인은 불의한 통치자의 양심을 위로하기 위해 파견된 담당목사chaplain가 아니다. 때때로, 기독교인은 양심의 가책을 누그러뜨리는 대신에 불편하게 만들어야 한다. 기독교인은 예수가 자신의 시대에 신정주의적 권세들의 악행에 도전했으며, 다양한 방식으로 친절을 베풀었다는 사실을 기억한다. 예를 들어, 마9:35, 21:12~17 참조

물론, 예수는 매우 특별한 소명을 지녔고, 매우 짧은 생을 살았으며, 다른 일을 할 시간도 없었다. 또한, 그는 독재정권하에서 살았기 때문에, 악한 권세에 대한 그의 도전은 대체로 간접적이었다. 우리의 근대 민주주의가 제공한 기회들을 고려할 때, 우리의 도전은 훨씬 더

광대할 수 있으며, 꼭 간접적일 필요는 없다.

국가에 복음과 증거를 제시하는 것은 서로 연관되어 있다. 진정, 그것들 간에는 연속성이 있다. 사도행전 24장에서, 바울이 펠릭스 앞에 출현했던 것, 마태복음 14장과 마가복음 6장에서 세례 요한이 헤롯과 헤로디아에게 도전했던 것, 그리고 사도행전 4장과 5장에서 베드로가 산헤드린에게 답변했던 것을 생각해 보라. 오늘의 기독교인도 비슷한 일을 위해 부름을 받았다.

기독교인이 선을 행하는 법을 알고 있음에도 그렇게 하지 않을 때, 그들은 태만의 죄를 범하는 것이다.약4:17 많은 기독교인이 정치 영역에서 기독교 압력단체의 일원으로 다른 이들을 섬길 수 있는 지식과 재능을 갖고 있다. 기회를 줬을 때 이런 기독교인은 정말 가치 있는 명분을 지지해야 하지 않을까?

기독교인은 동료 신자들의 필요에만 관심을 집중하면 안 된다. 물론 우리 자신의 필요만큼 그들의 필요도 중요하지만 말이다. 선한 사마리아인처럼,눅10:25~29 참조 타인들에게 좋은 이웃이 되어야 한다. 예수는 선한 사마리아인이 이방인을 돌보고, 물질적 도움을 제공하며, 그에게 단 한마디도 하지 않은 것을 칭찬하셨다. 세상은 그런 도움이 필요한 사람들로 가득하다. 우리는 개인적으로 그들을 도우려고 노력하지만, 때로는 개인적으로 돕는 것 이상의 무엇이 필요할 때가 있다. 때로는 정부 자체가 문제의 원인이기 때문에, 정부가 나서서 행동하도록 압력을 가해야 한다. 때로는 문제가 너무 커서예를 들면, 국제적 마약 밀수 등, 오직 정부만이 그 문제를 다룰 수 있다. 이따금, 오직 정부만이 거대한 군중의 필요를 충족시킬 수 있는 위치에 있다. 그런 상황에서, 기독교 압력단체는 정부가 행동에 나서도록 압력을 행사하는 데 결정적 역할을 할 수 있으며, 흔히는 정부 기관들과 협력해서 그런 과업이 성취되도록 할 수 있다.

기독교인은 기독교의 신뢰도를 증진시키기 위해 옳은 일에 앞장선다. 정치 영역은 그런 기회를 제공하는 투쟁의 장이다. 베드로는 선행의 긍정적 영향을 다음과 같이 강조한다. "곧 선행으로 어리석은 사람들의 무식한 말을 막으시는 것이라." 벧전2:15 또한 12절을 주목하라. "너희가 이방인 중에서 행실을 선하게 가져 너희를 악행 한다고 비방하는 자들로 하여금 너희 선한 일을 보고 오시는 날에 하나님께 영광을 돌리게 하려 함이라." 많은 기독교인이 정치 영역에서 개인적으로나 압력단체의 일원으로 많은 선행을 했다. 기독교인은 그들을 본받아야 한다.

교회는 다양한 모습을 지닐 수 있으나, 부적절한 존재가 될 수는 없다. 침묵과 행동하지 않는 것도 큰 소리를 발할 수 있다. 교회의 도덕적 침묵은 대단한 영향력을 행사한다. 기독교인은 정부가 나쁜 정책을 수행하는 동안 자신이 침묵했다고 도덕적 책임이 회피되는 것이 아님을 잘 알고 있다.

한 명의 기독교인, 정녕 교회 전체가 저항해야 할 때에 저항의 누룩으로 기능 하지 않는다면, 하나님의 부르심에 충실할 수 없다. 인종차별 정책apartheid과 인종 분리 같은 정책의 경우, 바로 그런 누룩이 필요하다. 그런 상황에서 집단의 표현은 개인적 반응보다 훨씬 더 효과적이다.

기독교인은 타인과 함께 일함으로써, 자신이 사회를 더욱더 공정하게, 더 인도주의적으로, 그리고 더 교양 있게 만들 수 있다는 사실을 믿어야 한다. 과거의 성취들이 격려되어야 한다. 기독교인은 자유와 인간의 존엄을 증진시키길 원한다. 그들이 한목소리로 그런 문제에 대해 발언할 때, 그들의 목소리는 개인적으로 말할 때보다 더 쉽게 사람들의 귀에 전달되고 존중된다.

기독교인은 로마서 13장과 다른 곳에 기록된, 정부를 위한 성서적 지침에 익숙하므로 관여하게 된다. 신실한 교회는 사회의 양심이라는 말이 있다. 아마도, 교회는 집단적 구조를 통해 발언함으로써 정부의 양심으로 역할을 할 수 있을 것이다.

루터는 교회를 보존하기 위해 국가에 도움을 청했다. 캘빈은 국가를 보존하고 인도하기 위해 교회의 도움을 청했다. 초기 아나뱁티스트들은 교회가 국가에 대한 증인이 되어야 한다고 믿었다. 우리 시대에, 기독교인은 말로 증언할 뿐만 아니라, 기독교 제자도가 허용하는 능력으로 섬김으로써 교회와 국가의 복지를 증진시킬 수 있다.

정부에게 충고하기 위한 지침들

기독교인이 통치자와 공무원에게 정치 문제에 대해 개인적으로나 집단적으로 발언할 때, 그런 행동의 핵심적 가치와 윤리는 무엇인가? 가능한 한, 기독교인은 부정적이기보다 긍정적이 되도록 노력해야 한다. 정부는 이미 불평과 비판으로 압도되어 있다. 정부에게는 정죄보다 도움이 절실히 필요하다. 통치자들과의 상호작용 속에서, 기독교인은 긍정적 지지세력이 되어야 할 때가 있고, 때로는 비판세력이 되어야 할 때가 있다는 성서적 강조점을 항상 성찰해야 한다.

대체로 통치자들은 기독교윤리가 자신들에게 적합하지 않다고 주장한다. 아마도 그들이 기독교인이 아니거나, 이렇게 타락한 세상에서 정치는 다른 윤리를 반영하기 때문일 것이다. 더욱이, 누군가 정부를 위한 최상의 윤리가 사랑이 아니라 정의라고 말한다. 그럴 수도 있을 것이다. 하지만, 기독교인은 여전히 모든 사람을 위한 기독교윤리의 공리적 가치를 보여줄 수 있고 또 많은 것을 성취할 수도 있다. 기독교인은 최상의 것을 성취할 수 없을 때, 차선의 것을 성취하기 위해 노력한다. 그래도 그것이 나쁜 것보다는 낫기 때문이다. 그렇게 하는 이유는, 비록 정부가 그리스도의 주권을 인정하진 않지만, 정부의 통치행위가 향상될 수 있다고 믿기 때문이다.

기독교인은 위대한 사명을 수행하기 위해 법적 강제력을 사용하라고 정부에게 요구하지 않는다. 하지만, 기독교인은 정부가 악(성서가 지적하는 것과 공적 법률 및 규칙 속에 통합된 것 등을 포함하여)에 저항하기 위해 법적 강제력을 행사하도록 요구할 수 있고, 또 그렇게 해야 한다.

물론, 모든 정치적 이슈가 독특한 기독교적 반응을 요구하는 것은 아니다. 사실, 모든 사람은 어떤 기독교적 반응을 요구하지 않는다. 많은 정치적 논점은 기독교인의 우선순위에서 기준점 아래에 놓인다. 비록 기독교인이 광범위한 세속적, 비도덕적 이슈들에 대해 자신의 견해를 밝히는 것이 필요하지만, 교회나 기독교 공동체가 그 이슈들에 대해 독특한 견해를 갖고 있지 않을 수도 있고, 반드시 그것들을 다루어야 할 필요도 없다.

기독교인이 압력단체를 통해 정부와 소통할 때, 주요 의제는 무엇인가? 정부에게 어떤 행동을 요구해야 할까? 특정한 항목들은 때와 장소에 따라 달라질 수 있지만, 다음의 관심사항들은 기억할 필요가 있다.

- 기독교인은 종교적 자유를 포함하여 폭넓은 자유를 보증하기 위해 수고해야 한다. 기독교인은 이런 자유들이 모든 집단과 개인에게 확대되도록 요구해야 한다. 비록 그들의 종교관에는 동의할 수 없

을지라도, 그들이 자유로운 사회의 규칙을 존중한다면 말이다. 기독교인은 기독교를 후원하는 것뿐 아니라, 종교문제에서 강제력을 원치 않는다. 그들은 자유와 함께, 자신들의 사명을 수행할 기회를 원한다.

• 기독교인은 법정, 법률 집행기관, 정부의 각종 위원회, 시민봉사단체에서 더 많은 정의를 위해 압력을 가해야 한다. 기독교인 자신이 즉각적이거나 심지어 지배적인 혜택의 수혜자라는 사실 때문에 더 중요한 선을 부정하거나 축소해선 안 된다. 기독교인은 더 커다란 사회의 일원이며, 그 사회의 복지를 추구할 권리를 갖고 있다.

• 기독교인은 정부가 부패를 제거하고, 정직과 성실을 실천하며, 결정과정에서 절차와 정의의 공정성을 추구하도록, 정부에 압력을 가해야 한다. 이런 문제에서, 기독교인은 가장 예민하고 신중한 감시자가 되어야 한다. 다른 모든 영역에서처럼 이 문제에서도, 기독교 압력단체들은 정부를 향해 진리를 말해야 한다. 외교적으로뿐만 아니라 담대하게 말이다. 물론, 이런 영역에서 모범을 보이며 지도력을 발휘해야 한다.

• 기독교인은 교도소 개혁을 위해서도 압력을 행사해야 한다. 신약성서는 이 문제에 대해 할 말이 많다. 예수께서 죄수들에게 관심을 자주 보이셨기 때문이다. "당신의 교도소 상태를 내게 보여주시오. 그러면 나는 당신에게 당신 나라의 도덕적 상태를 말해 주겠소." 척 콜슨Chuck Colson은 그런 사역과 봉사에서 탁월한 기록을 갖고 있다. 그와 그의 교도소 사역은 그 사역이 성취한 기록 때문에, 놀

라운 효과를 발휘하며 대중의 깊은 신뢰를 받았다.

• 기독교인은 정부를 교회로 만들려고 해선 안 된다. 각자의 책임영역이 다르다. 그럼에도, 기독교 압력단체는 정부가 평화를 찾고 추구하도록 요구해야 한다.

• 기독교인은 정부에게 자신의 헌법적 의무, 선거공약, 그리고 일반선을 위해 통치할 의무를 상기시켜 주어야 한다. 특히, 기독교 압력단체는 자신의 능력을 입증했던 영역에서, 예를 들어, 난민들을 돌보고 신중하고 지혜롭게 환경문제를 다루는 것처럼, 그들이 정부에게 바라는 바를 스스로 실천해 온 영역에서 조언과 제안을 제공해야 한다.

• 끝으로, 기독교 압력단체는 통치자들에게 궁극적으로 그들이 그 위대한 신적 통치자에게 책임을 져야 한다는 사실을 일깨워주어야 한다.

언제 목소리를 높일 것인가?

기독교 압력단체는 언제 정부를 향해 발언해야 하는가? 관심의 표현이나 다른 언급들을 통해 촉진되는 상황은 무엇인가?

• 기독교인은 통치자가 자신이나 다른 이들에게 하나님께 불순종하도록 명령할 때, 발언해야 한다.

• 기독교인은 통치자가 자신에게 논평이나 조언을 부탁할 때, 발언해

야 한다.

- 기독교인은 통치자가 독단적이거나, 헌법적 제약을 넘어설 때, 발언해야 한다.

- 기독교인은 정부활동이 지지나 칭찬받을 만할 때, 칭찬의 말을 해야 한다. 기독교인은 감사와 칭찬을 할 수 있는 상황에선 그렇게 해야 하며, 신뢰하며 비판해야 할 때는 또 그렇게 해야 한다.

- 기독교인은 정부가 법과 규칙을 적용하면서 지나치게 독단적이거나 일관성을 상실했을 때, 발언해야 한다.

- 기독교인은 정부가 지속적으로 주된 사회적 문제나 악을 간과할 때, 특별히 그것들을 해결할 수 있는 수단을 갖고 있음에도 문제를 피할 때, 발언해야 한다.

- 기독교인은 법원을 포함하여 정부가 인권을 무시하고, 전통적인 결혼과 가족처럼 하나님이 세운 제도들을 반더할 때, 발언해야 한다.

- 기독교인은 가장 순수하고 연약한 인간을 낙태로 살해하는 것을 정부가 긍정할 때, 발언해야 한다.

기독교 압력단체로서 정치투쟁에 관여할 때, 기독교인은 비기독교 압력단체와 협력해야 하는가의 문제에 곧 직던하게 된다. 분명히, 그들은 신중해야 한다. 기독교인은 자신들의 윤리를 타협해선 안 되며,

자기 교회의 명예를 실추시켜도 안 된다. 하지만, 더 많은 선을 성취하려면, 다른 신앙의 사람들이나 신앙이 없는 사람들과 협력하는 것도 동일하게 중요하다. 기독교인이 긍휼, 도덕적 분노, 혹은 정치적 통찰을 독점하는 것은 아니다. 예를 들면, 노예제도를 반대하는 기독교 압력단체는 정부에 압력을 가해 이 거대한 악의 종식을 입법화하기 위해 비기독교 단체와 긴밀히 협력했다.

옳은 일을 하려고 로비를 하거나, 정부에 압력을 행사할 때, 모든 압력단체, 특히 기독교 압력단체는 적절한 도구를 사용하기 위해 신중해야 한다. 수단이 결코 목적을 망쳐선 안 된다. 기독교 정치활동가들은 항상 존경스럽고 친절하며 참을성 있고 우호적이며 합리적이어야 한다. 그들은 남의 의견을 경청해야 한다. 그들은 또한 비본질적 사항들에 대해선 합리적인 타협을 기꺼이 수용해야 한다. 정치적 현실을 고려할 때, 그들은 점진적인 사회개선을 기꺼이 수용해야 한다.

결론

결론적으로, 몇 가지 일반적인 관찰사항을 강조하고자 한다. 물론 그것은 매우 중요하지만, 우리가 여기서 분석했듯이, 압력단체 활동을 포함한 정치참여는 거룩한 삶을 살고, 그리스도 안에서 구원의 필요를 선포하는 것보다 중요한 것은 아니다. 더욱이, 비록 중첩되는 의제와 공통된 관심영역이 많지만, 선택적 참여가 중요하다. 특별히 무엇을 할 수 있고 또 해야 할지를 기독교인 스스로 모델을 만들었던 자리에서, 오직 특정한 정치적 이슈만이 기독교인의 관심을 끌 수 있다. 교회가 사회와 정치 지도자들에게 표현할 수 있는 가장 효과적인 증거는 정말 신실한 교회가 되는 것이다. 예수께서 가르치셨고 실천했던 모범을 사회에 보이면서 말이다.

10
기독교 정당이 존재할 수 있는가?
기독교는 좌파인가, 우파인가 아니면 중도파인가?

여러 나라에서 기독 시민이 소위 기독교 정당을 조직해 왔다. 대체로, 기독교적이란 단어가 캐나다의 기독교유산당Christian Heritage Party처럼, 정당 이름에 나타난다. 이런 정당들은 일반적으로 선거에서 이기지 못했다. 그 정당이 이름은 유지하되, 고유한 기독교적 가르침을 포기했던 경우를 제외하곤 말이다. 성서적 가르침에 온전히 헌신한 정당이 오늘날 투표에서 이길 수 있다는 것은 입증된 적이 없다.

많은 관찰자는 기독교인이 기독교 진리를 실행하는 방법의 하나로, 선거의 승리를 위해 정당을 조직해선 안 된다고 믿는다. 최소한 두 가지 근본적인 이유가 제기되었다. 첫째, 그런 전략은 분열적이다. 기독 시민은 어떤 가치를 정부가 실행해야 하는가에 대해 다양한 신념을 갖고 있다. 우리가 곧 보게 되겠지만, 기독교인은 복음의 어떤 부분이 강조되는가에 따라, 자유주의적이거나 보수주의적, 혹은 사회주의적 견해를 지향하는 경향이 있다. 둘째이자 더 중요한 것은, 교회와 정당은 각각 다른 사명, 목적, 범위, 방법, 윤리적 규범, 그리고 목표를 지닌다.

다음의 비교표는 광범위한 대조를 보여준다.

항목	교회	정당
최고 가치	사랑	정의
일반적 경향	타자 지향적	자기 지향적
기본 목적	위대한 사명의 수행	권력 쟁취 및 자신의 정책 수행
작동 방법	설득	궁극적으로 강제력 (정권을 장악한다면)
권위의 원천	하나님, 성서	엘리트나 공적 다수, 지도자의 소견
도덕의 원천	하나님, 성서	공적 선호, 정당 정책, 지도자의 소견
기본 윤리의 본성	절대주의적, 이타적	타협, 다수의 견해, 실용주의
구성원의 범주	세상, 세계의 신자들	한 국가나 그 나라의 관할구
종교에 대한 태도	한 참된 신앙의 선포	모든 신앙의 평등이나 한 신앙의 우월성
구성원, 회원	기독교 신자	한 국가의 모든 백성이나 그 안의 관할구
최종 목표	하나님의 영광	정당정책을 통한 발전과 안전

정당이 많은 기독교적 가치를 포용하는 것은 가능하며 정말 바람직하다. 많은 기독교적 가치는 공공정책으로 바람직하다. 단지 그것들이 기독교적이기 때문이 아니라 일반적인 공리주의적 가치를 지니기 때문이다. 그러므로 그것들은 사회를 위해 본래 좋은 것이다. 정당의 기독교 회원들은 이것을 이해시키는데 결정적인 역할을 할 수 있다. 지난 몇 세기 동안 기독교적 영향력은 널리 확산하였다. 많은 정책에 상당한 계몽과 미덕virtue를 부여하면서 말이다. 하지만, 우리는 정치 영역에서 정당으로 역할을 하는 기독교인들이 근본적 목적, 즉 예수가 자신의 교회를 세운 목적을 성취할 수 있다고 생각하지 말아

야 한다.

상상할 수 있듯이, 일군의 기독교인들이 전적으로 기독교 정당을 설립할 수 있었다. 자신의 가치에 충실하다면, 그 정당은 타락하고 비기독교적인 사회에서 유용한 비판세력으로 기능 할 수 있었다. 사실, 정치체제 전체의 양심으로 매우 효과적일 수 있었다. 어떤 작은 정당들은 그런 역할을 성공적으로 수행할 수 있었다. 비록 유권자들 사이에서 더 넓은 호응을 얻고자 상당히 타협해야 했지만 말이다.

교회가 정당으로 기능 하는 것은 매우 곤란한 문제다. 비록 정권 일부가 아니라 야당으로 활동한다 해도 말이다. 나의 견해로는 교회가 정권을 획득한다 해도, 성서적 소명에 충실하기는 거의 불가능하다. 기독교윤리는 자신의 유익보다 타인의 복지를 우선시한다. 하지만, 선거에서 이기려고 선거운동을 벌이는 정당은 그렇게 하지 않는다. 교회는 강제력을 사용하지 않지만, 국가는 그렇게 한다. 현실적으로 말한다면, 진정한 기독교 정당이 선거에 이겨 정부를 구성하게 된다면, 더는 기독교윤리에 충실할 수 없을 것이며, 결국에는 엄격하게 성서적인 목적을 포기해야 할 것이다.

그럼에도, 어떤 기독교인은 자유로운 사회에서 유권자를 위한 또 하나의 선택으로 철저하게 성서적인 정당이 있어야 한다고 주장해 왔다. 그것은 최소한 '이상의 상징' a symbol of the ideal 으로 기능 할 수 있었던 것이다. 정녕, 그것이 원리를 위해 영향력과 권력을 희생할 때, 유용한 역할을 할 수 있었던 것이다. 어떤 사람은 그런 기독교 정당의 원칙이 성서의 핵심적 가치들을 포함하기 때문에, 개별 기독교인들 (신자들의 공동체로서 교회가 아니라)이 그런 정당을 후원해야 한다고 주장했다. 그런 주장은 뜨거운 논쟁의 주제였다.

세속 정당 평가하기

이제 우리는 주류 정당의 이념들을 평가해야 한다. 불행히도, 대체로 세속적인 정치이념들 가운데 어떤 것이 가장 기독교의 후원을 받을 만한가에 대해, 기독교 분석가나 정치활동가들 사이에서 일치된 합의가 존재하지 않는다. 전형적으로, 서양세계 전역에서 결사체들은 보수주의, 자유주의, 혹은 사회주의에 근거한 정당과 연계되어 있다. 어떤 정당이나 이념이 실제로 기독교적 가치와 어느 정도 연관되어 있는지를 확인하기 위해, 우리는 그 세 가지 지배적인 이념들 각각의 원리와 정책들에 정통할 필요가 있다. 여러 나라에서, 이런 이념들을 중시하는 정당들은 다양한 이름을 취하고 있으며, 그들 중 일부는 오해의 소지도 있다. 이번 연구에서, 우리는 정당 이름이 아닌, 실제 이념들을 검토할 것이다.

공간적 제약 때문에 여기서 각 이념의 역사를 모두 다룰 수 없어서, 나는 각 이념을 보수적인 정통 기독교와 비교하면서 그것의 주요 가정과 가치들에 집중할 것이다.

보수주의

보수적 기독교와 정치적 보수주의는 몇 가지 중요한 강조점을 공유한다. 두 가지 모두 교회든 국가든, 중요한 유기적 개체를 소유한 좀 더 커다란 공동체 내에서 개인주의와 개인적 책임을 강조한다. 기독교 보수주의는 하나님 나라에서 개인적 양심, 개인적 구원, 개인적 도덕, 개인적 섬김, 그리고 하나님에 대한 개인적 책임을 강조한다. 정치적 보수주의는 개인의 도덕적 책임, 개인적으로 솔선수범하며, 진정한, 하지만 완전히 인격적이지 않은 개인의 경제적 행복에 대한 책임, 그리고 개인이 삶의 모든 영역에서 내린 선택에 대한 개인적 책임을 강조한다. 어떤 나라에선, 보수적 이념 속에 하나님에 대한 책임과 하나님 아래 있는 사회적 위계질서라는 종교적 요소가 포함되어 있다.

종교적 보수주의와 세속적 보수주의 모두 인간 본성에 대해 대체로 비관적인 견해를 채택한다. 그것은 사람들 대부분이 대체로 악을 행하는 경향이 있다고 생각한다. 이렇게 부정적인 경향은 태생적인 것처럼 보인다. 기독교인은 이런 부정적 경향을 아담의 타락 결과로 간주한다. 반면, 정치적 보수주의자는 대체로 그것을 그저 주어진 것으로, 역사에서 흔히 나타난 것으로 이해한다. 또한, 이 두 가지 관점은 아무리 시간이 흘러도 인간 본성이 바뀌지 않는다고 생각한다.

두 유형의 보수주의는 결국에는 교육이 우리의 도덕적 문제들 대부분을 해결할 것이라는 생각을 거부한다. 그들의 생각에, 문제의 핵심은 사람들이 제대로 교육받지 못한 것이 아니었다. 히틀러의 독일에서 많은 나치 지도자들을 포함해서, 모든 시대의 가장 악한 사람 중 일부는 대단히 훌륭한 교육을 받은 사람들이었다. 정말, 히틀러를 열광적으로 숭배했던 군중은 세상에서 가장 훌륭한 교육을 받은 사람 중에도 있었다.

두 유형의 보수주의는 자연적이고 불가피한 인간의 진보와 도덕적 진화를 믿지 않는다. 대신, 기독교 보수주의자와 이따금 정치적 보수주의자는 공적이고 개인적인 도덕의 뚜렷한 퇴보를 주장한다.

위계질서와 권위라는 개념들이 기독교 보수주의자와 세속적 보수주의자들 사이에서 널리 통용된다. 기독교인은 하나님을 정상에 두고, 정부와 다른 권위 집단을 그분 아래 두어 그분이 책임지게 한다. 아버지가 이끄는 가정이 사회의 가장 근본적인 토대로서 자신만의 위계구조를 형성한다. 많은 정치적 보수주의자들도 이런 견해를 지지한다. 비록 최근 몇십 년간, 특별히 페미니즘의 침입과 더불어, 이런 위계적 경향이 급격히 후퇴하고 있지만 말이다.

두 그룹은 대중들이 아직 도덕적으로 계몽되지 못했다고 생각하기 때문에, 민주주의와 광범위한 다수의 통치에 대해 어느 정도 의구심이 있다. 그것이 공동체에서든, 학교에서든, 직장에서든, 혹은 정치 지역구에서든 말이다. 그들은 정말 유능한 사람(그냥 어떤 사람이 아니라)이 기능공으로서, 교사로서, 의사로서, 혹은 교량 건설자로서 일해야 한다고 생각한다. 마찬가지로, 아무나 혹은 모두가 아니라, 그 일에 가장 적합한 사람이 정치를 맡아야 한다고 주장한다. 특별히 기독교 보수주의자들, 최소한 역사적으로, 많은 정치적 보수주의자들의 경우, 대중의 판단에 대한 확신이 약하다. "타락하지 않은" 대중에 대한 신앙이란 대중주의적 개념에 동의하는 사람들만이 예외일 것이다. 사람들은 "모든 나라의 국민이 체계적 정부를 위해 필요한 분별력과 안정성을 소유한 것이 아니라는 사실은 의문의 여지가 없는 진리다"라는 알렉산더 해밀턴Alexander Hamilton의 유명한 말을 기억한다. 하지만, 오늘날 보수적 정치인들 가운데 그렇게까지 생각하는 사람은 많지 않다.

두 그룹은 도덕적 이슈를 흑백논리로 바라보는 경향이 있다. 물론 그런 경향이 항상 표현되거나 전적으로 수용되는 것은 아니며, 반대자들이 서로 다르고 틀렸다고 생각하지만 말이다. 오류에 같은 시간과 충분한 자유를 제공해야 한다고 생각하는 것은 대단히 힘들다! 둘 다 어떤 종류의 검열, 주일휴업법, 교회와 성직자를 위한 세금혜택, 공공교육의 종교적 요소, 낙태에 대한 실제적 금지, 그리고 전통적 결혼과 전통적 가족에 대한 강력한 지지 등을 옹호한다. 기독교 보수주의와 정치적 보수주의 모두 핵심적 신념belief(나는 핵심적 신념을 강조한다)에 대한 타협을, 행복한 중도의 수용이 아닌, 필요하지만 바람직하지 않은 원칙의 굴복이라고 생각한다.

언제나 그런 건 아니지만, 두 유형의 보수주의는 다음의 개념과 대체로 일치한다. 즉, 최고의 시대는 과거에 있으며, 최소한 도덕적 차원에서 사태는 악화되고 있으며, 과거의 경험은 도덕적으로 훌륭한 참고사항이다. 두 유형 모두 현재 우리의 삶의 방식이 여러 세대의 경험을 통해 성취된 것이므로 너무 쉽게 변경되어선 안 되고, 아무리 기초적인 변화라고 해도 천천히 그리고 신중하지 이루어져야 하며, 사람은 본래 평등하지 않고 법과 질서는 강조되어야 한다는 점에 동의한다.

많은 정치적 보수주의자들이 기독교든 다른 신앙이든 종교의 중요성을 강조한다. 그들은 종교가 좋은 사회의 발전과 유지에 기초적인 역할을 한다고 주장한다. 강력한 종교적 믿음의 주된 유익 중 하나는 하나님에 의한 처벌의 공포가 범죄를 줄인다는 것이다. 정치적 보수주의자들이 가끔 기독교 신앙이나 유대-기독교적 가치에 관심을 보이긴 하지만, 그들은 대체로 기독교 복음의 독특성을 강조하지 않는 경향이 있다. 보수적 기독교인들은 대체로 그런 종교적 강조점에 동의한다. 하지만, 더 많은 관찰자의 눈에, 이것은 기독교나 어떤 다른 신앙에 대한 실제적 승인이라기보다는 유권자 확보라는 목적을 위한 하나의 수단일 뿐이었다.

이처럼 상당히 많은 부분이 중첩됨에도, 두 유형의 보수주의 사이의 차이점은 상당하다. 자신의 신조에 투철할 때, 보수적 기독교인은 인도주의적 지원에 대단히 강한 면모를 보인다. 반면, 정치적 보수주의자는 대체로 그런 사업에 그렇게 열정적이지 않다. 하지만, 우리는 때때로 세속적 보수주의 내에도, '가진 자의 도덕적 의무' noblesse oblige 같은 것을 대단히 강조한다는 사실을 주목할 필요가 있다. 다른 상황에선, 정치적 보수주의자들이 '하층계급'의 필요와 곤궁에 대단히 무관심했다.

보수적 기독교는 이타주의와 이웃에 대한 깊은 관심을 지지한다. 정치적 보수주의는 개인과 국가의 이기주의를 강조하고, 가난하고 억압받는 사람들에 대해선 별다른 관심을 보이지 않으며, 엄청난 사회적·경제적 불평등을 기꺼이 용납하는 경향이 있다. 하지만, 우리는 이런 대조를 지나치게 강조해선 안 된다. 또한, 기독교인인 정치적 보수주의자들은 대체로 자신들의 사회윤리를 정치참여에 적용하려 할 것이다.

정치적 보수주의자는 재산권을 대단히 중시하며, 보수적 기독교인도 재산권에서 가치를 발견한다. 하지만, 그렇게 대단한 의미를 부여하진 않는다. 결국, 기독교인은 하나님의 주권 아래 있는 청지기며, 그러므로 자신의 재산에 대해 그렇게 집착하지 말아야 한다.

끝으로, 정치적 보수주의자는 애국주의와 민족주의를 강조하는 경향이 있다. 그래서 빈번히 개인의 국가가 지고선至高善, the highest good을 구성하는 것처럼 보인다. 자신의 신조에 충실하다면, 보수적 기독교인은 문제를 달리 보게 된다. 그들은 그리스도와 교회에 먼저 충성을 바친다. 궁극적으로 그리스도와 교회는 초국가적이기 때문에, 애국주의를 포함한 다른 충성의 대상들은 이차적이고 조건적일 수밖에 없다.

중요한 차이점들과 더불어 이런 유사점들을 고려할 때, 정치적 보수주의가 기독교인이, 특별히 번영하는 사회에서 기독교인이 가장 선호하는 정치이념으로 보이는 것도 그리 놀랄 일이 아니다.

사회주의

이제 우리는 사회주의에 대한 분석을 시도한다. 언젠가 독일 신학자 폴 틸리히Paul Tillich는 "기독교는 사회주의를 실천하는 종교다"라고 말한 적이 있다. 우리는 사회주의의 본질을 분석하면서, 그가 주장한 것의 가치를 평가할 것이다. 기독교인은 초대 예루살렘 교회의 모범을 따라 사회주의를 추구해야 하는가? 아니면 최소한 사회주의의 경제적 요소에 주목해야 하는가? 여기서 내가 의미하는 사회주의는 영국의 노동당, 캐나다의 신민주당, 그리고 다른 곳의 비슷한 정당들에 의해 표현된 민주적 형태를 가리킨다. 스탈린이나 피델 카스트로와 연관된 비민주적 형태들은 분리된 다른 범주에 속한다. 지난 250년간, 민주적 사회주의*는 대부분의 서양 민주주의의 중요한 요소가 되었다. 비록, 미국에서는 별다른 추종자들을 얻지 못했지만 말이다.

민주사회주의는 인간 본성에 대해 낙관적이다. 그래서 인간은 본래 선하다고 생각한다. 이런 견해에 따르면, 사회악은 사람들이 자본주의의 악에 의해 타락한 결과다. 이런 견해에 따르면, 악의 존재는 아담의 타락 결과가 아니라, 착취적인 경제-사회적 구조의 결과다. 따라서, 악에 대항하는 방법은 자본주의를 제거하는 것이다. 여기서 교육은 자본주의적 착취의 악을 이해하고 제거하도록 도울 수 있기 때문에 매우 유용하다.

더욱이, 사회주의는 개인이 일차적으로 경제적 존재이며, 계급구조가 산업적으로 성숙한 사회의 지배적 특징이고, 대부분 사람은 자신들을 근본적으로 특정한 경제계급의 구성원으로 간주한다고 주장한다. 또한, 사람들은 공공선을 증진시키기 위해 쉽게 협력하며 함께

---

* 편집자주: 대체로 사회민주주의와 같으나 사회민주주의가 '사회개량주의'라는 뜻으로 쓰이기 때문에 특히 사회주의적인 점을 강조하기 위해서 '민주사회주의' 라 한다.

행동하길 원한다. 따라서 전통적으로 자본주의적인 정당들은 자본가 계급의 이익을 위해 기능 해 왔다. 사회주의 정권 하에선, 정부의 역할은 자본주의적 착취를 제거하고, 일반 노동계급의 이익을 증진시키기 위해(이 계급을 사회에서 가장 도덕적인 계급으로 전제하고), 민주적 방식으로 사회를 재구성하는 것이었다. 그 결과, 모든 사람이 올바른 대접을 받게 될 것이다.

일반적으로 사회주의자들은 자신들이 대단히 신뢰하는 정부가 착취를 제거할 뿐만 아니라, 상당한 정도로 경제적 평등을 확립해야 한다고 주장한다. 또한, 정부는 세금을 통해 확보한 기금으로 광범위한 의료 및 사회복지 프로그램을 제공해야 한다. 이런 인도주의적 사업 외에, 정부는 최소한 이상적으로나마 생산과 분배의 주요 매체들, 즉 철도, 전기와 수도, 광산, 은행, 그리고 대규모 제조회사들을 국가가 소유하도록 해야 한다. 또한, 정부는 노동조합에 우호적인 법률을 제정하고 집행해야 한다. 최소한 민주사회주의의 일부 그룹들을 위해선 중앙계획경제가 중요하다.

대부분 사회주의자는 탐욕과 개인의 과도한 부의 축적을 반대한다. 그들은 올바른 사회적 통제engineering을 통해, 자본주의가 시도하는 것보다 훨씬 더 나은 모습으로 사회가 발전할 수 있다고 믿는다. 그런 새로운 사회에서, 빈곤과 박탈은 제거될 것이다. 역사적으로 그들의 슬로건은 "능력에 따라 일하고 필요에 따라 공급받는다"였다.

이런 서술을 고려할 때 기독교와 겹치는 영역은 무엇인가? 사회주의와 기독교 모두 가난한 자, 억압받는 자, 그리고 주변인들을 돕는데 깊은 관심이 있다. 둘 다 경제적 착취와 남용을 종식하고 싶어한다. 둘 다 탐욕을 거부하고 모든 사람이 참혹한 빈곤에서 벗어날 수 있도록 보다 공정한 부의 분배를 추구한다. 그래서 둘 다 어느 정도의 경제적 평등을 지지한다. 하지만, 사회주의는 기독교보다 그 개념을 더욱 강조한다. 사회주의는 자발주의를 넘어 법적 강제를 시도한다. 이것이 주된 질적 변화다.

공동체에 대한 강조, 파괴적인 민족주의적 대결의 거절(사회주의자들은 국제적 계급에 대해 말한다), 그리고 국제적 협력에 대한 강력한 경향 등은 기독교적 가치를 반영하는 부분이다. 유사하게, 전쟁의 경제적 명분은 제거되어야 한다는 생각도 최소한 평화와 인류의 형제애에 대한 기독교적 가치의 일부와 공명을 이룬다.

공동의제를 고찰하면서, 특히 산업혁명의 최악의 요소들에서 기원한 불의에 관해, 우리는 다수의 영향력 있는 사회주의 개혁자들, 특히 영국과 캐나다에서 활동한 인물들이 자신들의 기독교 신앙을 활용했다는 사실을 기억할 필요가 있다. 이런 사회주의 개혁자들이 "마르크스주의만큼 감리교회에" 많은 빚을 졌다는 말에는 상당한 수준의 정당성이 존재한다.

중요한 부분이 중복됨에도, 양자 간의 차이점도 대단하다. 보수적 기독교인들은 인간 본성이 기본적으로 선하다거나, 만약 인간 본성이 악하다면, 그것은 자본주의가 본성을 타락시켰기 때문이라는 개념에 동의할 수 없다. 그들은 악의 원천을 경제적 착취가 아닌, 죄 많은 아담의 타락에 둔다. 물론, 많은 경우에 경제적 착취가 대단히 나쁘지만 말이다. 그들은 경제적 착취가 죄를 일으키는 것이 아니라, 죄가 경제적 착취를 일으킨다고 믿는다. 그 구별은 중요하다. 더욱이, 비록 교육의 가치를 인정하지만, 보수적 기독교인들은 교육이 악을 교정하는 핵심적 대안이라고 생각하지 않고, "인간에 대한 적절한 연구"는 경제학에 초점을 맞추어야 한다는 생각에도 동의하지 않는다. 또한, 그들은 올바른 교육과 정책이 소위 "새로운 사회주의적 인간"을 양성할 것이라는 사회주의의 기본적 신념도 거부한다. 그들은 그런 목표를 성취하기 위해 영적 중생을 중시한다.

물론 보수적 기독교인들도 경제적 계급의 존재를 인정하지만, 계급분석의 중심성이나 계급투쟁의 불가피성 등에 대한 사회주의자들의 생각에는 동의하지 않는다. 정말, 그들과 다른 관찰자들은 일차적으로 대부분 사람이 자신들을 특정 계급의 구성원으로 인식하지 않는다고 지적한다. 그들은 우리에게 이전의 전쟁들처럼, 20세기의 거대한 전쟁들에서, 인민 대중이 국가적 정체성과 민족주의적 감정을 초국가적인 경제적 형제애보다 훨씬 더 중시했다는 점을 상기시켜준다.

그뿐만 아니라, 보수적 기독교인들은 개인을 주변화시키는 것, "노동계급"을 편애하는 광범위한 차별, 거대한 정부에 대한 근거 없는 신앙, 그리고 중앙계획과 규제에 대한 강력한 강조 등에 반대한다. 모든 노동쟁의에 대한 사회주의적 정당화는 많은 보수적 기독교인들에게 또 하나의 문제다.

간략히 말해서, 많은 공통점이 존재하지만, 보수적 기독교와 세속적 사회주의는 악을 다르게 설명하고, 도덕적 실패에 대해 다른 해법을 제공하며, 일반적으로 다른 이상과 우선순위를 갖고 있다.

자유주의

이제 세속적 자유주의*에 대한 분석, 특히 개혁적 자유주의reform liberalism로 널리 알려진 더 계몽주의적인 근대적 형태의 자유주의를 분석해보자. 이런 형태의 자유주의는 정부가 뒤로 물러서고, 시장의 보이지 않는 손이 그 역할을 대신해야 한다는 자유방임의 고전적 자

---

* 편집자주: 자유주의는 시대별로 구분하면 18세기 고전적 자유주의(Classical Liberalism-존 로크, 애덤 스미스, 데이비드 흄, 토머스 제퍼슨, 제레미 벤덤, 토머스 그린), 19세기 개혁적 자유주의, 20세기 이후의 현대적 자유주의(존 케인즈, 존 롤스)로 구분한다. .

유주의 개념을 넘어섰다.

　근대의 개혁적 자유주의에서는, 사회주의 경우처럼, 인간 본성이 기본적으로 악하지 않고 선하다고 생각한다. 사회에서 발견되는 광포한 악의 주된 원인은 사람들이 무지하고, 교육을 제대로 받지 못했다는 사실이다. 그러므로 악에 대한 책임은 개인이 아닌, 주로 사회와 제도에 있다. 교육개혁과 올바른 정부정책이 핵심적 목표다. 자유주의자들은 올바른 교육이 대부분의 도덕적 문제들을 해결해 줄 것이라고 주장한다. 예를 들어, 인종적 증오가 존재하는 곳에는 더 많은 교육을 실행하라!

　더욱이, 자유주의자들은 인간에게 동기를 부여하는 것에 대해 낙관적인 견해를 지니고 있다. 즉, 일단 사람은 자신에게 이익이 되는 것이 무엇인지 이해하면, 그것에 맞게 행동할 것이다. 이것이 일반적으로 자유주의의 중요한 특징이다.

　역사에서 많은 전쟁의 원인을 지적하면서, 자유주의자들은 공격적이거나 전투적인 민족주의를 거부한다. 또한, 그들은 민족의 순결이란 개념과 어떤 형태의 분열적 종족주의도 거부한다. 대신, "인류의 형제애"라는 사상을 훨씬 더 강력히 지지한다.

　자유주의자들은 미래를 낙관적으로 본다. 사회는 진화하고 있다. 좋은 시절이 앞에 놓여 있다. 하지만, 자유를 확대하고 기회를 증가시키기 위해, 정부의 주도와 지원이 필요하다.

　비록 개인주의와 자유(자유주의의 두 가지 핵심적 가치들)에 온전히 헌신하였지만, 그들은 정부가 모든 개인이 자신의 잠재력을 가능한 한 충분히 개발하도록 도와야 한다고 믿는다. 어떤 이유에서든, 그런 개발을 스스로 이룰 수 없는 사람은 자발적으로 돕는 사람들뿐만 아니라 정부의 도움을 받아야 한다. 특히, 정부는 어떤 궁극적인 개인적 목적이나 가치를 설정하지 말아야 한다. 이런 것은 개인이 스스로 정해야 한다.

이런 서술을 고려할 때, 기독교 특히 보수적 기독교와 중첩되는 영역은 무엇인가? 인도주의에 대한 강조가 공통적이다. 즉, 인간은 자신의 형제를 지키는 자다. 정말 궁핍한 사람은 더 많은 특권을 누리는 사람들의 도움을 받아야 한다. 유사하게, 자유주의와 보수적 기독교는 철저한 것은 아니지만, 어느 정도의 경제적 평등에 대한 관심을 공유한다. 둘 다 불평등을 단순한 운명으로 합리화하지 않는다.

모든 사람과 개인의 도덕적 가치에 대한 믿음이 기독교와 정치적 자유주의를 특징짓는다. 기독교인은 모든 사람이 하나님의 형상으로 지음 받았기에 존엄하다고 주장하지만, 자유주의자들은 모든 사람이 위대한 잠재력을 지니고 모든 사람이 동등한 가치를 지닌다고 주장한다. 둘 다 인간을 일차적으로 경제나 계급적 관점에서 기술하는 일체의 마르크스적 사상을 강력히 거부한다.

두 견해 모두 신앙의 영역에서 자유와 개인적 선택의 중요성에 동의한다. 또한, 그들은 개인의 잠재력을 개발하는 것이 얼마나 중요한지에 대해서도 생각이 일치한다. 하지만, 자유주의자들에게 이런 강조는 대체로 방향을 상실했다. 기독교인에게 그것은 특별히 기독교적인 목표를 지닌다. 즉, 가능한 한 예수가 가르치고 모범을 보인 윤리에 따라 사는 것이다.

두 관점은 전투적 민족주의를 거부하고 국제주의를 강조한다는 점에서도 생각이 같다. 기독교인은 예수 그리스도의 교회와 흔히 선교 사역의 일부인 국외원조의 초국가적 본성을 강조한다. 우리가 이미 지적했듯이, 자유주의자들은 "인류의 형제애"와 세속적 동기의 국제적 원조를 강조한다.

이처럼 중요한 영역들이 중첩됨에도, 보수적 기독교와 정치적 자유주의 사이에는 심각한 긴장과 불일치의 영역이 존재한다. 인간 본성에 대한 그들의 시각이 기본적으로 다르다. 기독교인은 개인적/사회적 악의 뿌리를 대체로 아담의 타락에 둔다. 그들은 무지가 악의 원인이며 교육이 치유책이라는 자유주의적 가정을 거부한다.

특히 중요한 것은, 사람이 자신에게 무엇이 이로운지를 배울 수 있다는 자유주의적 가정을 기독교인이 거부한다는 것이며, 훨씬 더 중요한 것은, 일단 그것을 이해한다면, 사람이 그것에 따라 적절히 행동할 것이라는 가정도 거부한다는 것이다. 기독교인은 건강에 해로운 음식을 스스로 선택해 먹고 돈을 어리석게 허비하는 것이 단지 어린아이들만은 아니라고 지적한다. 자신들의 치아가 상했음을 알면서도 치과병원에 가지 않는 것은 어린이들만이 아니다. 무엇이 최선임(그들에게 이로운 것)을 어른들이 안다면, 그렇게 행동할 것이라는 생각도 근거가 없다고 기독교인은 주장한다.

사람은 흔히 최선이 아닌 것, 심지어 자신에게 이롭지 않은 것을 의도적으로 선택한다는 사실을 염두에 두고, 보수적 기독교인은 다수 원칙을 맹목적으로 믿지 않는다. 다수가 틀린 경우도 많다. 예를 들어, 소크라테스, 예수, 그리고 갈릴레오에게 다수가 무슨 짓을 했는지 생각해보라. 동시에 다수가 통찰과 지혜를 소유하는 것도 아니다. 흔히, 중요한 통찰이나 확신에 도달한 소수가 새로운 통찰이나 확신의 장점에 대해 다수를 설득하는 데 오랜 시간이 걸린다. 노예제도 반대, 여성해방, 아동노동 거부, 그리고 소년소녀 모두를 위한 공교육의 가치 등은 다수가 그런 생각을 지지하기까지 오랫동안 소수가 주장했던 것이다.

보수적 기독교인은 또한, 거대한 정부와 정부의 주도권에 대한 널리 퍼진 자유주의적 신앙을 대체로 거부한다. 끝으로, 자유주의적 낙관론이나, 만약 우리가 우리 정신을 제대로 사용한다면, 도덕적 진보와 행복 면에서 황금시대가 도래할 것이라는 가정도 근거가 부족하다고 생각한다.

결론

이런 것들이 기독교적 지원을 받으려고 경쟁하는 전형적인 정치적 세계관들이다. 그것들의 내용을 간략히 살펴보고, 이제 우리는 현명한 선택을 해야 한다. 그렇게 할 때 우리는 그리스도의 가르침을 특정 정당이나 이념과 혼동해선 안 된다. 그리스도의 가르침은 더 고귀한 질서에 속한다. 또한, 우리는 성서를 잘못 적용해도 안 된다. 적지 않은 수의 기독교인이 전도서 10장 2절을 때로는 장난으로, 때로는 심각하게 자신의 우파적 신념을 지지하기 위해 인용해 왔다. "지혜자의 마음은 오른편에 있고 우매자의 마음은 왼편에 있느니라." 나는 그토록 뛰어난 솔로몬이 현대의 좌–우 정치적 스펙트럼을 염두에 두고 이 구절을 적었다고는 생각하지 않는다.

우리가 모두 정치적 선택에 직면할 때, 모든 상황에서 무엇이 최고의 선택인지를 신중하게 분별하고, 우리가 바람직하게 생각하는 정도까지 그것을 지지해야 한다. 정당, 선거, 정책을 선택하는 것과 관련해서, 우리가 선택할만한 장점이나 매력이 없다면, 덜 악한 것을 지지하는 것이 우리가 할 일이다.

11
시민불복종의 성서적 토대가 존재하는가?

시민 사회가 기능 하기 위한 기초적 요구 사항은 시민이 나라의 법을 준수하는 것이다. 기독교인과 대부분 사람도 이런 원칙에는 동의한다. 그 논리는 강력하다. 즉, 상당수의 시민이 어떤 법은 준수하고 어떤 법은 어길 것인지를 스스로 결정한다면 신속하게 무정부상태가 도래할 것이다.

사실, 상황은 그것보다 훨씬 더 복잡하다. 만약 자신의 양심에 어긋나고 하나님께 불순종하지 않고는 복종할 수 없는 법을 정부가 도입한다면, 시민은 어떻게 해야 하는가? 그런 딜레마는 단지 이론적인 것이 아니다. 성서시대 이후, 그런 딜레마가 존재했던 적은 수 없이 많았다.

정부가 자신의 양심에 어긋나는 행동을 하도록 강요할 때, 기독교인은 어떻게 행동해야 하는가? 이 분석의 중심적 사상은 문제해결을 위해 할 수 있는 모든 일을 한 후, 본래 악하거나 기독교적 양심으로는 할 수 없는 것 대신에 시민불복종을 선택할 수 있다는 것이다. 많은 경우, 한 가지 합의된 해법을 찾을 수 있다. 예를 들면, 간호사가 낙태 시술을 거부하면 병원은 그녀를 다른 분야로 전출시킬 것이다. 어떤 고용인은 주일 근무를 거부하는 사람들을 존중할 것이다. 또 어떤 정부는 군 복무를 거부하는 사람에게 대체복무를 허용할 것이다.

하지만, 때때로 정부의 명령을 변경하거나 면제를 요구하는 것이 불가능할 때가 있다. 독재정부가 일체의 비판을 용납하지 않을 경우, 대부분 기독교인은 극단적인 불의에 저항하는 발언을 해야 한다고 느낀다. 그런 곤경에서, 신중하게 계산되고 예민하게 수행된 시민불복종은 가장 도덕적인 대응이 될 수 있다.

나는 어떤 상황에선 시민불복종이 최후의 호소일 수 있지만, 다른 모든 평화적 선택이 실패한 경우에만 인정된다는 점을 강조하고 싶다. 처음부터 여기서 논의되는 시민불복종은 정부를 전복시킬 목적으로 수행되는 것이 아니라, 정부가 특정한 정책을 변경하도록 압력을 행사하려는 것임을 밝혀둔다.

합리적인 사람이 옳고 그른지를 판별하기 위해 자신의 판단력을 사용할 것이란 가정은 실제로 널리 퍼져 있다. 제2차 세계대전 이후 뉘른베르그 전범재판 동안, 승리한 연합군 지도자들은 나치의 민간인과 군사 지도자들이 그 나라의 법에 불순종했기 때문이 아니라 히틀러의 명령에 복종했기 때문에, 조사하고 처벌했음을 기억할 필요가 있다. 계몽되고 합리적인 백성은 히틀러의 질서 안에 있는 심대한 악을 인식했어야만 했고, 품위와 지고한 도덕법의 이름으로 그에게 불복종했어야 했다고 기소자들이 주장했고 법정도 동의했다. 백성이 시민불복종을 실천했어야 하며, 어떤 사람은 그렇게 하지 않았기 때문에 사형을 선고받아야 한다고 기소자들이 주장했다. 고발된 사람 중 많은 이들이 자신들은 그 나라의 법을 존중했을 뿐이며, 히틀러가 행한 모든 일은 적법한 것이었다고 주장했다. 연합군의 판사들은 그런 주장을 거부했고, 많은 나치 지도자들이 불복종하지 않았다는 이유로 처형되었다.

제2차 세계대전 이후, 시민불복종을 실천했던 특정 그룹에게 수많은 찬사가 쏟아졌다. 안네 프랑크를 숨겨주었던 네덜란드 가족들과 자신들의 수업시간에 나치 교과과정을 가르치지 않았던 노르웨이 교사들이 그 예들이다. 스웨덴의 외교관 라울 발렌베리Raoul Wallenberg도 칭찬을 받는다. 그는 나치의 가스실로 끌려갈 뻔했던 수 천명의 헝가리 유대인들에게 불법여권을 만들어줌으로써 시민불복종에 가담했던 것이다. 이렇게 시민불복종을 실천했던 사람들이 세계적인 영웅이 되었다.

수년 후에, 마틴 루터 킹 2세가 이끈 미국의 민권운동이 흑인들에 대한 보다 공평한 대접을 위해 대규모의 불복종을 실행했다. 처음에는, 많은 사람이 이런 시민불복종을 비난했다. 하지만, 세월이 흘러, 미국정부는 그를 기념하기 위해 국가 공휴일을 제정하면서, 킹의 주장은 정당했고 그의 시민불복종은 도덕적으로 옳았다고 선언했다.

또한, 시민불복종은 남아프리카에서 인종차별을 종식하게 하는 데 주된 역할을 했다. 동유럽에서는 공산주의를 제거하는데, 막중한 역할을 했으며, 100년 전에는 미국에서 노예들이 캐나다로 도주하는데 도움을 주기도 했다. 우리는 나일강에서 상자에 숨겼던 모세처럼 성서의 이야기들을 인용할 수도 있다. 당시에 그런 행동은 불법이었다.

이 모든 예에서 용감하게 시민불복종을 실천했던 사람들의 동기가 개인적 유익이 아니었다는 점을 지적하는 것이 중요하다. 오히려 그들의 동기는 정말로 어려움에 부닥친 사람들을 위한 것이었거나, 사회 전체에게 유익을 주는 기본적 개혁을 성취하는 것이었다. 더욱 높은 선과 법과 관련된 것이었다.

우리 시대에, 시민불복종은 특정 국가에 성서를 몰래 들여가는 것, 낙태를 시행하는 병원 앞에서 시위하는 것, 망명자들을 돕는 것, 그리고 예배가 금지된 지역에서 예배를 위해 모이는 것으로 실천되고 있다. 그런 예들의 목록은 매우 길 것이다.

시민불복종에 관여하는 사람들은 여러 나라에서 정부가 반기독교적인 정책을 채택하고, 공적 도덕성이 퇴보할 때, 기독교인이 시민불복종에 가담하게 된다고 주장한다. 일관된 기독교윤리는 그들에게 시민불복종 외에 다른 선택을 제시하지 않을 것이라고 주장한다. 이런 이슈는 비기독교인뿐만 아니라 기독교인 사이에서도 뜨겁게 논의되고 있다. 점점 더 많은 기독교인에게 이 이슈는 더는 피할 수 없는 것이 되고 있다.

정의定義

우리는 우리가 사용하는 정의를 명확히 할 필요가 있다. **시민불복종**은 법에 대립하고, 양심에 따라 실행하는, 공적이고 비폭력적인 행동을 일컫는다. 그 의도는 악에 대한 주의를 촉발하고 상황이 변하게 하는 것이다. 일반적으로 그 목적은 자기 자신이 아닌, 타자를 돕는 것이다. 하지만, 때로는 이슈가 자기 자신이나 작은 집단에 관한 것이기도 하다.

시민불복종과 긴밀히 관련된 것으로 **양심적 거부**가 있다. 이것은 자신의 양심에 거스를 때 정부가 요구하는 어떤 것의 실천을 거부하는 것이다. 이런 행동에 참여하는 사람은 법이나 정책을 바꾸기보다, 면제되길 더 원한다. 징집거부, 배심원 활동 거부, 그리고 아동에게 백신접종 거부 등이 대표적인 예들이다.

일반적인 형태의 시민불복종과 다른 범주의 시민불복종은 흔히 **전술적 시민불복종**이라 불린다. 여기에서 의도는 특정의 법을 폐지하는 것이 아니라, 그것의 의미나 적법성을 검토하는 것이다. 킹 목사는 자주 이런 전술을 사용하여, 다양한 법이 결코 흑인을 억압할 의도가 없었다는 사실을, 혹은 그것이 본래적으로 헌법을 위배한다는 사실을 보여주었다. 이 전술은 종종 이슈를 해결하거나 적어도 해결책을 알려주는 법원 판례에서 나타난다.

우리는 또한 **직접적인 시민불복종**과 **간접적인 시민불복종**을 구별해야 한다. 직접적인 시민불복종이란, 어떤 문제를 직접적으로 다루는 어떤 행동을 뜻한다. 인종분리를 종식하기 위한 노력의 하나로, 백인만을 위해 예약된 점심카운터에 흑인들이 앉는 행동이 하나의 예가 될 수 있을 것이다. 정반대로, 한무리의 사람들이 불법으로 수감된 사람들에게 관심을 불러일으키려고 고속도로 통행을 불법으로 가로막는 것은 간접적 시민불복종이라고 불린다. 이 사람들은 교통을 방해한 것이 아니라 다른 것에 반대한 것이고, 그런 불의가 공론화되길 원한 것이다. 그들은 사람들에게 자신들의 친구가 감옥에 있다는 사실을 알리고, 불의를 수정하려는 노력에 낯선 사람들이 동참하도록 자극하길 원한다.

성서는 시민불복종에 대해 뭐라고 말하는가? 비록 성서가 정부는 하나님이 세운 것이며, 기독교인들을 포함한 모든 시민이 기본적으로 정부에 복종해야 한다고 가르치지만, 우리는 성서에서 시민불복종에 관한 본문들을 발견한다. 우리는 이미 출애굽기 2장 1~9절에 주어진 설명에 대해 언급했다. 이 본문에서 모세의 생명이 불법적으로 구조되었다. 우리가 출애굽기 1장 15~22절에서 읽는 것처럼 유대인 산파들의 시민불복종은 대단히 광범위했다. 이 산파들은 "하나님을 두려워하여, 애굽의 왕들이 그들에게 명령한 대로 행동하지 않았다.…그래서 하나님은 그 산파들에게 친절을 베푸셨다." 분명히, 하나님은 그들의 시민불복종을 기뻐하셨고 그들에게 상을 주셨다.

하나의 전술로서 시민불복종에 대한 구약의 정당화는 신명기 6장 5절("너는 마음을 다하고 뜻을 다하고 힘을 다하여 네 하나님 여호와를 사랑하라")에서 기원한다고 주장할 수 있을 것이다. 예수는 마태복음 22장 37절과 마가복음 12장 30절에서 무조건적 충성에 대한 이 명령을 반복한다. 다른 많은 성서본문도 참된 신자들에게 오직 하나님만을 예배하라고 권고한다.

다니엘서는 하나님을 기쁘게 했던 시민불복종의 두 가지 예를 제공한다. 첫 번째는 사드락, 메삭, 아벳느고가 금신상에 절하라는 느브갓네살 왕에게 복종하길 거부했던 것이다. 단3:18 참조 두 번째는 오직 다리오 왕에게 기도하는 것을 다니엘이 거절했던 것과 관련된다. 단6장 참조

우리는 신약성서에서 칭찬할만한 위법 행위의 예들을 수없이 발견한다. 안식일에 알곡을 따서 먹고 병자들을 고친 것이 이 상황에 맞는 예들로 인용될 수 있을 것이다. 마태복음 12장 1~3절에서, 예수는 자신이 안식일의 주인이라고 선포했다. 마태복음 2장 1~12절에서 우리는 꿈에서 하나님의 경고를 받은 동방박사들이 어떻게 아기 예수를 만난 후에 자신에게 보고하라는 헤롯왕의 명령에 불복종했는지를 읽게 된다. 하나님께서 그들에게 왕의 명령에 거역하고, 시민불복종에 동참하라고 요구하셨음을 지적하는 것은 중요하다. 특별히 이것은 하나님께서 명령하신 직접적인 시민불복종이었다.

일부 기독교인은 시민불복종에 대한 어떤 정당화도 반대하며, 이런 입장을 지지하고자 로마서 13장 1절을 인용한다. 그 구절은 다음과 같다. "각 사람은 위에 있는 권세들에게 복종하라. 권세는 하나님으로부터 나지 않음이 없나니, 모든 권세는 다 하나님께서 정하신 바라." 두 가지 반응이 신중하게 고려되어야 한다. 첫째, 이 본문의 이슈

는 정부가 내린 모든 명령에 복종하는 것이 아니라, 정부라는 제도에 복종하는 것이다. 바울은 로마의 기독교인들에게 오직 하나님께만 복종함으로써 일종의 정치적 무정부상태를 지지하는 대신, 정치권력의 합법성을 받아들여야 한다고 말하는 것이다. 둘째, 바울의 입장이 정부의 모든 지침에 대한 무조건적 복종을 의미하는 것이 아니었다는 사실은 그 자신의 삶을 볼 때 분명하다. 그는 정치권력이 그에게 채찍질하고, 설교 중단을 명령한 다음에도 계속 설교했다.

다른 사도들도 비슷한 상황에서 계속 설교했다. 설교하지 말라는 명령을 받았을 때, 그들의 반응이 어떠했는지를 주목하라. "베드로와 요한이 대답하여 이르되 하나님 앞에서 너희의 말을 듣는 것이 하나님의 말씀을 듣는 것보다 옳은가 판단하라. 우리는 보고 들은 것을 말하지 아니할 수 없다 하니."행4:19~20 후에 산헤드린의 시민-종교 권력이 그들에게 2차로 경고했다. "우리가 이 이름으로 사람을 가르치지 말라고 엄금하였으되." 하지만 그들은 시민불복종을 멈추지 않았다. "베드로와 사도들이 대답하여 이르되, 사람보다 하나님께 순종하는 것이 마땅"했기 때문이다.행5:28~29

우리는 시민불복종의 목적이 권력을 쥔 사람들에게 어떤 법, 규칙, 정책, 혹은 관행이 본래부터 틀렸다고 설득하는 것임을 다시 한번 강조해야 한다. 그런 다음에 권력자들이 자발적으로 시민불복종을 실천하는 사람들의 도덕적 요구를 받아들이도록 바라는 것이다. 전형적으로, 변화를 일으킬 때의 목적은 어떤 개인적 이득을 얻기 위함이 아니라 어떤 그룹을 위한 정의나 사회 전체의 근본적 개혁을 성취하는 것이다. 하지만, 때로는 설교하던 사도들처럼, 주된 이슈는 특정한 법의 개정을 바라는 것이 아니라 하나님에 대한 복종이 그런 행동을 요구한다면, 기꺼이 계속 시민불복종을 실천하는 것이 될 것이다.

시민불복종에 대한 세속적 논증들

시민불복종을 정당화하는 문헌들의 저자 대부분은 주로 세속적 근거에서 논증한다. 헨리 데이비드 소로Henry David Thoreau는 그의 고전 『시민불복종의 의무에 대하여』*On the Duty of Civil Disobedience*에서 이렇게 말했다. "우리는 먼저 인간이 되어야 하며, 그 후에 복종한다. 권리에 대해 갖는 존경과 같은 정도의 존경을 법에 대해 갖도록 부추기는 것은 바람직하지 않다." 17세기 영국 철학자이자 신학자인 존 로크John Locke는 시민이 자유로운 도덕적 행위자들이며, "국가에 저항하는 권리"를 지닌다고 말했다. 그는 정부가 자신이 존재하는 목적을 심각하게 범하거나 무시할 때, 시민이 불복종할 권리, 심지어 반란을 일으킬 권리를 갖는다고 주장했다. 하지만, 반란은 시민불복종의 범주 밖에 있는 것이다.

20세기 초반에, 토마스 힐 그린Thomas Hill Green은 "도덕적 삶의 조건인 자유의 조건들을 유지하는 것이 정부의 기능이다. … 만약 정부가 그런 기능을 제대로 수행하지 못하면, 우리에게 복종을 더는 요구할 수 없게 된다"라고 썼다. 근대의 또 다른 작가인 존 롤스John Rowls는 진실로 도덕적인 사람은 자주 두 가지 선택에 직면한다. 즉, 시민불복종을 택하거나, 영구화되고 있는 악의 일당이 되거나. 다른 작가들처럼, 그는 소크라테스와 예수 시절부터 나치와 아파르트헤이트 같은 근대적 공포에 이르기까지, 역사는 흔히 다수가 틀렸음을 보여주었고, 도덕적 향상을 하려면 개인과 작은 집단들이 시민불복종을 실천해야 한다고 논증한다.

실제로 시민불복종을 기본권으로, 심지어 의무로까지 옹호하는 사람 모두는 개인이 다른 모든 평화적이고 법적인 선택들을 시도해본 후에만, 최후의 수단으로 이런 방법을 택해야 한다고 강조한다. 물론 때때로, 가혹한 독재 치하에선, 다른 평화적이고 법적인 수단들이 존재하지 않을 수도 있다.

기독교인에겐 한 가지 기본적 고려사항이 있다. 하나님에 대한 우리의 헌신이 일차적이며, 다른 모든 주장은 부차적이라는 것이다. 어떤 권력의 명령이 하나님의 명령과 어긋날 때, 그 명령에 불복종해야 한다. 신앙과 도덕의 문제에서, 기독교인들이 믿고 행하는 것은 결코 그 시대의 통치자들에 의해 좌우될 수 없다. 기독교인에게, 하나님에 대한 불복종은 언제나 국가에 대한 불복종보다 더 심각하다.

어떤 기독교인은 시민불복종이 오직 특정한 종류의 이슈에만 적합하다고 생각한다. 하나님을 예배하고 섬기며, 복음을 선포하고 전하는 권리와 관련해서, 이런 기독교인들은 다른 모든 시도가 실패할 경우, 시민불복종을 실천할 권리를 갖는다고 말한다. 하지만, 그들은 다른 사안들을, 심지어 불의, 억압, 그리고 고문이 심각할 때에도, 시민불복종을 실천하는 기독교인들에 대해선 명확하게 선을 긋는다.

다른 이들은 기독교적 활동과 직접적으로 관련이 없는 더 거대한 다른 악들이 존재할 때, 기독교인들은 자신들과, 특히 다른 이들을 위해 시민불복종을 수행할 의무를 지닌다고 논증한다. 그들은 진실로 옳은 일을 지지하기 원하는 기독교인들이 "자신을 백성의 적으로 만든 국가의 적이 되어야 한다"라고 주장한다.1)

시민불복종의 필요 혹은 의무에 대해 보다 폭넓은 견해를 지지하는 일부 기독교인들은, 더 커다란 기독교 공동체와 함께 문제들을 다루는 것이 최선의 방법이라고 강조한다. 그들은 다수의 생각이 더욱더 지혜롭다고 논증한다. 어떤 이들은 개인적으로 행동하든 집단으로 행동하든, 기독교적 헌신에 의해 각성한 양심이 틀릴 수도 있음을 인정해야 한다고 지적한다. 상황 판단을 잘못하거나 하나님의 참된 소리를 듣지 못할 수도 있다. 결과적으로, 상황에 대한 주의와 세심한 분석이 언제나 필요하다.

시민불복종에 대한 반대들

어떤 상황에서 시민불복종이 적절한지를 결정할 때, 모든 시민, 특히 기독교인은 시민불복종에 대한 주된 비판들에 주목할 필요가 있다. 이런 반대들도 세심히 고려해 볼 가치가 있다.

1. **시민불복종은 법과 질서를 붕괴시킨다.** 이런 경우가 발생할 수도 있다. 하지만, 상황은 그것보다 더 복잡하다. 흔히 독재 정부는 독재와 억압을 법적 행동의 언어로 포장한다. 아파르트헤이트, 유아 살해, 홀로코스트, 그리고 종교적 자유의 제한 등에 대한 공적 지지는 법으로, 심지어 다수의 지지 속에 이루어진 것이다. 마틴 루터 킹 2세는 "우리는 아돌프 히틀러가 독일에서 행한 모든 일이 합법적이었음을 절대 잊지 말아야 한다"라고 말했다. 또한, 우리는 "불의한 법은 결코 법이 아니다"란 성 어거스틴의 말을 기억한다.

나는 시민불복종이, 특히 기독교적 가르침에 근거를 둔 경우, 정부의 필요성이나 법을 만드는 정부의 사명에 도전하지 않는다는 점을 강조해야 한다. 이런 의미에서, 그것은 정부라는 제도 자체를 반대하는 무정부주의와는 근본적으로 다르다. 킹의 다른 말은 그 점을 강조한다. "나는 양심이 부당하다고 말하는 법을 어기고, 그 법의 불의함에 대한 공동체의 양심을 일깨우고자 기꺼이 감옥에 가는 사람은 그 법에 대한 최고의 존경을 표하는 것으로 생각한다." 헨리 데이비드 소로의 관찰도 시기적으로 똑같이 적절하다. "정부가 법을 어길 때 그 법을 지키는 사람이 바로 그 법을 진정으로 사랑하는 사람이다."

2. **많은 사람이 시민불복종을 실행한다면, 그런 일이 가능해진 상황을 부정하게 될 것이다.** 달리 말하면, 그 법에 대한 다수의 수용이 없다면, 특정한 법에 대한 평화롭고 선택적인 거부도 있을 수 없다. 이런 거부에 대한 반응은 시민불복종이 결코 모든 법에 대한 거부가 아니라, 단지 특정 법에 대한 거부일 뿐이라는 것이다. 다른 모든 법에 대해서는 계속 지지한다. 정의와 인간 존엄성의 이름으로, 일군의 법, 예를 들면, 히틀러의 홀로코스트 법을 대중들이 거부할지라도, 그 결과로 정치적 불안정이 아니라, 향상된 사회가 도래할 것이다.

3. **기독교인이 가장 책임 있는 시민불복종을 실천하더라도 오해의 위험이 있으며, 교회의 커다란 복음적 사명을 약화시킬 위험도 있다.** 이것은 중요하지만, 결정적인 반대는 아니다. 기독교인은 끊임없이 오해받을 위험을 감수한다. 시민불복종을 실행하는 사람들은 폭도, 이기적 반대자, 대중적 인기 추구자, 무정부주의자, 그리고 타자의 선을 추구하는 이타적 도덕주의자 사이에서 차이를 드러내는 데 온 힘을 다해야 한다. 어느 사건에서는 기독교인이 실수로 오류를 범했다는 평가를 받는 것보다, 옳은 일을 하는 것이 더 중요하다.

시민불복종 정당화하기

다음과 같은 질문을 던질 수 있을 것이다. "이 모든 요인을 고려할 때, 시민불복종은 실제로 언제 정당화되는가? 내 생각에, 다음의 7가지 조건들이 충족된다면 정당화될 수 있다.

1. 상황이 정말 심각해야 한다. 특정한 법이 사람들의 혐오 대상이면 대부분 시민불복종이 용납되지 않는다. 그 상황에 지독한 악이 관련되어야 한다.

2. 시민불복종을 계획하는 사람들은 도덕적 진지함을 탁월하게 드러내야 한다. 그들은 자신들이 그런 행동을 계획하는 이유를 설명해야 하며, 자신들의 행동에 대해 개인적으로 책임을 져야 한다. 그들은 겁쟁이가 아니다. 그들은 도주하여 숨지 않는다.

3. 특별한 목표가 명확히 제시되어야 하며, 많은 사람에게, 심지어 공동체 전체에게 유익하다는 사실이 입증되어야 한다.

4. 악을 수정하기 위한 모든 합법적 방법들이 먼저 시도되어야 한다.

5. 시민불복종의 활동 이전, 동안, 그리고 이후에, 법과 질서에 대한 기본적인 존중이 확고히 실천되어야 한다.

6. 오직 적합한 방법들만 사용해야 한다. 수단이 목적을 방해해선 안 된다.

7. 처벌을 받아야 한다면, 저항 없이 용납해야 한다. 시민불복종을 실천하는 사람은 상위법에 따라 도덕적 순수성이 인정될 수 있지만, 법적인 유죄를 쉽게 인정한다. 도덕적 근거가 약한 처벌을 기꺼이

용납하는 것은 법을 어기는 그 사건의 도덕성을 대단히 고양한다.

결론

민주주의가 발전한 사회에서는 시민불복종이 필요한 경우가 드물지만, 필요한 경우도 분명히 있다. 법과 관행이 불의한 경우가 많은 다른 나라에선, 그런 필요가 더 자주 발생한다.

시민불복종을 실행해야 할 경우, 하나님께 일차적 충성을 바쳐야 할 경우와 중복될 때가 있다. 한 국가의 법을 어기는 것은 언제나 심각한 문제다. 하지만, 그것이 늘 잘못은 아니다. 성서에서도 비슷한 예들을 찾아볼 수 있다.

시민불복종과 관련해서 가장 논쟁적인 측면은 그런 행동이 정당화될 수 있는 상황을 결정하는 것이다. 하나님을 예배함으로써 법에 저항했던 다니엘의 경우처럼, 시민불복종을 실천하는 것은 기독교인들 사이에서 폭넓은 지지를 얻었다. 비슷하게, 사도행전에 기록된 것처럼 복음을 선포함으로써 국가에 저항했던 사도들도 널리 긍정되었다. 하지만, 인종차별, 환경, 불공평한 노동법, 그리고 비슷한 관심과 관련된 사회적 사안들을 위해 시민불복종을 행하는 것은 별로 지지받지 못하고 있다. 이웃에 대한 사랑을 강조했던 예수의 경우를 고려할 때, 어떤 이들의 눈에 자명해 보이는 것이 다른 사람에게는 정당하지 못한 것으로 보이기도 한다. 이런 논쟁은 계속 되어야 하며, 상호존중의 분위기 속에서 그렇게 되어야 한다.

12
기독교인은 정치가와 정부를 위해 어떻게 기도해야 하는가?

성서에는 기독교인이 정부에 대해 어떻게 말해야 하는지에 대한 수많은 언급이 있고, 정부 조직들이 예수와 다른 성서 교사들에 의해 강력히 긍정되고 있다. 하지만, 신자의 기도생활에서 정치 문제가 어디에 있어야 하는지는 성서에 언급된 것이 별로 없다. 구약성서에서 우리는 기도와 정치 문제를 다루는 몇 개의 구절들을 찾을 수 있지만, 이것들은 대체로 공직자들이 아닌, 시나 국가에 초점이 맞추어져 있다. 이 중에서 가장 잘 알려진 것은 아마도 시편 122편 6절의 말씀으로, 여기에는 우리가 "예루살렘의 평화를 위해 기도해야 한다"라고 적혀 있다. 또한, 우리는 정치가들이 정치적 안녕을 위해 기도했던 예들도 찾을 수 있다. 예를 들어, 역대상 21장 7절에서 다윗은 하나님께 자신의 죄를 고백하고, 그의 백성을 위해 기도했다. 히스기야는 산헤드립의 손으로부터 민족을 구원해 달라고 기도했다. 왕하19:19 타인들의 안전을 위해 에스더 여왕이 아하수에로 왕과 심각한 대화를 나누고 있을 때, 모르드개와 그의 유대인 친구들은 금식하고 기도했다. 에 4:12~17

특정한 통치자들을 위해 기도하라는 명백한 명령이 에스라 6장 10절에서 발견된다. "그들이 하늘의 하나님께 향기로운 제물을 드려 왕과 왕자들의 생명을 위하여 기도하게 하라." 정치가들을 위한 우리의 기도는 심지어 악한 통치자들에게도 확장되어야 한다는 사실이 마태복음 5장 44절에 명백히 나타난다. 그곳에서 예수는 "핍박하는 자를 위해 기도하라"라고 명령한다. 누가복음 6장 28절에서 예수가 "너희를 모욕하는 자를 위하여 기도하라"라고 말한다.

심지어 불경스런 통치자를 위해 기도하라는 명령은 믿지 않는 왕 고레스에 대한 하나님의 말씀과 동일 선상에 놓인다. 하나님께서 이렇게 말씀하셨다. "내가 나의 종 야곱, 내가 택한 자 이스라엘 곧 너를 위하여 네 이름을 불러 너는 나를 알지 못하였을지라도 네게 칭호를 주었노라. 나는 여호와라 나 외에 다른 이가 없나니 나 밖에 신이 없느니라. 너는 나를 알지 못하였을지라도 나는 네 띠를 동일 것이요." 사45:4~5 불경한 통치자들을 존중하여 권력을 브여한 것을 하나님께서 적합하게 생각하신다면, 기독교인은 틀림없이 그들을 위해 기도해야 한다.

신약성서에서, 다양한 본문들이 신자들에게 정부에게 복종하고, 세금을 내며 감사하라고 권면하고 있다. 하지만, 정부를 위해 기도하라고 명령하는 본문은 오직 하나다. 디모데전서 2장 1~3절에서 바울의 명령은 명백한 지침을 제공한다.

> 그러므로 내가 첫째로 권하노니 모든 사람을 위하여 간구와 기도와 도고와 감사를 하되, 임금들과 높은 지위에 있는 모든 사람을 위하여 하라. 이는 우리가 모든 경건과 단정함으로 고요하고 평안한 생활을 하려 함이라. 이것이 우리 구주 하나님 앞에 선하고 받으실 만

한 것이니.

물론, 우리는 사람들의 필요에 따라 그들을 위해 기도해야 한다는 성서의 일반적 명령을 알고 있다. 또한, 모든 사람에게 복된 소식을 전해야 하며, 모든 사람이 구원과 그리스도의 주되심을 받아들이도록 그들을 초대하라는 가르침도 받는다. 하지만, 우리에겐 정부를 위해 어떻게 중보기도해야 하는지에 대한 모델이 없다. 마태복음 6장에 있는 주의 기도는 정치권력에 대해 아무런 언급이 없다. 그럼에도, 우리는 이 영역에서 몇 가지 지침과 제안을 발전시킬만한 충분한 교훈이 있다.

우리는 정부를 위해 어떻게 기도해야 하는가?

우리의 기도제목 속에 정부와 관련된 특정한 목록은 무엇인가? 기도제목 중의 몇 가지는 국가나 상황에 따라 다를 수 있지만, 다음의 목록은 유용한 출발점이 될 것이다. 일련의 목표로서, 그것은 주기적으로 검토되고 갱신되어야 한다. 자연적으로 모든 항목이 언제나 적용 가능한 것은 아니다.

1. **우리는 통치자들이 인격적으로 훌륭하게 행동하도록 기도해야 한다.** 정부가 평화롭게 역할을 하려면, 대중의 신뢰와 확신이 필요하다. 통치자들이 부정직하고 도덕적으로 인격적 결함이 있어 보인다면, 안정되고 평화로운 사회의 연약한 조직이 약해지고 헝클어질 수도 있다. 나쁜 선례를 남김으로써, 부정직한 통치자는 거짓말하고, 도둑질하고, 부정을 저지르는 것도 괜찮다는 메시지를 보내는 것이다. 이런 것은 다른 사람들, 특히 젊은이들이 쉽게 따라 한다. 부정직한 통치자들은 시민이 자신들과 비슷하게 행동해도 별

로 놀랄 필요가 없다. 통치자들이 악하고, "내가 행동한 대로가 아니라 내가 말한 대로"라는 경구처럼 산다면, 정직한 세금징수, 법 집행, 그리고 일반적인 법과 질서 유지 등이 매우 어렵게 된다.

통치자의 훌륭한 인격의 중요성은 성적 행동, 배우자와 자녀에 대한 대우, 그리고 선거공약에 대한 헌신 같은 영역으로까지 확장된다. 많은 통치자가 인격적 결함 때문에 이런 문제들에서 명예를 실추하고 지위를 상실했다.

2. **우리는 통치자들이 현명한 결정을 내리고 공정하게 통치하도록 기도해야 한다.** 다른 사람들의 경우처럼, 통치자들에게도 지혜는 두 가지 요소를 지닌다. 즉, 진리를 아는 것과 진리에 따라 행동하는 것. 통치자를 포함하여 진리를 알고 또 무슨 일을 해야 하는지를 아는 많은 사람이 기꺼이 옳은 일을 하려 하지 않는다. 성서 전체에 걸쳐, 하나님은 통치자들에게 지혜와 정의를 추구하라고 요구하신다.

우리 통치자들은 아주 바쁜 사람들이다. 그들이 얼마나 바쁜지는 상상할 수 없을 정도다. 그들은 가만히 앉아 곰곰이 생각할 시간이 거의 없다. 그러므로 우리는 그들이 자신들의 일을 평가할 수 있는 충분한 시간을 갖도록, 그들이 전력을 기울여 공평하게 통치하도록, 그리고 그들이 정당하다고 아는 일을 용기 있게 실천하도록 기도해야 한다.

3. **우리는 정부가 자신의 시민을 위해 선을 베풀도록 기도해야 한다.** 로마서 13장 4절의 메시지는 매우 강력하다. 즉, 통치자는 "네게 선을 베푸는 자니라." 선을 베푸는 것은 국민의 가장 절박한 필요

가 무엇인가에 따라 매우 다양한 형태를 지닐 수 있다. 고충에 귀 기울이고, 그것을 적절하게 다루려고 애쓰며, 곤경에 처한 사람들을 돕고, 꼭 필요한 혜택을 베풀며, 안전과 보호를 제공하는 것 등이 포함될 수 있을 것이다. 실천 가능한 일의 목록은 길다. 이 영역에서 우리 기도의 핵심은 정부가 그들이 실천해야 할 선이 무엇인지를 정확히 인지하고, 그것을 헌신적으로 실행하도록 하는 것이어야 한다.

4. **우리는 정부가 도덕적 차원에서 악을 삼가고, 악행하는 자들을 처벌하도록 기도해야 한다.** 로마서 13장은 악행하는 자에 대한 처벌이 정부의 기본적인 기능 중 하나임을 상기시켜준다. 이 진리는 베드로전서 2장 13~14절에서 강조되고 있다. "인간의 모든 제도를 주를 위하여 순종하되 혹은 위에 있는 왕이나, 혹은 그가 악행하는 자를 징벌하고 선행하는 자를 포상하기 위하여 보낸 총독에게 하라." 여기서 악행에 대한 정당한 처벌은 모든 수준에서 정부의 책임이란 점을 배우게 된다.

이런 기능을 수행할 때, 정부는 불행히도 엄청난 실수를 자주 범한다. 처벌은 때때로 독단적이고 저질러진 악에 적절히 상응하지 못한다. 때때로 고문이 자행되는데, 이것은 결코 정당화될 수 없다. 정부가 처벌받는 사람을 함부로 취급할 때 무고한 사람이 고통을 받는다. 여기서 법원이 중요한 역할을 한다. 그래서 우리는 판사와 하급판사를 위해 기도해야 한다. 오심은 비난받아 마땅하며 하나님을 불쾌하게 만든다. 사형선고와 관련해서 오심이 있으면 그 결과는 정말 비극적이다.

우리의 통치자, 판사와 하급판사가 악을 억제하고 악행자를 처벌하도록 우리가 기도해야 하지만, 우리는 또한 그들이 범죄의 원인을 적절히 다루고, 가능할 때마다 효과적인 정책을 실행할 수 있도록 기도해야 한다. 점점 많은 나라에서, 범법자들, 특히 젊은 범법자들이 화해 프로그램과 사회봉사 같은 대체 처벌 등에 의해 범죄생활에서 벗어나고 있다.

기독교인은 특히 악과 악행자들을 다룰 때, 더 계몽적인 방법을 찾아야 한다. 악은 무시될 수 없다. 악은 반드시 처벌되어야 하지만, 감옥에 보내는 것보다 더 좋은 선택들이 있다. 우리는 정부가 그런 선택을 추구하고 실행하도록 기도해야 한다.

5. **우리는 통치자들이 그들에게 주어진 하나님의 과업을 올바로 수행할 수 있는 건강과 힘을 위해 기도해야 한다.** 정부 지도자들이 인간적 차원에서 칭송을 받지만, 그들 또한 전형적인 약함과 질병을 지닌 평범한 사람들이다. 하지만, 그들은 엄청난 책임을 지고 있으며, 따라서 건강하고 힘이 있어야 한다. 우리가 이런 점에서 그들을 위해 기도하는 것, 또한 그들의 안전을 위해 기도하는 것은 옳은 일이다. 결국, 그들은 하나님의 종이자 대행자다.

6. **우리는 통치자들이 평화의 길을 추구하도록 기도해야 한다.** 통치하는 자들은 바람직하지 않은 군사적 행동을 감행하라는 유혹을 쉽게 받는다. 결국, 대부분은, 전쟁이 이른 시일 안에, 국민을 통합하고, 정부를 위해 더 많은 지원을 끌어내며, 경제적 성장을 자극하는 경향이 있다. 따라서 통치자들은 국제적 위기를 유도하고, 그 결과 전쟁을 촉진하라는 유혹을 받는다.

물론, 전쟁은 다른 이유 때문에 일어나기도 한다. 예전의 오류를 바로잡기 위한 정부의 바람, 국경 분쟁, 국가나 제국의 영토를 확장하려는 욕망, 경제적 이익을 추구하거나 단순히 복수에 대한 열망 때문에 전쟁이 발생한다. 전쟁의 장기적 결과는 거의 언제나 참혹하다. 기독교인은 정부가 전쟁을 피하도록, 그리고 만약 전쟁이 시작되면 빨리 멈추도록 기도해야 한다. 모든 기독교인은 민족적, 종교적, 부족적, 혹은 지역적 갈등이 치유되도록, 그리고 정권을 잡은 사람들이 그런 긴장과 갈등을 정말 평화적으로 해결하도록 기도해야 한다.

7. **우리는 정부가 신중하고 지혜롭게 경제를 운영하도록 기도해야 한다.** 조세정책에서 통화운영에 이르기까지, 무역협정에서 계획에 이르기까지, 그리고 예산책정에서 부채삭감에 이르기까지 경제문제에 관한 정책을 개발할 때, 우리는 하나님께서 정부에 지혜를 주시도록 간절히 구해야 한다. 이것도 역시 "선을 베풀라"라는 신적 명령의 일부다. 지혜롭지 못한 계획, 무모한 예산집행, 무책임한 재정 적자, 그리고 통제 불능의 인플레이션은 수 백만의 사람에게 말할 수 없는 고통을 안겨주었다. 통치자들이 경제적 안정과 발전을 위협하지 말아야 한다는 것은 기독교인을 포함한 모든 사람의 관심사다.

8. **우리는 통치자들이 우선순위를 결정할 때, 하나님께서 그들의 결정에 도움을 주시도록 기도해야 한다.** 정부의 가장 힘겨운 의무 중 하나는 어떤 문제가 일차적 관심의 대상이 되어야 하는지를 결정하는 것이다. 건강 돌봄, 교육, 음식 제공, 도로 건설, 주택 문제, 빈민구호, 그리고 다른 많은 절박한 문제들이 해결의 손길을 기다

리고 있다. 정부는 해결되어야 할 모든 문제를 위한 충분한 재원을 갖고 있지 못하다. 그래서 우리는 이 문제를 위해 기도해야 한다.

9. **우리는 통치자들이 자유의 분위기를 고조시키도록 기도해야 한다.** 특히 언론과 종교의 자유를 말이다. 정부는 통제력을 행사하고, 특정 의제를 추진하기 위해 자유를 제한하고 싶은 유혹을 계속 받는다. 우리는 대단히 위급한 상황 외에, 정부가 우리의 기본적 자유를 제한하지 않도록 기도해야 한다. 그리고 심지어 절박한 위기상황에서조차, 절대적으로 필요한 정도 이상으로 자유가 제한되지 않도록 기도해야 한다.

10. **우리는 정부가 인간존엄성을 보호하고 지지하도록 기도해야 한다.** 인간존엄성을 강조하는 것은 훌륭한 정부의 기본적 자질이다. 이런 강조는 모든 사람에게 영향을 끼쳐야 하지만, 특히 힘없고 가난한 사람, 난민과 수감자들에게 그래야 한다. 어떤 기독교인은 아직 태어나지 않은 생명체도 이런 목록의 앞쪽에 놓여야 한다고 주장한다. 우리는 모든 사람이 하나님의 형상을 따라 창조되었고, 그들 내부에 신성의 불꽃을 지닌다고 강조하기 때문에, 기독 시민은 특히 인간존엄성을 옹호하는데 헌신해야 한다.

11. **우리는 정부가** 대중을 희생시킨 대가로 이익을 얻는 소수 엘리트나 자신만의 유익을 위한 것이 아니라, **공동선을 위해 통치하도록 기도해야 한다.**

12. 우리는 정부가 선한 충고와 조언(기독교인들의 것을 포함하여)에

열려 있도록 기도해야 한다. 어떤 정부도 완전한 이해와 통찰을 소유하고 있지 못하다. 따라서 모든 통치자는 기꺼이 타자의 건설적인 비판과 정책 제안에 귀 기울여야 한다.

13. 우리는 통치자들이 인간의 문제 속에서 하나님의 역할을 이해하고, 하나님에 대한 자신들의 책임을 인정하도록 기도해야 한다. 심지어 불경스런 느부갓네살 왕도 그런 이해에 도달했고, 최소한 두 번은 그렇게 말했다. 세 명의 유대인을 불타는 용광로에 집어넣도록 명령하고서, 그들이 신적인 도움 속에 있는 것을 목격하자, 그는 이렇게 선언했다. "사드락과 메삭과 아벳느고의 하나님을 찬송할지로다. 그가 그의 천사를 보내사 자기를 의뢰하고 그들의 몸을 바쳐 왕의 명령을 거역하고 그 하나님 밖에는 다른 신을 섬기지 아니하며 그에게 절하지 아니한 종들을 구원하셨도다."단3:28 후에 7년간 짐승처럼 사는 벌을 받고 나서 그가 말했다. "나 느부갓네살은 하늘의 왕을 찬양하며 칭송하며 경배하노니 그의 일이 다 진실하고 그의 행하심이 의로우시므로 교만하게 행하는 자를 그가 능히 낮추심이라."단4:37 느부갓네살은 경험에 근거해서 말한 것이다. 한때 교만했던 왕이 교훈을 얻고 왕 중의 왕을 인정하게 되었다.

우리 군주와 통치자들이 비슷하게 행동하도록 기도하자. 그들은 하나님께서 만유의 주이시며, 때때로 정부를 자신의 권력의 도구로 사용하시고, 모든 통치자는 언젠가 하나님께 자신의 통치에 대해 설명해야 한다는 사실을 이해할 필요가 있다. 그들은 "만물이 그에게서 창조되되 하늘과 땅에서 보이는 것들과 보이지 않는 것들과 혹은 왕권들이나 주권들이나 통치자들이나 권세들이나 만물이 다 그로 말미암고 그를 위하여 창조되었다"골1:16란 사실을 인정해야 한다.

14. 우리는 정부 제도에 대해 감사 기도를 해야 한다. 하나님은 자신의 인간 피조물들을 위해 이 제도를 만들었다. 그는 우리가 무정부 속의 고통 대신에 법과 질서의 사회를 통해 유익을 누리도록 배려했다. 비록 우리가 현재의 공직자들에 대해 하나님께 감사할 수 없는 상황에서도, 우리는 인간 정부라는 제도에 대해선 하나님에게 감사할 수 있다. 아마도 그것이 사도 바울이 신자들에게 정부의 유익에 대해 감사하도록 촉구했을 때 마음에 두었던 것이리라. 딤전2장 참조 무능하거나 악한 공직자들은 결국은 자리를 잃을 것이지만, 정부 제도는 지속할 것이다. 그런 사실에 대해 우리는 감사의 기도를 해야 한다.

15. 끝으로, 우리 통치자들이 기독교인이 아니라면, 우리는 그들의 구원을 위해 기도해야 한다. 이 땅에서 최고의 정치적, 사회적, 혹은 경제적 지위도 내세의 삶에는 아무런 영향도 끼치지 못한다. 모든 사람은 우리 주 예수 그리스도를 통한 구원과 영생의 필요 속에 놓여 있다. 사도 바울의 행동은 우리에게 훌륭한 모범이 된다. 비록 그가 옥에 체포된 상태였으나, 그는 여전히 아그립바 왕에게 기독교인이 되라고 도전했다. 우리가 아는 마지막 말은 그 왕이 긍정적으로 반응하지는 않았으나, 거의 설득되었다는 것이다. 바울은 우리에게 통치자들을 향한 복음 증거의 좋은 예를 남겼고, 우리도 그렇게 해야 한다. 통치자들이 진리를 간절히 듣고 싶어하는 경우도 발생할 수 있다. 예를 들어, 우리는 "서기오 바울은 지혜 있는 사람이라. 바나바와 사울을 불러 하나님의 말씀을 듣고자 하더라"

행13:7는 기록을 읽을 수 있다.

결론

이 점에서, 질문이 발생한다. "어떻게 나는 내가 반대하고, 혐오하고, 제거하고 싶은 정부의 안녕을 위해 기도할 수 있는가?" 이것은 중요한 질문이다. 많은 기독교인은 자신들이 그런 상황에 있음을 발견한다. 심지어 어려운 현실에서도, 위에 언급된 15가지 원칙들이 대부분 적용될 수 있다. 사실, 어떤 것들은 통치자들이 선하지도 경건하지도 않을 때, 더 많은 적합성을 지닌다. 명심해야 할 요점은, 심지어 우리가 그들의 제거를 위해 기도할지라도, 그들이 옳은 일을 하도록 기도하는 것은 윤리적으로 중요하다는 사실이다.

우리가 권세 있는 자들을 위해 기도하라는 성서적 가르침에 충실하다면, 그리고 우리가 그런 기도 속에 통찰과 인도를 위해 하나님께 간절히 구한다면, 틀림없이 그는 우리가 통치자들을 위해 지혜롭고 효과적으로 기도할 수 있도록 도와주실 것이다.

결 론

　이 책을 관통하는 한가지 핵심적 주제가 있다면, 그것은 기독교인들에게 정치와 정부에 대해 정확하고 균형 있는 견해가 필요하다는 것이다. 성서적 지침과 현재의 정치현실을 고려할 때, 우리 중 일부는 정치질서에 대한 평가와 정치 구조에 대한 견해를 교정할 필요가 있을 것이다. 많은 경우, 우리는 현재 정부와 그것에 대해 책임을 지는 공직자들에 관한 우리의 생각을 재고할 필요가 있다. 하나님과 유권자들에게서 정치권력을 위임받은 공직자들에게는 균형 잡힌 평가와 교양 있는 반응이 필요하다. 우리는 부당한 지지와 낙관주의뿐만 아니라, 근거 없는 비판과 냉소주의를 피해야 한다.

　퀘이커교도, 메노나이트, 그리고 일부 다른 전통에 속한 이들(나는 특히 이 부분을 강조한다)에게 도전이 되는 것은, 정부의 윤리적 수준이 비록 낮더라도, 정부를 교회의 원수가 아니라 하나님께서 세우신, 비록 이차적이지만 비슷한 수준의 기관으로 간주하는 것이다. 기독교인이든 비기독교인이든, 적지 않은 수의 사람들이 정부를 하나님 사랑의 또 다른 표현, 즉 하나님의 직접적인 통치를 거부하는 사람들을 포함하여 모든 사람에게 확대된 하나님의 믿을 수 없는 긍휼과 관심의 표현으로 간주하는 데 어려움을 느낀다.

　다른 독자들에게 도전되는 것은 교회와 동시에 하나님께서 세우신 기관으로서 국가 정부에 대한 편협한 이해를 거부하거나 교정하는 것이다. 두 기관의 관계가 지나치게 친밀해지는 것은 위험하다. 한 정당의 의제나 국가 전체의 안녕에 관한 것이든, 정치적 명분과 하나님의 교회를 혼합하려는 시도가 여러 나라에 있었다. 황제 콘스탄틴과 테오도시우스 1세는 4세기에 그런 노력을 개척했던 사람들이다. 중세 전체와 근대 초기에, 수많은 이론가와 정치 지도자들이 하나님의 뜻과 다양한 정치적 명분들을 혼합하려고 노력했다. 최근에는 주요 단체과 정당들이 러시아, 독일, 이탈리아, 프랑스, 미국, 이스라엘, 그리고 많은 다른 국가들에서 그런 노력을 실행했다.

이런 유형의 모험 중 가장 널리 알려졌고 가장 최근에 주요한 것은 두 가지 범주로 나누어진다. 한 범주는 정통 이슬람교도 같은 비기독교적 신앙 집단들로 구성되어 있으며, 대표적인 예로 종교와 국가정치를 혼합하여, 알라를 일종의 부족 신으로 만드는 일을 한다. 그런 입장은 이란에서부터 사우디아라비아까지 수많은 나라에서 발견된다. 몇몇 다른 나라에서, 힌두교와 불교 집단도 비슷하게 종교와 정치를 혼합한다.

두 번째 범주에는 기독교를 정당의 이념과 프로그램 혹은 국가 전체의 명분과 혼합하려는 노력이 포함된다. 이런 기독교적 민족주의가 여러 나라에서 나타났으나, 아마도 기독교적 미국주의가 가장 잘 알려진 경우일 것이다. 내 파일에는 이런 예들이 수없이 많이 들어 있다. 몇 가지 예들이 요점을 밝혀줄 것이다.

1960년대에 「하나님의 국가」God's Country라는 영화가 많은 관객을 모았다. 홍보용 책자에는 이 영화에 대해 이런 묘사가 있었다. "「하나님의 국가」는 토니 폰테인과 케리 폰테인 주연의 장편 컬러영화다. 이 작품은 미국의 위대한 기독교적 유산에 대한 애국적 표현이며, 오직 예수 그리스도 안에서 발견되는 영원한 신앙과 자유에 대한 미국적 메시지다." 분명히, 그런 혼합은 컬트적이다. 미국 국기는 십자가가 아니며, 국기에 대한 맹세는 기독교 신조의 일부가 아니다. 하나님을 일국의 신으로 축소하는 행위에 저항하면서, 모든 나라에 거하는 기독 시민은 하나님의 호의와 하나님의 편애를 혼동하지 않도록 주의해야 하며, 합법적 애국주의가 우상숭배로 전락하지 않도록 경계해야 한다. 다행스럽고 현명하게도, 후원회사는 논쟁 많은 그 영화를 약 십여 년 후에 시장에서 철수시켰다.

심지어 십여 년 전만 해도, 우리는 그런 생각을 쉽게 접할 수 있었다. 기독교적 미국주의에 지지를 보내고 나서, 복음전도자 빌리 그레이엄은 자신의 견해를 번복하며 이렇게 썼다. "과거에는 하나님의 나라와 미국적 삶의 방식을 혼동했던 적이 있었다.… 하지만 하나님의 나라는 미국과 같지 않다."1) 1985년에 미국 뉴욕 주 하원의원인 잭 캠프Jack Kemp가 미국전통적가치연합the American Coalition for Traditional Values의 한 대회에서 "하나님은 미국 독립선언서의 저자입니다"라고 주장했다.2) 하나님의 뜻과 한 국가의 명분을 혼합하려는 경향이나 유혹은 오랜 전통을 지니며 여러 나라에서 발견할 수 있다.

비록 사람들이 상대적으로 긍정적인 관점에서 정치를 바라보도록 돕는 것이 이 책의 핵심적 주장이지만, 동시에 신자들이 하나님을 러시아, 독일, 미국, 이탈리아, 캐나다, 아랍, 이란, 혹은 어떤 다른 국적의 신으로 만들지 않도록 경고하는 것도 포함되어 있다. 유사하게, 우리는 하나님을 사회주의자, 민족주의자, 군국주의자, 보수주의자, 자유주의자, 민주당원, 혹은 공화당원으로 정의하지 말아야 한다. 하나님을 특정한 이념, 정당, 혹은 국가의 마스코트로 간주해서는 안 된다. 구약시대부터 현재까지, 하나님은 자신의 목적을 성취하기 위해, 대단히 다양한 지도자, 정부, 국가와 더불어 일했고 또 그들을 사용했다. 하지만, 하나님은 항상 그들을 초월하며 그의 나라는 언제나 초국가적이다.

　이 책의 두 번째 핵심적 이슈는 정치의 중요성(특히, 헌신한 기독교인들에게)과 관련되어 있다. 어떤 독자들은 여전히 다음과 같은 기본적 질문을 던질 수도 있다. "왜 우리는 정치를 진지하게 취급해야 하는가?" 어떤 이는 정치가 악하고 타락한 세상의 일부이며, 기독교인은 정치와 관련된 어떤 일에 관여하는 것보다 더 절박한 의제를 안고 있다고 말한다. 그런 사람들에게는 한 가지 답변이 주어질 수 있다. 이것은 앞 장들에서 제시된 것들을 요약한 것이다.

왜 기독교인은 정치를 진지하게 취급해야 하는가?

　첫째, 정부가 성장했기 때문에 기독교인은 정치를 진지하게 취급해야 한다. 실제로 세계 모든 나라에서, 정부는 거대한 기업이 되었다. 여러 나라에서, 정부는 국민 전체 수입 중 거의 절반을 세금이나 다른 방식으로 징수하고 있다. 이것은 엄청난 일이다. 1세기 전에는 정부가 평균 5~10 퍼센트 정도만 거두었다. 더욱이 요즘에는 정부들이 대단히 광범위한 법과 규칙들을 제정하여, 우리를 늘 그 영향 속에 두고 있다.

　그렇게 정부가 개인의 삶과 사회의 기능 속으로 침투하는 것이 좋은 결과와 나쁜 결과를 모두 낳고 있다. 하지만, 여기서 중요한 것은 정부의 영향력이 거대하며 결코 무시할 수 없다는 것이다. 여러 나라에서, 정부기관이 노동자 6~7명당 한 명꼴로 고용하고 있으며, 그 비율이 꾸준히 증가하고 있다. 이런 현실을 고려할 때, 여러 나라에서 정부가 교회를 대체하여, 다른 모든 충성과 명분을 포괄하는 총체적 기관으로 군림하고 있다고 일부 전문가들이 말한 것은 놀랄 일도 아니다.

둘째, 여러 나라에서, 예전에 교회가 개척하여, 열심히 했던 일 중 많은 부분을 지금은 정부들이 하고 있기 때문에, 기독교인은 정치를 진지하게 취급해야 한다. 정부가 하는 일은 모든 수준의 교육에서부터 여러 형태의 건강관리까지, 빈민들에 대한 보조에서 노약자들에 대한 지원까지 그 범위가 다양하다. 교회와 선교회parachurch 단체들이 지금도 이런 활동 중 많은 부분을 수행하고 있기 때문에, 협력과 공동 사업을 위한 여지가 상당히 있다. 어떤 나라에서는 그런 공동 활동이 쉽게 이루어질 수 있으며 가능성도 대단히 크다. 다른 나라에선, 그런 협조가 정부의 특별한 정책이나 정부의 억압적이고 착취적인 본성 때문에 더 문제가 될 수 있다.

셋째, 정치 영역이 섬김과 사역의 기회가 될 수 있기 때문에, 기독교인은 정치를 진지하게 취급해야 한다. 지역에서 전국적 차원에 이르기까지, 기독교인이 공헌할 수 있는 곳은 많다. 훌륭한 피고용인(부지런하고 정직하고 헌신적이며 믿을 만한)이 많이 필요하다. 정부에 대한 그들의 견해가 무엇이든, 피고용인이 타협 없이 기본적인 윤리를 실천할 수 있는 여지가 많다. 그 문제를 좀 더 심도 있게 다루어본다면, 정부의 여러 지위에서, 피고용인과 심지어 정부관료들은 감수성, 긍휼, 이타주의, 그리고 사랑 같은 기독교적 덕을 실천할 기회를 얻는다. 이런 맥락에서, 우리는 전통적인 과테말라 기도에 주목할 필요가 있을 것이다. "주여, 굶주린 자에게 빵을 주시고, 빵을 가진 자에게 정의에 대한 굶주림을 주소서."

기독교적 봉사를 위한 기회는 대단히 많다. 사실, 계몽된 의사결정과 윤리적 근거의 필요성 때문에, 정치참여는 기독교적 증언을 위한 가장 도전적인 영역이 될 수 있다. 불행히도, 정치는 두 가지 측면에서 가장 버림받은 영역 중 하나로 남아 있다. 한편에서는 많은 사람이 정치라는 말과 관련된 모든 것을 꺼리기 때문이고 다른 한편에선, 공직에 있는 어떤 기독교인들이 자신들의 개인적 윤리를 자신들이 직업으로 하는 일과 분리시키기 때문이다.

기독교인의 참여를 통해 현재 정치권에서 벌어지는 일에 영향을 끼칠 방법은 많다. 정당활동에 참여하는 것, 특정한 직무에 선출되는 것, 시민봉사를 위한 지위에서 일하는 것, 합법적인 로비활동을 벌이는 것, 의견, 제안, 비판을 제기하는 것, 그리고 (예수를 따르는 자들에게 주어진 특별한 사명인) 중보기도를 하는 것 등이 여기에 포함된다. 우리가 할 수 있고 또 해야 할 것을 고려할 때, 다음의 경구가 적합해 보인다. 즉 능력과 기회가 만나면 책임이 생긴다.

넷째, 기독교인은 정치가와 정부에게 할 말이 있기 때문에, 정치를 진지하게 취급해야 한다. 우리는 지도자들에게 그들이 우리의 기도 대상임을 알려줄 필요가 있다. 상황이 괜찮다면, 우리는 지지를 표현해야 한다. 우리는 훌륭한 사람들의 영향이 정부와 정책을 더 낫게 만들 수 있다는 사실을 기억해야 한다. 구약시대의 에스더부터 오늘날 금연을 위한 로비에 이르기까지 역사는 수많은 예로 가득하다. 다른 목소리들이 침묵한다면, 악의 세력은 더 활기를 띠게 될 것이란 사실을 우리 스스로 기억할 필요가 있다.

특별한 개혁정책과는 완전히 별도로, 정부의 전체구조는 지지가 필요하다. 타락한 사회에 전형적인 윤리적 질병을 고려할 때, 우리는 안정된 정부가 약하고, 민주적 정부는 훨씬 더 약하다는 사실을 인정해야 한다. 경험과 이성뿐만 아니라 성서가 우리에게 무정부상태에 대해 경고한다는 사실을 고려할 때, 우리는 하나님이 세우신 제도, 즉 정부를 지지하려면 우리가 할 수 있는 일을 하며, 심지어 현재의 공직자들을 교체하고 싶을 때에도 우리는 그렇게 해야 한다. 만약 우리가 선한 양심에서 현재의 공직자들을 지지할 수 있다면 훨씬 더 좋을 것이다.

때때로 하나님의 백성도 공개적으로 비판할 필요가 있다. 우리가 반드시 비판해야 할 때, 권위를 갖고 그렇게 하려면, 우리가 긍정할 수 있을 때 그렇게 해야 한다는 점을 명심하면서 말이다. 리처드 존 노이하우스Richard John Neuhaus는 "민주주의, 그리고 민주주의의 본질적인 반대파는 성서적 신앙에 의해 꼭 필요하다"라고 말했을 때, 가치 있는 지적을 한 것이다.3) 자신의 권력과 통제력을 확대하려는 정부의 성향을 고려할 때, 계몽된 시민은 권위에 도전할 필요가 있다. 노이하우스가 지적하듯이, "민주주의는 정치권의 고압적 자세에 대한 제한적 도전 없이 생존할 수 없다."4)

위에선 언급한 모든 것에도 불구하고, 나는 여전히 일부 사람들이 반대하는 소리를 들을 수 있다. 그들은 타락한 세상에 대한 우리의 메시지가 회개를 향한 부르심이어야 한다고 주장한다. 그들은 옳다. 하지만, 단지 부분적으로만 그렇다. 구약 예언자들, 예수와 사도들, 그리고 모든 신약성서 저자들도 타락한 세상에서 살았다. 사실, 대부분은 대단히 잔인한 독재 치하에서 살았다. 하지만, 그들 모두는 권력을 장악한 사람들을 위한 명백한 조언과 때로는 강력한 비판을 마다하지 않았다. 뻔뻔한 악과 대면하여, 특별히 반응할 기회가 있음에도 가만히 있거나 아무 말도 하지 않기로 하는 것은 결코 칭찬할 만한 일이 아니며, 태만의 죄a sin of omission를 범하는 것이다. 내가 이해하는 바로는, 그때는 "땅에서 침묵할" 최고의 때가 아니다. 사도 바울은 예루살렘의 아그립바 왕 앞에서 증거했다. 그러므로 우리 시대의 진지한 기독교인들도 통치자들이 구원과 그리스도의 주권을 받아들이도록 도전할 뿐만 아니라, 그들이 정의를 실천하도록 주저 없이 압력을 가해야 한다.

기독교인은 모든 사람에게 복음에 긍정적으로 반응하도록 요구한다. 하지만, 바울의 예를 따라, 우리는 세속 정부와 공직자를 포함한 불신자들을 위해 또 다른 메시지를 갖고 있다. 우리에게 술 취한 자들이 운전하지 못하도록 막고, 사람들에게 도둑질하지 말라고 말해주며, 잔인한 폭력을 방지할 책임이 있듯이, 우리는 권력자들에게 정의를 실천하라고 말해줄 책임이 있다. 그것이 바로 예언자들이 한 일이다. 우리는 권력자들에게 불필요한 무력을 사용하지 말라고 말해줄 책임이 있다. 그것이 바로 세례 요한이 한 일이다. 우리는 평화와 평화 정착을 증진시키라는 성서의 명령을 받았다. 그것이 바로 예수가 산상수훈에서 강조한 것이다. 우리는 정부가 환경을 파괴하지 못하도록 요구할 책임이 있다. 우리는 소외된 개인과 집단을 보다 인간답게 대우하도록 압력을 행사할 책임이 있다. 그것이 바로 예수께서 마태복음 25장에서 가르치신 것이다. 이미 우리가 보았듯이, 우리는 비기독교인 통치자들에게 옛날의 벨사살 왕처럼 하나님 앞에 책임을 져야 한다는 사실을 일깨워줄 책임이 있다.

다섯째, 하나님이 정치를 진지하게 취급하기 때문에, 기독교인도 그렇게 해야 한다. 우리는 하나님께 중요했고, 지금도 중요한 것이 무엇인지를 기억해야 한다. 무정부상태를 방지하고, 악을 막으며, 정의를 유지하는 수단으로서 시민정부의 존재와 안녕이 하나님께 중요하다면, 여러 성서구절이 우리에게 말해주듯, 그것은 또한 우리에게 중요하지 않은가? 하나님께서 "가인의 표시" mark of Cain로 정치질서를 세우셨기 때문에, 혹은 우리가 그 문제에 대해 어떻게 생각하든, 하나님의 백성은 정치질서의 안녕을 위해 헌신해야 하지 않을까?

여섯째, 그리고 아마도 가장 중요하게, 이미 인용한 성서적 교훈들 때문에, 기독교인들은 정치를 진지하게 취급해야 한다. 기독교적 방식의 추종자들the Followers of Christian Way은 하나님의 요구와 충돌하지 않는다면, 정부 조직들에 대해 감사하고, 정부를 위해 기도하며, 존중하고, 순종하도록 교육과 충고를 받았다. 우리는 위기에 처했을 때 이런 명백하게 성서적인 명령들을 무시한다.

지난 세월 동안, 나는 정부를 하나님의 도구로 언급할 때, 매우 마음이 불편해지는 사람들을 많이 만났다. 어떤 이들은 몹시 당황했다! 하지만, 왜 그들은 그런 식으로 반응할까? 그들은 적합한 성서구절을 읽지 않는가? 그들은 성서를 믿지 않는가? 로마서 13장의 메시지는 분명하다. 이 본문은 "하나님에 의해 세워진", 그리고 "하나님이 세운" 통치권력에 대해 말한다. 정부권력을 사용하는 사람은 "하나님의 종"이며, "하나님의 대리자"다. 다른 분문들도 비슷한 주장을 한다. 거기에 어떤 모호함이 존재하는가? 거기에 다른 선택의 여지가 있는가?

두 왕국

이따금 나는 이원론, 즉 두 왕국 관점을 지지한다는 비난을 받아왔다. 나는 이것이 사실임을 기꺼이 인정한다. 대신에 독자들은 다음 분석을 고찰하고서 신중한 판단을 내려야 할 것이다.

하나님은 오직 한 가지 윤리를 올바른 것으로 창조했으나, 그가 인간에게 그것을 수용하거나 거절할 자유를 허락했을 때, 두 집단의 사람들을 위한 기초, 즉 윤리와 두 가지 삶의 방식이 만들어졌다. 하나님은 두 종류의 왕국을 만들지 않았고, 자신의 인간 피조물에게 선택의 자유를 주었으며, 그 결과로 그런 일이 가능해졌고 심지어 불가피해진 것이다.

예수는 왕국의 이런 이중성을 여러 차례 언급했는데, "예수께서 대답하시되 내 나라는 이 세상에 속한 것이 아니라. 만일 내 나라가 이 세상에 속한 것이었더라면 내 종들이 싸워 나로 유대인들에게 넘겨지지 않게 하였으리라. 이제 내 나라는 여기에 속한 것이 아니니라"요 18:36에서 가장 명확하게 드러났다. 나처럼 상황을 묘사하면서, 예수도 하나님의 상위윤리higher ethic를 거절하는 사람들 사이에 상이하고 하위의 조작적인 윤리가 작동한다고 설명했다.

정치권에서 전형적으로 통용되는 하위윤리the lower ethics를 인정하면서, 다양한 관찰자들이 이런 질문을 제기해 왔다. "그런 하위윤리를 긍정하지 않은 채, 기독교인이 정치에 관여하는 것이 가능한가?" 빈번히 제기되는 한 가지 관련된 질문은 "만약 기독교인이 정치적으로 참여한다면, 정부가 하는 일에 책임을 져야 하는가?"이다. 그런 질문들은 가치가 있다.

첫 번째 질문에 대한 답은 기독교인들이 정부의 다양한 분야에 상당한 정도로 관여할 수 있다는 것이다. 물론 그 분야에서 전형적으로 작동하는 하위윤리를 긍정하지 않으면서 말이다. 물론, 기독교인이 계량기 검사관이나 집배원, 혹은 그 나라의 수상이나 대통령이 된다면, 커다란 차이가 생길 것이다. 그렇게 높은 자리에서, 정말 다양한 역할을 하면서, 기독교인이 정치 지도자들이 내린 결정이나 시민의 요구를 수행하면서, 동시에 자신들의 기독교 윤리에 충실하기는 대단히 어렵다. 그들의 반대가 수용되고 존중된다면, 그들은 계속 앞으로 갈 수 있을 것이다. 그러나 기독교인이 평화주의적 신념을 고집하는 한, 그렇게 높은 수준의 공직에 참여하긴 사실상 불가능하다.

하지만, 정치 참여가 본질적인 부분에 대한 타협을, 특히 낮은 수준의 활동에서 요구하지 않는다. 그런 것이 문제가 되는 곳이라면, 기독교인은 반드시 물러나야 한다. 자신은 관여할 수 없다고 결론 내리는 사람도, 참여할 수 있다고 결론 내리는 사람을 위해, 물론 정부 자체를 위해 기도할 수 있다. 이것도 명백한 성서적 지침 중 하나다.

성서에 대한 우리의 이해를 고려할 때, 가치 있는 정치 참여는 신실한 기독교 제자도와 양립할 수 있다고 믿는 우리는 모든 기독교인이 성서적 가르침을 우리 식으로 이해하는 것이 아님을 기억할 필요가 있다. 선택에 대한 기독교적 강조와 다른 견해의 기본적 합법성을 고려할 때, 우리는 모두 이런 문제에서 서로 존중할 필요가 있다. 영감 된 말씀을 다르게 읽고, 그 후에 자신들의 신념에 따라 살아가는 사람들도 정치 영역에서 자신들 나름대로 하나님의 기대에 충실하게 살고 있음을 기억해야 한다.

개인적 책임에 대한 질문의 답은 사람들이 생각하는 것보다 덜 복잡하다. 종교 지도자들이 예수께 물었다. "가이사에게 세금을 내는 것이 옳습니까?" 예수와 그에게 질문한 자들 모두는 가이사가 세금 일부를 무가치한 목적에 사용하고 있음을 잘 알고 있었다. 그런 상황에서 예수는 자신의 태도를 분명히 밝혔다. "가이사의 것은 가이사에게, 하나님의 것은 하나님에게 드리라."마33:17~21 이렇게 분명한 예수의 가르침을 고려할 때, 나는 의로운 시민이 세금을 내고, 상황이 허락한다면, 정부의 예산 집행과 분배에 영향을 끼치도록 노력해야 한다고 결론을 내릴 수밖에 없다. 하지만, 그들은 정부의 결정에 대해선 궁극적으로 책임이 없다.

끝으로, 나는 두 가지를 강조하고 싶다. 첫 번째, 은총과 자유선택의 시대에, 특히, 대부분 사람이 불경건한 선택을 하는 시대에, 하나님의 나라와 이 세상의 정치적 나라 사이에는 항상 긴장이 존재할 것이다. 그것이 현실이다. 우리는 그런 긴장과 더불어 살아가는 법을 배워야 한다. 우리는 부분적으로 기독교적 증언의 주변이 아니다. 중심을 강조함으로써 그렇게 한다. 우리는 또한 악의 침투에 저항하거나 차단하기 위해 우리가 할 수 있는 일을 한다. 그것이야말로 궁극적으로 우리가 해야 할 일이 될 것이다. 토머스 무어Thomas Moore가 충고했다. "당신이 선한 일이 발생하도록 할 수 없다면, 최악이 발생하는 것을 막아라." 나는 또한 시어도어 루스벨트Theodore Roosevelt의 현명한 충고도 기억한다. "당신이 있는 곳에서, 당신이 가진 것으로, 당신이 할 수 있는 일을 하라." 두 번째이자 가장 중요한 것은, 성서가 말씀하듯이, 무정부상태를 방지하고, 악을 막고, 정의를 수호하는 수단으로서 정부의 존재와 안녕이 하나님께 중요하다면, 그것이 또한 그분의 제자들에게도 중요하지 않을까?

정부와 정치에 대한 160개의 성서 말씀

성서는 정치와 정부에 대해 할 말이 별로 없으며, 따라서 기독교인은 이 분야에서 자신의 태도와 행동에 관한 지침이 부족하다는 말을 자주 들었다. 하지만, 성서를 세심하게 읽는다면, 다양한 성서가 기록된 독재 치하에서도, 정부가 어떻게 기능 해야 하며 하나님이 정치 지도자에게 무엇을 기대하시고, 하나님이 시민에게, 특히 기독 시민에게 무엇을 기대하시는지, 그리고 기독교인이 통치자를 위해 어떻게 기도해야 하는지에 대한 언급이 대단히 많다는 사실이 드러난다.

우리는 공직에서 봉사하며, 정의, 긍휼, 공정, 평화, 그리고 인권존중을 증진시키기 위해 자신의 권위와 힘을 사용하는 경건한 지도자들이 많다는 사실도 성서에서 읽을 수 있다. 다음에 선택된 성서본문들을 통해, 우리는 하나님께서 정치, 정부, 그리고 국가에 대해 무슨 말씀을 하시는지 알게 될 것이다.

창4:15. 가인에게 표를 주심으로, 하나님께서 시민 정부를 세우셨다.

출1:15~21. 하나님께서 히브리 산파의 시민불복종을 칭찬하시고 상을 주신다.

출1:22~2:10. 모세의 부모는 시민불복종을 실천한다.

출3:10. "이제 내가 너를 바로에게 보내어 너에게 내 백성 이스라엘 자손을 이집트에서 인도하여 내게 하리라." 하나님께서 모세에게 최고 통치자에게 압력을 가하라고 명하신다.

출3:18. 하나님께서 이스라엘의 장로들에게 이집트 왕에게 압력을 행사하라고 권고하신다.

출6:1. 하나님께서 불신앙의 통치자 바로의 행동을 통제하신다.

출8:28. 바로는 하나님을 인정하고 모세에게 자신을 위해 기도해달라고 부탁한다.

출9:27~28. 바로는 자신의 죄와 "여호와는 의로우심"을 인정하고, 기도를 부탁한다.

출10:10~11. 바로는 주님과 주님의 권능을 인정한다.

출12:31~32. 바로는 이스라엘에 "주님을 예배"하도록 요구하고, 개인적 축복을 간절히 구한다.

출15:3. 출애굽 동안, 모세와 이스라엘은 "주님이 용사시니"라고 선언한다.

출15:14~18. 주님은 모든 민족을 통치하며, 그들은 그분의 말씀을 듣고 전율한다.

출17:8~16. 하나님께서 모세가 기도하는 동안, 이스라엘이 여호수아의 지도로 아말렉과 싸우도록 명하신다.

출18:15~26. 모세는 경건한 재판장이 되는 데 필요한 자질들을 열거한다.

출22:28. "너는 재판장을 모독하지 말며 백성의 지도자를 저주하지 말지니라." 통치자의 지위는 고귀한 것이며, 하나님이 인정한 것이다.

출23:1~9. 재판장과 정치 지도자를 위한 정의와 자비의 지침들이 제시되고 있다.

레19:15. 정의가 왜곡되거나, 차별이 있어서는 안 된다.

신8:18~20. 하나님은 신앙 없는 민족도 심판하신다. 하나님은 자신을 존중하지도 순종하지도 않는 민족들이 멸망할 것이라고 말씀하신다.

신10:17~20. 여기에서 공공정책을 위한 거룩한 지침들이 발견된다.

신15:3~11. 가난한 자들의 필요는 충족되어야 하며, 외채는 피해야 한다.

신17:8~13. 신실한 민족은 법원과 법관들을 존중해야 한다. 하나님께서 그들에 대한 불손한 태도를 벌하실 것이다. 출22:28 참조

신17:14~20. 하나님께서 왕들을 위한 기준을 설정하신다. 이것은 통치하는 모든 자에게 적용될 수 있다.

삿21:25. 정부의 부재는 무정부상태를 가져온다.

삼상8:1~22. 하나님께서 왕을 갖고 싶어하는 이스라엘의 소망을 존중하시고, 그들이 사울을 왕으로 선택하도록 도우신다. 비록 하나님께서 그런 행동을 지지하지 않으셨지만 말이다(삼상9:15~17, 12:17~19을 참조하시오. 그리고 호13:11:"내가 분노하므로 네게 왕을 주고 진노하므로 폐하였노라").

삼하23:3. 의와 "하나님을 경외함"으로 다스리는 자는 하나님을 기쁘게 해 드린다.

대상22:6~10. 다윗이 용사였고 피를 많이 흘렸기 때문에, 그에게 하나님의 성전 건축이 허락되지 않았다. 비록 하나님께서 그가 전쟁을 수행하도록 이끄셨음

에도 말이다(삼상23:2과 삼하5:17~20을 참조하시오). 전쟁에는 항상 악이 수반된다.

대하20:6. 주 하나님은 "이방 사람들의 모든 나라"를 다스린다.

스6:10. 백성은 "왕과 왕자들의 생명을 위하여" 기도해야 한다.

느9:2. "이스라엘 자손이… 자기의 죄와 조상의 허물을 자복하고." 집단적 사과와 심지어 과거의 잘못을 회개할 공간이 있다.

에4:14, 5:1~8. 에스더는 아하수에로 왕을 상대로 성공적 협상을 이끌어냈다.

시2:1~5. 하나님께서 만유의 주이신 자신에게 반대하는 왕들을 비웃고 꾸짖으신다.

시2:10~11. 통치자들은 두려움과 떨림으로 주님을 섬기라는 경고를 받는다. 그들은 하나님께 책임을 져야 한다.

시9:15~20. 정의로우신 하나님께서 자신을 잊어버린 모든 민족을 벌하실 것이다.

시11:7. 주님은 의로우며, 정의를 사랑하신다.

시22:27~28. 지배는 모든 민족을 통치하시는 주님께 속한다.

시33:10. "여호와께서 나라들의 계획을 폐하시며 민족들의 사상을 무효하게 하시도다."

시33:12. "여호와를 자기 하나님으로 삼은 나라는 복이 있도다"(또한 10~11절을 참조하시오).

시46:8~9. "그가 땅끝까지 전쟁을 쉬게 하심이여 활을 꺾고 창을 끊으며 수레를 불사르시는도다." (또한 10절: "내가 뭇 나라 중에서 높임을 받으리라"도 참조하시오.)

시47:7~9. "하나님은 온 땅의 왕이심이라…하나님이 뭇 백성을 다스리시며."

시66:7. 하나님의 "눈으로 나라들을 살피시나니."

시72:8. "그가 바다에서부터 바다까지 다스리리니"(흠정역). (이것은 캐나다 국회 의사당에 새겨져 있는 모토다. 1~20절을 참조하시오.)

시82:3~4. 하나님은 "가난한 자와 고아"를 보호하며, "곤란한 자와 빈궁한 자"에게 공의를 베풀고, "가난한 자와 궁핍한 자"를 구원한다.

시86:9. "주께서 지으신 모든 민족이 와서 주의 앞에 경배하며 주의 이름에 영광을 돌리리이다."

시94:10. "뭇 백성을 징벌하시는 이가 징벌하지 아니하시랴?"

시94:20. "율례를 빙자하고 재난을 꾸미는 악한 재판장이 어찌 주와 어울리리이까?"

시99:4. 하나님께선 정의와 평등을 사랑하신다(또한, 1~2절을 참조하시오. "여호와께서 다스리시니 만민이 떨 것이요").

시102:15~20. "이에 뭇 나라가 여호와의 이름을 경외하며 이 땅의 모든 왕이 주의 영광을 경외하리니."

시110:6. "뭇 나라를 심판하여 시체로 가득하게 하시고 여러 나라의 머리를 쳐서 깨뜨리시며."

시122:6. "예루살렘을 위하여 평안을 구하라."

시148:11~13. "세상의 왕들과 모든 백성과 고관들과 땅의 모든 재판관이며 …여호와의 이름을 찬양할지어다 그의 이름이 홀로 높으시며."

잠8:15~16. "나로 말미암아 왕들이 치리하며 방백들이 공의를 세우며, 나로 말미암아 재상과 존귀한 자 곧 모든 의로운 재판관들이 다스리느니라."

잠14:31. "가난한 사람을 학대하는 자는 그를 지으신 이를 멸시하는 자요 궁핍한 사람을 불쌍히 여기는 자는 주를 공경하는 자니라."

잠14:34. "공의는 나라를 영화롭게 하고 죄는 백성을 욕되게 하느니라"(또 16:12~15을 참조하시오).

잠17:15. "악인을 의롭다 하고 의인을 악하다 하는 이 두 사람은 다 여호와께 미움을 받느니라"(또한, 23, 26절을 참조하시오).

잠21:1. "왕의 마음이 여호와의 손에 있음이 마치 봇물과 같아서 그가 임의로 인도하시느니라."

잠22:22. "약한 자를 그가 약하다고 탈취하지 말며 곤고한 자를 성문에서 압제하지 말라."

잠24:6. "너는 전략으로 싸우라 승리는 지략이 많음에 있느니라"(또한, 20:18을 참조하시오).

잠24:21. "내 아들아 여호와와 왕을 경외하고 반역자와 더불어 사귀지 말라."

잠24:23~25. "재판할 때에 낯을 보아 주는 것이 옳지 못하니라. 악인에게 네가 옳다 하는 자는 백성에게 저주를 받을 것이요 국민에게 미움을 받으려니와 오직 그를 견책하는 자는 기쁨을 얻을 것이요 또 좋은 복을 받으리라."

잠25:15. "오래 참으면 관원도 설득할 수 있나니."

잠28:9. "사람이 귀를 돌려 율법을 듣지 아니하면 그의 기도도 가증하니라."

잠29:4. "왕은 정의로 나라를 견고하게 하나 뇌물을 억지로 내게 하는 자는 나라를 멸망시키느니라."

잠29:7. "의인은 가난한 자의 사정을 알아주나"(또한, 26절을 참조하시오).

잠31:8~9. 하나님의 백성은 가난한 자들과 자신을 위해 발언할 수 없는 자들의 권리를 보호하기 위해 발언해야 한다.

전3:8. "전쟁할 때가 있고 평화할 때가 있다."

전10:2. "지혜자의 마음은 오른쪽에 있고 우매자의 마음은 왼쪽에 있느니라"(이 구절은 흔히 오용되고 있다. 사30:21 및 잠4:27과 비교해보라: "좌로나 우로나 치우치지 말라").

사1:17. "정의를 구하며 학대받는 자를 도와주며 고아를 위하여 신원하며 과부를 위하여 변호하라 하셨느니라."

사1:23. 통치자들이 뇌물을 사랑하고 선물을 좇아다닌다고 정죄를 받는다.

사10:1~2. "불의한 법령을 만들며 불의한 말을 기록하며, 가난한 자를 불공평하게 판결하여 가난한 내 백성의 권리를 박탈하는 자는 화 있을진저."

사10:5~11. 하나님은 악한 정부도 자신의 대리자로 사용한다.

사13:1~5. 하나님은 자신의 목적을 성취하기 위해 군사력도 사용한다(13:17~20도 참조하시오).

사14:24~27. 하나님은 아시리아 정권이 백성을 억압했기 때문에 멸망시킬 것이다. 하나님에게 "온 세계를 향해 정한 경영이 있으며, 이것이 열방을 향하여 편 손이라"(다양한 도시와 국가에 대한 상세한 예언들에 대해선, 14:28~29과 15~24장을 참조하시오).

사34:1~3. 그들의 악한 행동 때문에, "여호와께서 열방을 향하여 진노하신다."

사40:23. "귀인들을 폐하시며 세상의 사사들을 헛되게 하시나니."

사42:1~4. 하나님은 정의에 대해 반복적으로 강조한다.

사44:28~45:4. 하나님은 믿지 않는 왕 고레스를 사용해서 자신의 목적을 성취한다.

사45:4~5. 하나님은 이방의 통치자 고레스에게 영예로운 지위를 허락한다.

사59:8. 그의 예언자 이사야를 통해, 하나님은 이스라엘이 평화와 정의의 길을 모른다고 꾸짖는다.

사59:14~16. 정의가 없을 때, 주님은 누군가 중보하길 원한다.

사61:1~11. 하나님은 계몽되고, 긍정적이며, 책임 있는 공공정책을 요구한다.

렘5:28. "고아의 송사를 공정하게 하지 아니하며 빈민의 재판을 공정하게 판결하지 않는 것"은 옳지 않다.

렘25:7~14. 유다에 있는 악 때문에, 하나님은 바빌론의 왕, "나의 종 느브갓네살"을 사용하여 하나님의 백성을 벌하실 것이다.

렘29:7. "너희는 내가 사로잡혀 가게 한 그 성읍의 평안을 구하라."

애3:35~36. "지존자의 얼굴 앞에서 사람의 재판을 굽게 하는 것과 사람의 송사를 억울하게 하는 것은 다 주께서 기쁘게 보시는 것이 아니로다." 그것들은 정말 악한 것이다.

겔34:4. 약자를 돌보는 것은 통치자들에게 훌륭한 정책이다.

단3:1~30. 사드락, 메삭, 아벳느고는 시민불복종을 실천하고, 마침내 느브갓네살 왕에게 칭찬을 받는다.

단4:31~33. 하나님은 모든 나라에 대한 통치권을 갖고 있으며, 심지어 믿지 않는 통치자들에게도 책임을 묻는다.

단5:22~30. 하나님은 자신을 존중하지 않는 불신앙의 벨사셀을 처벌한다. 하나님은 벨사셀의 목숨과 그의 삶 전체를 손에 쥐고 있다.

단6:1~5. 다니엘은 전적으로 정직하고, 능력 있으며, 부패할 수 없는 정부의 고위 공직자로서 섬긴다.

단6:8~23. 다니엘은 시민불복종을 실천하고, 사자굴에서 구조된다.

욜3:2. "내가 만국을 모아 데리고… 그들을 심문하리니"(렘21:11~23:6도 참조하시오).

암1:1~15. 하나님은 이방 통치자들의 잘못된 행동을 처벌할 것이다(또한, 도시와 국가의 특정한 죄들에 대해선, 1~2장의 다른 본문들도 참조하시오).

암5:12, 15. "너희의 허물이 많고 죄악이 무거움을 내가 아노라. 너희는 의인을 학대하며 뇌물을 받고 성문에서 가난한 자를 억울하게 하는 자로다… 너희는 악을 미워하고 선을 사랑하며 성문에서 정의를 세울지어다."

암5:24. "오직 정의를 물 같이, 공의를 마르지 않는 강 같이 흐르게 할지어다."

암6:14. "만군의 하나님 여호와의 말씀이니라. 이스라엘 족속아 내가 한 나라를 일으켜 너희를 치리니."

암9:8. "보라 주 여호와의 눈이 범죄한 나라를 주목하노니 내가 그것을 지면에서 멸하리라."

옵1:15. "여호와께서 만국을 벌할 날이 가까웠나니 네가 행한 대로 너도 받을 것인즉 네가 행한 것이 네 머리로 돌아갈 것이라."

미7:3. 하나님은 "선물을 요구하는" 통치자와 "뇌물을 받는" 재판관을 벌한다.

합1:5~11. 하나님은 심지어 이방 통치자들과 국가들을 놀라운 방식으로 사용한다. 그들 모두 하나님의 권능 아래 있다.

습3:1. "패역하고 더러운 곳, 포학한 그 성읍이 화 있을진저."

마2:7~12. 동방박사들은 하나님의 명령에 따라 시민불복종을 실천한다.

마5:44. "너희 원수를 사랑하며 너희를 박해하는 자를 위하여 기도하라"(눅

6:27~31을 참조하시오).

마8:5~13. 예수는 한 장교의 놀라운 믿음을 칭찬한다.

마14:3~4. 비록 죄수지만, 세례 요한은 헤롯 왕이 죄를 지었기 때문에, 그에게 도전한다.

마17:24~27. 예수는 지방 성전세의 납부를 지지한다.

마22:15~22. 예수는 가이사에게 세금 납부하는 것을 승인한다(또한, 막12:13~17, 눅20:20~26을 참조하시오).

마22:37~39. 자신의 이웃을 사랑하는 것은 대단히 중요하다. 이런 실천은 개인적 차원과 사회적 차원을 지닌다(또한, 막12:28~31, 눅10:27을 참조하시오).

마25:31~46. 예수는 하나님을 기쁘게 해드리는 사회적 행동 및 사회정책을 기술한다.

마27:22~26. 유추에 의해, 예수에게 유죄를 선고하는 장면은, 이 경우에 터무니없이 불의를 초래하는 정치적 기회주의를 비판한다(또한, 눅23:13~24, 요19:2~16을 참조하시오).

막6:14~29. 세례 요한은 헤롯 왕의 부도덕성에 도전하고, 헤로디아 왕비는 세례 요한의 목을 자르도록 음모를 꾸민다.

눅3:12~13. 세례 요한은 세리들에게 세금징수 과정에서 정직하라고 교훈한다.

눅3:14. 세례 요한은 군인들에게 돈을 갈취하지 말며, 백성을 거짓으로 고소하지 말고, 자신들의 임금에 만족하라고 권면한다.

눅4:5~7. 악마는 자신이 "세상 만국"을 통치한다고 주장한다.

눅7:1~10. 누가는 한 장교의 예외적이고 칭찬받을 만한 믿음을 묘사한다.

눅11:42. 정의를 간과하는 지도자는 벌을 받는다.

눅14:31~32. 이 땅의 임금들은 전쟁을 벌인다. 예수는 군사적 계획수립의 몇 가지 기본 요소를 언급한다.

눅17:20~21. "하나님의 나라는 너희 안에 있느니라."

눅18:18~27. 예수는 부자 관원에게 몇 가지 어려운 충고를 한다.

눅19:1~10. 신자로서 삭개오가 정직하다면, 세리로 일할 수 있다.

눅23:50~53. 점잖은 로비를 통해, 아리마대 요셉은 통치자 빌라도의 호의를 요구한다.

요18:36. 예수께서 말씀하신다. "내 나라는 이 세상에 속한 것이 아니니라. 만일 내 나라가 이 세상에 속한 것이었더라면 내 종들이 싸웠을 것이다."

요19:10~12. 예수는 "위에서 주지 아니하셨더라면" 아무런 권한도 갖지 못했을 것

부록 239

이라고 빌라도에게 말한다.

행4:18~21. 일부 사도들이 설교를 통해 시민불복종을 담대하게 실천한다.

행5:25~29. 베드로와 다른 사도들은 자신들이 시민불복종을 실천한 이유를 설명한다. "우리는 사람보다 하나님께 순종하는 것이 마땅하니라."

행5:33~42. 가말리엘은 정부에서 일하는 지혜롭고 정의로운 사람이었다.

행9:15. 바울은 왕에게 증거하라는 사명을 하나님께 받았다.

행13:7~12. 핵심적인 정치지도자 서기오 바울은 복음을 듣고 싶어서, 바나바와 사울을 데려오도록 사람을 보냈다. 바울은 그에게 증거하고, 그는 기독교인이 된다.

행16:37~39. 바울과 실라는 시민권을 주장한다. 바울은 정치권력자들이 자신들을 공정히 다루도록 압력을 가한다.

행21:30~32. 정부의 군인들은 폭동을 막고, 법과 질서를 유지한다.

행22:25~29. 바울은 시민권을 주장한다.

행22:30. 정부 관리들은 종교 지도자들에게 도움을 청한다.

행23:10. 군대가 바울을 구한다.

행23:17~24. 바울은 군대 장교의 도움을 구한다. 한 군대 장교가 바울을 보호하기 위해 470명의 군인을 파견한다.

행23:25~29. 한 군대 장군이 바울을 위한 추천서를 작성한다.

행24:10~26. 바울은 총독 펠릭스 앞에서 증언한다.

행25:8~12. 바울은 자신의 시민권 문제를 일으켜서, 로마의 가이사 법정에 호소한다.

행25:13~21. 총독 펠릭스는 상위의 윤리에 따라, 현명하게 행동한다.

행25:22~26:32. 죄수인 바울은 아그립바 왕에게 증거한다.

행28:19. 바울은 자신이 "마지 못해 가이사에게 상소했다"고 설명한다.

롬13:1~7. 정치적 권세자들은 하나님이 세우신 것이다. 그러므로 그들은 하나님의 종이요 대리자며, 특별한 역할을 지닌다. 기독교인은 그들을 존경하고 영예롭게 해야 하며, 자신의 세금을 내야 한다.

롬14:17~18. 바울은 하나님 나라에 대해 묘사한다.

고전2:6~8. 기독교적 지혜와 "이 세대의 통치자들"의 지혜 사이에는 거대한 차이가 있다.

고후3:17. "주의 영이 계신 곳에는 자유가 있느니라."

고후10:3. "우리가 육신으로 행하나 육신에 따라 싸우지 아니하노니."

갈5:1. "그리스도께서 우리를 자유롭게 하려고 자유를 주셨으니"(13절도 참조하시오).

빌3:20. 기독교인의 시민권은 "하늘에 있다."

빌4:2 1~22. 가이사의 집에도 성도들이 있었다.

골1:16. 하나님께서 왕권, 주권, 통치자, 그리고 권세를 창조하셨다.

딤전2:1~2. "내가 첫째로 권하노니 모든 사람을 위하여 간구와 기도와 도고와 감사를 하되 임금들과 높은 지위에 있는 모든 사람을 위하여 하라."

딤전6:15. 주 예수 그리스도는 "만왕의 왕이시며 만주의 주시요."

딤후2:2~4. 이것은 특별히 군인들에게 우호적인 발언이다.

딛3:1~2. 기독교인은 통치자들과 권세 잡은 자들에게 복종해야 함을 기억해야 한다.

약2:12. 하나님의 율법은 자유를 낳는다.

벧전2:13~14. 기독교인은 주님을 위해 왕, 권세자, 그리고 총독에게 복종해야 한다. 기독교인은 하나님에 의해 그 직분을 맡은 왕을 존경해야 한다.

벧전2:16. "너희는 자유가 있으나 그 자유로 악을 가리는 데 쓰지 말라."

벧전3:22. "그는 하늘에 오르사 하나님 우편에 계시니 천사들과 권세들과 능력들이 그에게 복종하느니라."

계1:5. 예수 그리스도는 "땅의 임금들의 머리다."

계1:6. 이것은 하나님의 영적 나라에 대해 언급한 것이다.

계18:1~24. 하나님께서 바빌론을 심판하신다. 그것은 자신의 악행 때문에 그런 운명에 처한 것이다. 이것은 하나님이 통치자와 제국에 대한 기준을 갖고 계시며, 그것들을 평가하신다는 뜻이다.

후주

서론

John Howard Yoder, 『예수의 정치학』*The politics of Jesus*, IVP역간, (Grand Rapids: Eerdmans, 1972), 144

2장

1) "On Secular Authority," *Works of Martin Luther*, vol. 3 (Philadelphia: Muhlenberg, 1930), 236.
2) Thomas G. Sanders, *Protestant Concepts of Church and State* (New York: Holt, Rinehart and Winston, 1964), 34.
3) Sanders, 34.
4) *Works of Martin Luther*, 241.
5) 같은 책, 269~70.
6) Sanders, 39.
7) Wilhelm Niesel, 『칼빈의 신학』*The Theology of Calvin*, 대한기독교서회역간 (Philadelphia: Westminster, 1936), 230.
8) Sanders, 227.
9) John Calvin, 『기독교강요』*Institutes*. 4.20.2.
10) Sanders, 227.
11) Calvin, 4.20.2.
12) 같은 책, 4.20. 9.
13) Sanders, 231.

3장

1) Sanders, 75.

2) 같은 책, 109.

3) 같은 책,, 47.

4) 같은 책, 92.

5) *The Schleitheim Confession*, art. 6 (Kitchener, ON, and Scottdale, PA: Herald Press, 1977), 15.

6) 예를 들면, John H. Redekop, "Decades of Transition: North American Mennonite Brethren in Politics" in Paul Toews, ed., *Bridging Troubled Waters: The Mennonites Brethren at Mid-Twentieth Century* (Winnipeg, MB: Kindred Press, 1995), 19-84.

6장

1) 기독교-미국 운동에 대한 설명과 그 모든 현상에 대한 분석은, John H. Redekop, *The American Far Right: A Case Study of Billy James Hargis and Christian Crusade* (Grand Rapids, MI: Eerdmans, 1968)을 참조하시오.

2) 내 초기 칼럼을 보시오. "Merchants of Death", *Mennonite Brethern Herald*, September 30, 1985, 15. the *Toronto Star*에 실린 기사를 보시오. "Mennonite criticizes plan to push tobacco", *Toronto Star*, October 8, 1985. 다른 신문에서도 이 소식을 실음.

11장

1) Daniel B. Stevick, *Civil Disobedience and the Christian* (New York: The Sebury Press, 1969), 119.

결론

1) "A change of heart; Billy Graham on the nuclear arms race." *The Christian Leader*, August 1979, 5에서 재인용.

2) "Christian America," *Kitchener-Waterloo Record*, January 4, 1986, B3.

3) Richard John Neuhaus, *The Naked Public Square: Religion and Democracy in America* (Grand Rapids, MI.: Eerdmans, 1984), 122.

4) 같은 책, 120.

찾아보기

가인의 표, 29, 216
가족 유대, 45,
가진 자의 도덕적 의무, 175,
가톨릭, 51, 52, 53, 55, 68,
강제력 사용, 72, (73, 87, 90, 164, 171)
개인적 책임, 101, 106, 172, 196, 219,
개인적 폭력, 41
개혁주의, 61, 64, 102,
개혁파 가톨릭, 53,
경제적 계급, 180,
계몽적, 76, 203,
계획 B, 41,
고레스, 199, 225
고전적 캘빈주의, 64,
곡물은행, 148, 152,
곡물프로젝트, 148,
공공선, 82, 177,
공공정책을 수립, 34,
광범위한 참여, 40,
교육, 34, 44, 46, 59, 82, 87, 103, 140, 148, 151, 155, 158, 173, 177, 179, 181, 183, 204, 213, 217,
관세장벽, 89,
교도소 개혁, 159, 165,
교의, 68, 99,
교회와 국가, 7, 8, 25, 26, 27, 28, 30, 32, 39, 51, 53, 54, 58, 60, 65, 67, 68, 69, 71, 72, 74, 75, 77, 78, 96, 98, 102, 109, 110, 151, 163,
-성서적 지침, 124, 129, 163, 209, 219,
-신학적 관점, 50,
-아나뱁티스트/메노나이트의 이해, 67, 100, 101, 138,
-중첩되는 의제, 151,
-대화, 20, 24, 118, 198,
-분리, 26, 27, 54, 59, 60, 65, 66, 74, 75, 76, 78, 100, 102, 104, 109, 154, 155, 162, 177, 214,
-분리주의적 이해, 65,
교회 회원권, 26, 69,
-공정한 무역법, 88,
-공적 도덕성, 90, 188,
구속redemption, 42, 43, 60,
구원, 28, 33, 61, 71, 121, 134, 151, 168, 172, 198, 200, 206, 207, 215, 223,
국가 공무원, 34,
국가종교, 25,
군 복무, 76, 143, 150, 186,
권위의 원천, 170,
급진적, 26, 67, 76, 77,
급진적 개혁자, 67, 7
급진주의(자), 26, 75,
긍휼, 11, 42, 78, 102, 121, 125, 134, 142, 168, 209, 213, 221,
기독교, 7, 8, 11, 19, 20, 21, 22, 23, 24, 25, 26, 27, 30, 31, 32, 37, 38,

43, 44, 45, 46, 47, 48, 49, 50, 52,
54, 55, 56, 58, 59, 60, 64, 65, 66,
69, 70, 71, 75, 76, 77, 78, 79, 84,
85, 89, 90, 91, 92, 94, 95, 96, 97,
99, 101, 102, 103, 105, 106, 107,
108, 111, 113, 114, 115, 118, 120,
121, 122, 123, 124, 125, 129, 130,
131, 132, 133, 134, 135, 136, 137,
138, 139, 141, 142, 143, 144, 145,
146, 148, 149, 150, 151, 155, 156,
158, 159, 160, 161, 164, 165, 166,
167, 168, 169, 170, 171, 172, 175,
178, 179, 180, 182, 184, 185, 193,
194, 205, 210, 211, 213, 218, 219,
220, 221, 228,
-극우세력, 19,
-덕, 25, 85, 213,
-민족주의, 19, 27, 45, 99, 176,
　179, 180, 181, 182, 210, 211
-보수주의적, 22, 169
-비평가, 113, 114,
-사회주의적, 22, 179, 180
-우파, 169, 184,
-자유주의적, 22, 169, 183
-정당, 169, 171,
-정치가(들), 23, 129, 138, 198,
　214
-제자도/제자들, 22, 28, 30, 33,
　40, 44, 55, 58, 64, 70, 71, 75,
　79, 94, 107, 120, 121, 136, 157,
　158, 163, 219
-좌파, 169,
기독교 강요, 26,
기독교 공동체, 46, 99, 102, 164,

193,
기독 시민, 20, 31, 32, 43, 45, 49,
　56, 58, 59, 60, 76, 78, 94, 95,
　101, 102, 107, 108, 111, 119,
　129, 132, 133, 136, 169, 205, 211,
　221,
기독교 압력단체, 159, 161, 166,
　167, 168,
기독교(적)윤리, 23, 26, 48, 49, 71,
　90, 94, 95, 99, 101, 103, 104,
　105, 106, 107, 145, 163, 171, 188,
-공리적 가치, 164,
기독교인, 7, 8, 21, 25, 26, 27, 28,
　29, 30, 33, 35, 36, 37, 38, 39, 40,
　42, 43, 44, 45, 47, 48, 49, 50, 51,
　54, 55, 56, 57, 59, 60, 62, 63, 65,
　67, 68, 69, 70, 71, 74, 75, 76, 84,
　85, 86, 90, 91, 92, 93, 94, 95, 96,
　97, 98, 99, 100, 101, 102, 103,
　104, 105, 107, 108, 109, 110, 111,
　112, 113, 115, 116, 120, 121, 122,
　123, 124, 125, 126, 127, 128, 129,
　131, 132, 133, 134, 135, 136, 137,
　138, 141, 142, 143, 144, 145, 150,
　152, 153, 154, 155, 156, 157, 158,
　159, 160, 161, 162, 163, 164, 165,
　166, 167, 168, 169, 170, 171, 173,
　175, 176, 177, 179, 180, 182, 183,
　184, 185, 186, 188, 189, 190, 191,
　193, 194, 195, 197, 198, 199, 203,
　204, 205, 207, 208, 209, 212, 213,
　214, 215, 216, 217, 218, 219, 221,
　228, 229,
- 헌신한, 7, 19, 20, 28, 94, 102,

137, 212,
- 신실한, 27, 28, 37, 39, 107, 111,
기독교 국가, 105,
기독교유산당, 169,
기독교의 이상, 97,
기독교적 제자도, 30, 55, 58,
기독교적 소명, 55,
기독교적 미국주의, 27, 210, 211,
기독교적 민족주의, 27, 210,
기독교적 시대정신, 106,
기독교적 양심, 185,
기독교 평화주의, 26, 218,
김일성, 123,
낙태, 90, 167, 174, 185, 187,
납세 거부, 116,
노동계급, 178,
노예제도, 90, 123, 133, 135, 155, 168, 183,
농민전쟁, 76,
넬슨 만델라, 123,
느부갓네살, 206,
뉘른베르그 전범재판, 186,
다그 하마르스크죨트, 138,
다니엘, 48, 92, 139, 190, 197, 226,
대안적 선택, 150,
대중주의, 101, 104, 174,
대체 처벌, 203,
대체복무, 150, 186,
대행자, 113, 203,
도덕, 41, 43, 52, 53, 54, 85, 90, 95, 99, 107, 118, 125, 129, 133, 134, 136, 138, 139, 153, 154, 155, 157, 165, 168, 170, 172, 173, 175, 178,
180, 181, 182, 186, 187, 191, 192, 193, 195, 197, 200, 202,
도덕법, 186,
도덕적 기준, 39,
도덕적 명령, 125,
도덕적 선택, 41, 43, 107,
도덕의 원천, 170,
도덕적 지도력, 136,
도덕적 진보, 183,
도덕적 책임, 129, 162, 172,
도덕적 표준, 53,
동반자관계, 144, 145, 150,
동성애자, 110,
두 군대, 54, 55, 58, 60,
두 질서, 26, 47, 97, 98, 152,
두 왕국, 54, 55, 98, 122, 217,
디오클레티안 황제, 51,
라울 발렌베리, 187,
라인홀드 니버, 105,
리처드 숄, 131,
마이클 거슨, 138,
마틴 루터, 26, 53, 54, 68, 69, 70, 98, 104,
마틴 루터 킹 2세, 111, 123, 187,
메노나이트, 7, 19, 20, 26, 27, 46, 47, 66, 67, 79, 100, 101, 103, 138, 143, 149, 150, 209,
-메노나이트 형제단, 19, 135,
-중앙위원회, 78, 132, 143, 148,
메노 시몬스, 26, 67, 104,
모세, 139, 187, 189, 221, 222,
무관심, 92, 100, 109, 123, 125, 129, 138, 176,
무정부주의, 28, 194,

뮌스터(파), 68,
미덕, 170,
민족주의적 기독교, 99,
믿음, 70, 83, 88, 130, 154, 157, 175, 182, 227,
바울, 42, 86, 98, 117, 120, 161, 191, 199, 207, 215, 216, 228,
박애주의, 142,
법의 통치, 41,
벤저민 프랭클린, 139,
벨사살, 64, 92, 216,
보수적 기독교, 30, 172, 176, 180, 182,
복음전도, 46, 156,
복음주의, 60, 132, 133, 155,
본디오 빌라도, 98,
봉사, 19, 56, 57, 75, 109, 128, 136, 139, 142, 158, 165, 213, 221,
불복종, 39, 82, 111, 112, 185, 187, 189, 191, 193,
불의한 통치자, 80, 160,
부당한 통치자, 63, 145,
분리된 백성, 76, 78,
비기독교적 윤리, 31, 97,
비폭력운동, 137,
산상수훈, 57, 69, 80, 97, 216,
사랑, 28, 29, 38, 42, 43, 45, 47, 49, 54, 55, 56, 57, 58, 59, 71, 72, 75, 77, 78, 79, 97, 98, 105, 106, 109, 110, 113, 120, 125, 142, 156, 157, 163, 170, 190, 197, 213, 223, 224, 225, 226, 227,
사회복음, 156, 157, 158,
사회봉사, 203,

사회악, 37, 133, 177,
사회적 통제, 178,
사회적 행동주의, 39,
사회주의, 22, 172, 177, 178, 179, 180, 211,
새 언약, 72,
선한 정부, 26, 84, 85, 90, 91,
성서적 명령, 45, 109, 113,
성서주의, 77,
셀윈 휴즈, 121,
세금, 42, 46, 47, 55, 88, 116, 117, 118, 130, 140, 142, 150, 178, 199, 212, 219, 227, 228,
세금 납부, 117, 227,
세바스티안 프랑크, 68,
세상의 왕국, 54, 74,
세속 권력, 26,
세속적 자유주의, 180,
세속적 보수주의, 173, 175,
세속 정당, 172,
세속 정부, 42, 56, 86, 101, 216,
소수 종교, 50,
순종적 제자도, 121,
슐라이트하임 신앙고백, 47,
시민권, 8, 26, 32, 35, 43, 44, 45, 46, 47, 58, 69, 70, 71, 228, 229,
시민불복종, 185, 186, 187, 188, 189, 190, 191, 192, 193, 194, 195, 196, 197, 221, 226, 227, 228,
시민질서, 40, 61,
시민종교, 138,
시민참여, 33,
시민불복종
 -간접적인 시민불복종, 189,

-도덕적 진지함, 196,
-반란, 82, 192,
-세속적 논증, 192,
-실천할 권리, 193,
-전술적 시민불복종
-정당화하기, 195,
-직접적인 시민불복종, 189, 190,
시저, 42,
신국론, 25,
신앙, 7, 8, 24, 32, 38, 47, 48, 53, 61, 63, 64, 69, 70, 71, 74, 76, 77, 96, 103, 105, 122, 136, 156, 168, 170, 174, 175, 179, 180, 182, 183, 193, 210, 215, 222,
신정 정치, 28, 102,
신정주의, 25, 60, 62, 104, 160,
신학대전, 25,
실용주의, 170,
아나뱁티스트, 26, 30, 31, 66, 67, 68, 69, 70, 71, 72, 73, 74, 77, 78, 79, 99, 100, 101, 102, 103, 138, 141,
아나뱁티스트의 해석, 26, 68,
아나뱁티스트적 현실주의, 32,
안네 프랑크, 187,
악의 뿌리, 183,
악한 정부, 225,
알렉산더 해밀턴, 174,
압력단체, 91, 158, 159, 161, 162, 164, 165, 166, 167, 168,
양심적 거부(자), 50, 138, 188,
양심적 병역거부자, 143,
양심적 참여, 138,
애국주의, 45, 176, 211,

언약신학, 72,
에드먼드 버크, 139,
에스더, 139, 197, 214, 223,
에이브러햄 링컨, 95,
예수의 정치학, 26
옛 언약, 72
울리히 츠빙글리, 67, 70, 73,
위대한 사명, 43, 52, 66, 109, 151, 160, 164, 170,
위임, 35, 86, 87, 119, 126, 209,
윌리엄 윌버포스, 123, 135, 155,
윌리엄 템플턴, 131,
유대-기독교윤리, 104, 105,
유대-기독교 세계관, 122,
유모국가, 140,
유아세례, 69, 72,
윤리적 이원론, 59, 71, 97, 98, 102, 107,
은총, 55, 219,
이디 아민, 123,
이원론, 54, 59, 71, 75, 97, 98, 99, 102, 104, 107, 217,
이신칭의, 55, 71,
이상의 상징, 171,
이중성, 70, 98, 218,
인간정부, 29,
인도주의, 84, 113, 122, 128, 162, 175, 178, 182,
인종차별, 112, 115, 138, 146, 154, 187, 197,
인종통합, 154, 155,
일차적 충성, 32, 122, 197,
잉여식량, 148,
자본주의적 착취, 177, 178,

자발적 신자, 69,
자발적 헌신, 48,
자비, 41, 75, 222,
자애로운 섬김, 44,
자원들을 분배, 34,
자원주의, 62, 105,
자유사회, 35,
자유주의적 낙관론, 183,
전쟁, 33, 45, 56, 57, 58, 59, 60, 62,
　63, 64, 72, 76, 77, 89, 116, 140,
　149, 179, 180, 181, 203, 204, 223,
　225, 227,
　-정당하지 못한 전쟁, 58,
　-정당한 전쟁, 58, 59,
정교분리, 21,
정부, 20, 21, 23, 24, 26, 27, 29, 31,
　32, 33, 34, 35, 36, 37, 38, 39, 40,
　42, 43, 44, 46, 47, 48, 50, 51, 54,
　55, 56, 57, 60, 61, 62, 65, 66, 68,
　73, 74, 75, 76, 77, 79, 80, 81, 82,
　83, 84, 85, 86, 87, 88, 89, 90, 91,
　92, 93, 94, 95, 96, 97, 100, 101,
　-담당 목사, 114,
　-세속 정부, 21, 42, 56, 86, 101,
　　216,
　-통치의 책임, 82,
　-선한 정부, 26, 84, 85, 90, 91,
　-시민 정부, 26, 61, 62, 93, 94,
　　102, 104, 106, 107, 216, 221,
　-재정적 투명성, 88,
　-절차적 공정, 88,
　-정부를 위한 윤리, 96,
　-합법성, 111, 191, 219,
정의 正義, 19, 25, 30, 34, 47, 48,

　60, 76, 80, 87, 97, 102, 107, 113,
　114, 115, 117, 122, 124, 131, 157,
　158, 159, 163, 165, 170, 188, 191,
　195, 201, 213, 216, 220, 221, 222,
　223, 224, 225, 226, 227, 228,
정당방위, 57,
정치, 19, 20, 21, 22, 26, 27, 28, 29,
　30, 31, 32, 33, 34, 35, 36, 37, 38,
　40, 41, 43, 44, 45, 46, 47, 48, 49,
　50, 52, 53, 56, 57, 58, 59, 61, 62,
　63, 65, 66, 68, 70, 71, 73, 75, 77,
　78, 79, 80, 83, 84, 95, 101, 102,
　104, 108, 109, 110, 111, 112, 114,
　115, 120, 121, 122, 123, 124, 125,
　126, 127, 128, 129, 130, 1313,
　133, 134, 135, 136, 137, 138, 139,
　145, 147, 152, 153, 155, 157, 158,
　159, 161, 162, 163, 164, 168, 170,
　172, 173, 174, 175, 176, 182, 184,
　191, 195, 198, 207, 209, 210, 211,
　212, 213, 214, 216, 217, 218, 219,
　221, 222, 227, 228,
　-정치적 압력, 31, 153,
　-정치적 행동, 134,
　-정치적 민감성, 19,
　-정치조직, 25,
　-정치참여, 27, 35, 38, 39, 40, 66,
　　79, 103, 121, 124, 127, 131,
　　135, 137, 139, 160, 168, 176,
　　213,
정부기금, 146,
정부의 양심, 163,
정치 구조, 27, 28, 29, 49, 209,
정치적 관점, 30, 114,

찾아보기 249

정치적 자유주의, 182,
정치적 참여, 정치 참여, 정치참여, 27, 35, 36, 38, 39, 40, 47, 66, 79, 103, 121, 124, 127, 131, 135, 137, 139, 160, 168, 176, 213, 218, 219,
정치과정, 20, 119,
정치질서, 29, 47, 54, 65, 66, 75, 78, 102, 106, 107, 108, 109, 110, 122, 152, 209, 216,
정치형태, 29,
정치 환경, 37, 131,
정치권력, 34, 52, 53, 56, 58, 61, 63, 64, 74, 106, 110, 120, 151, 191, 200, 209, 228,
정치질서의 보존, 66,
정치적 직무, 26, 68, 71, 75,
잭 엡, 23, 135,
제국 칙령, 73,
제네바, 61, 62, 102,
제자도, 28, 30, 33, 40, 44, 55, 58, 64, 70, 71, 75, 79, 94, 107, 120, 121, 136, 157, 158, 163, 219,
존 로크, 180, 192,
존 롤스, 192,
존 캘빈, 26, 60, 68, 60, 70, 102, 104,
존 하워드 요더, 23, 26,
종교개혁, 26, 47, 67, 141,
종교다원주의, 50,
종교적 관점, 30,
종교적 규범, 21,
종교의 자유, 26, 50, 51, 75, 83, 205,
종교적 보수주의, 173,

증보, 48, 125, 225,
중간지대, 147,
책무, 40,
책임, 29, 31, 32, 34, 36, 40, 44, 45, 46, 57, 58, 59, 63, 65, 66, 71, 77, 82, 83, 85, 86, 90, 91, 92, 93, 101, 106, 108, 113, 115, 119, 124, 125, 126, 127, 128, 129, 130, 131, 132, 146, 153, 159, 162, 166, 172, 173, 181, 195, 196, 203, 206, 209, 214, 216, 218, 219, 223, 225, 226
찰스 콜슨, 132,
처벌, 41, 56, 61, 62, 63, 64, 73, 86, 87, 89, 90, 101, 10-6, 113, 117, 175, 186, 196, 202, 203, 226,
척 콜슨, 165,
청교도, 64, 106,
청지기, 46, 82, 130, 142, 176,
초대교회, 86,
침묵, 38, 40, 49, 76, 129, 131, 162, 214, 215,
칼, 54, 55, 56, 67, 73, 75, 76, 81, 86, 87, 117,
  -칼의 통치, 54,
  -칼의 사용, 76,
칼 헨리, 123,
캐나다, 19, 23, 24, 44, 100, 102, 110, 114, 115, 118, 124, 129, 135, 148, 149, 150, 151, 152, 155, 169, 177, 179, 187, 211, 223,
캐나다국제개발기구, 148,
콘라드 그레벨, 26, 67, 99, 104,
콘스탄틴 황제, 25, 51,
크롬웰, 64, 106,

타자지향적, 143,
타협, 47, 77, 79, 101, 103, 135, 136, 139, 146, 167, 168, 170, 171, 175, 213, 218,
토마스 힐 그린, 192,
토머스 샌더스, 63, 67, 79,
통제, 34, 35, 47, 53, 54, 55, 61, 97, 106, 127, 128, 140, 153, 156, 158, 178, 204, 205, 222,
투르크, 76,
테오도시우스 1세, 52, 97, 98,
태만의 죄, 125, 126, 161, 215,
토니 블레어, 122,
투표, 33, 40, 119, 132, 133, 169,
파문의 권한, 61,
팔레스타인, 127, 130,
편리와 효용성, 45,
평화, 19, 29, 33, 43, 49, 55, 73, 76, 83, 87, 89, 113, 119, 150, 166, 179, 186, 192, 193, 195, 198, 200, 203, 204, 216, 221, 225,
　-평화의 길, 203,
　-평화주의, 26, 65, 66, 73, 218,
폴 틸리히, 177,
프레스턴 매닝, 129,
하나님에 대한 복종, 47, 191,
하나님의 백성, 72, 215, 225, 226,
하나님의 주권, 28, 109, 120, 121, 176,
하나님의 통치, 22, 40, 54, 65,
하층계급, 176,
한스 뎅크, 68,
행위, 46, 47, 48, 58, 64, 71, 90, 92, 97, 123, 147, 153, 154, 155, 156, 157, 190, 211,
헤롯 왕, 50, 227,
홀로코스트, 194, 195,
화해 프로그램, 203,
회심, 69, 71, 74,
후터(파), 46, 68, 69, 100,
후퇴, 39, 123, 174,
헨리 데이비드 소로, 192, 194,
흑백논리, 137, 174,
히스기야, 198,
히틀러, 40, 99, 129, 173, 186, 194, 195,